ゲームセンター文化論

メディア社会のコミュニケーション

加藤裕康

新泉社

装幀
アートディレクション＝大杉 学
デザイン＝篠崎 美香＋［702］DESIGN WORKS

凡例

1　本書では、インフォーマント（情報提供者）の語りを「　」、コミュニケーション・ノートとイラスト・ノートの記述を《　》で示した。ノートの記述内容の後に（　）で店舗名と記載年次を示した。ノート上の誤字脱字は原則として訂正せず、人・店舗名は仮名とした。判読できない文字、個人情報の書き込みは伏せ字に置き換え、転記できない記号マークやイラストは原則として省略した。

2　インフォーマントの名前（仮名）の後にパーレンで括って取材時の年齢、職業、取材日、地域を明記した。ノートの書き手に関しては、名前のみを示し、年齢と職業を明記していない。インフォーマントの名前やハンドルネームが文中に埋もれて判明しにくいと判断した場合は〈　〉で括った。取材地域と日付は（　）、ゲームセンターの店舗名（英字一～三文字で表記）は［　］で示した。

CONTENTS

序章

ゲームセンターの若者たち

一九九九年の春、私は地方の中核都市にあるゲームセンターにいた。電子音が店内のあちらこちらから鳴り響き、楽しげな声も時おり聞こえてくる。店の中央にはゲーム機だけでなく、テーブルが三つ、ベンチが数点と本棚が置かれていた。本棚には雑誌や漫画の単行本が何冊も並んでいる。ゲーム情報誌以外の書籍をそろえているゲームセンターは、必ずしも多くはない。棚の一角には、ノートが積まれていた。表紙には「コミュニケーション・ノート」と書かれている。何げなく手にとり、パラパラとめくってみた。

《私は死んだって両親のことを許さない!! 親なんて嫌い!! にくい!! 私が小さい頃に受けた心と体の傷……いつか親にしかえししてやる! このノート書く人に親は嫌いだって人、何人いるだろう……? by ジュン》

《この頃、自分の存在価値がわからなくなって来た……。自分の存在を消したい。そうすれば誰も悲しまなくてすむのに……。 by ジュン》

何げない言葉や感想、ゲームの情報の合間に親への憎しみを綴った文章を見つけた。気になり、注意してめくっていると、《自分の存在を消したい》と書かれた文章が見つかった。同一人物である。ここでノートを書いている人たちに、誰でもいいから会ってみたいと思った。しばらく、その誰かを待つことにした。

●――あん Jr の事例

ノートを眺めていると一組のカップルが近づいてきた。何冊か置いてあるノートのうちの一冊を広げたので、私は声を掛けてみることにした。男性は一七歳の高校生で、女性は一九歳の大学生だった。二人ともコミュニケーション・ノートをよく利用しているという。

「日記みたいに書く人もいるし、お店の人に書く人もいるし、コミュニケーションのノートとして利用してる」。「私は〔あん Jr〕というニックネームを使ってるんです。これ、私」。彼女が指さした箇所に目を通してみると、日常生活で感じたとりとめのないことが書かれている。男性はゲームをプレイするために来店していたが、〔あん Jr〕は、コミュニケーション・ノートを書くために、数店舗あるゲームセンターの中からこの店を選んで足を運んでいた。ノートには「日記的に、何かあったんだよ」と書き記す。それを読んだ人から「反応があると嬉しい。It's communication! って感じ！」と、彼女は興奮気味に話す。自分が書いた文章に見知らぬ人が反応を示してくれることもあり、いつもの友人が返事を書いてくれることもあるという。

〔あん Jr〕は〔ジュン〕の知り合いだった。「会うと相談されるんですけど……、人のことなんで私が言うことないんですけど、結構弱いんで……わかんないです。いつも悲観的になっちゃうんで。内面的から元気になってくれれば……」。そう話す〔あん Jr〕も「一度だけ……悩んだとき、匿名で筆跡も変えて書いたことある……。自分の中の塊を」。

《一一／三　一八：二〇　新ノート　一番乗り!!　YUUさんありがちょう。といいつつも特に書く事なし。　by あんJr》

《一一／三　時々　こんな自分がイヤになる。　J,A》

「あんJr」の下に続けて「J,A」とネームを変えて書いてある。この「J,A」が自分の中の「塊」を吐露したときのペンネームだという。さらに、彼女はつぎの書き込みを私に見せた。

《一一／五　一五：四〇　つれ氏はっけん。久しぶりぢゃのう。今日四限サボっちゃったよ。だいたいさー、五〇人しか入れない教室に六〇人の生徒をつめこむっていうのが、ムリな話。机はねーし、話聞こえねーし、教授が長島カントク（が、あと三〇才老けた感じ）に似てるし。（中略）グチリまくりの by あんJr》

《一一／五　人に悩みを打ち明けても、笑って誰もとりあってはくれなかった。その中で一人だけ、真剣に考えてくれた人がいた。友達はその人くらいだと思った。　J,A》

ペンネームと筆跡を変えて、自分の中の「塊」を吐き出す。他者に向かって自分の苦しみを表現したいと思う一方で、自分が書いたことを知り合いにさとられないよう気を配る。書き込みを見る限りでは、彼女がどのようなことについて悩んでいたのかさえ見当が付かない。本当に苦しいときは、心情が吐露という形で表れるからだ。ただし、その場合でも他者のまなざしが書き手の意識に介在する。コミュニケーション・ノートが「不特定多数」に向けて発信するメディアだということについて彼女は自覚的だ。

さらに、彼女には《人に悩みを打ち明けても、笑って誰もとりあってはくれなかった》経験がある。だから、ノートに綴るときもみんなが知る〈あんJr〉としての自分を隠す。そこには〈誰もわかってくれない〉というあきらめにも似た感情が見え隠れする。しかし、《一人だけ、真剣に考えてくれた人がいた》という記述からも読みとれるように、〈あんJr〉は、心のどこかで「自分の苦しみを誰かに理解してほしい」と願い、「自分のつらい気持ちを共有してくれる誰か」を求めて、ノートに書き込んでいる。

筆者：何を悩んでたの？

あんJr：付き合ってた（交際していた）人がいて、でも不安あったとき、彼（隣にいる高校生の男の子）を好きになって、二股みたいな、彼氏を裏切ってるみたいになって……。

筆者：前の彼氏（交際相手）とは別れられたの？

あんJr：うん。一一月九日を最後に……。

筆者：「あんJr」という仮名を使ってるのに、どうしてさらに「J,A」とネームを変えるの？

あんJr：どうしてかな……。「あんJr」が私だって知ってる人もここにはいるし、「あんJr」としての私のキャラクターでは言えないことを「J,A」で言ってるんだと思う。

《一一／八　一八：二三　またきた。やったぁ。友人の第一声は「大人っぽくなったね。」だぜ！　が、私が口を開くとあきれていた。　あんJr》

《一一／八　自分を信じてる人を裏切っちゃいけないよね。私は罪の塊です　J,A》

《一一／九　一八：四五　今日はあったかかったのう。麻○さんいつもすみません　by あんJr》

《一一／九　鎖を引きちぎってみました。すぐに切れた分、後に残るリスクは大きいハズJ,A》

「鎖を引きちぎった」――前の交際相手と別れたことを彼女はこう表現している。彼女の事情を知らない読み手にとっては、具体的に何を意味しているのか不明だ。二股（同時に二人の相手と交際すること）をかけ、交際相手を裏切った後ろめたさがあるからこそ、不特定多数の他者に向けて、〈あんJr〉のペンネームで心情を吐露することを彼女はためらう。

ここで見落としてはならないのが、書き込みが二重構造で成り立っている点だ。最初、〈あんJr〉として書き込むときは、顔見知りの常連客に対して仲間であることの「確認」行為を行い、「世間話」に興じる。そこには一種の社会、グループがあり、自分の居場所が形成されている。

「It's communication!」。〔あんJr〕は明るく振る舞い、そこでのやりとりを楽しんでいるように見える。だが、つぎの書き込みでは、明るい雰囲気が一転し、重苦しい心情が綴られる。事情を知らない読み手にとっては、この書き込みが同一人物のものであるとは夢にも思わないだろう。

こうした二重構造から見えてくるのは、グループが形成され、互いに人間関係ができあがると、思いのままに心情を明かすことができなくなるという心理である。〔あんJr〕は、ゲームセンターの中では明るく、ユーモアのあるキャラクターとして振る舞っている。それは《YUUさんありがちょう》《久しぶりぢゃのう》《教授が長島カントク（が、あと三〇才老けた感じ）に似てるし》というコメントからも伝わってくる。また、《大人っぽくなったね》と、友人から褒められるものの《私が口を開くとあきれていた》と記述されている点に注意したい。そこから見えてくるものは、〔あんJr〕はユーモアがあり、お茶目なキャラクターであると、自分自身、他者のまなざしも含めて自覚しているということだ。

彼女はふだん自分が振る舞っているキャラクターのイメージから抜けられず、自己の内部で抱えている暗部を伝えられないでいる。せっかく、少しずつ醸成した友人関係の中で明るく親しみのある自己イメージを形成していったのに、じつは自分が暗い人間で、交際相手を「裏切る」ような信頼のおけない人間であったと思われたとしたら、それまでの人間関係が一気に崩れ去ってしまうかもしれない。相手を信頼し自分の悩みを打ち明けたのに、取り合ってもらえなかった体験をもつ彼女にとって、こうした不安は拭いきれなかったのではなかろうか。だからこそ、「〔あんJr〕としての私のキャラクターでは言えないことを〔J,A〕」というキャラクターで綴ったと思われる。

こうした人間関係のあり方は、家庭、学校、会社、組合、団体などあらゆる組織、社会の中にも見られる。とくに巨大な機構の枠組みの中では、与えられた役割に応えようとして、「本当の自分」を押さえ込む。これは特別なことではなく、組織の中では当然の行為とされる。また、ある状況の中で誰かとコミュニケーションを交わすために、人びとは互いにまず前提となるものを共有しようとするが、そこに参加し順応するためには無意識のうちに自己を抑制し、演技を行う。

アーヴィング・ゴッフマンは『集まりの構造』の中で、「社会的集まりの性質によって、参加者がどの程度まで適切な振舞いをしなければならないと感じるかは違ってくるし、その表現も違ってくるが、すべての集まりはある程度それにふさわしい行為を定めている」と強調し、「一般に、個人が社会的状況に参加して十分な役割をはたそうとするならば、ある水準の機敏さを保ってさまざまな潜在的刺激に対処し、外観はいつも規律正しく維持し、自分の参加している集まりに対して敏感でなければならない」と指摘する。[*1]

〔あんJr〕を取り巻く環境について、批判的な見方をする人ならば、ゲームセンターは、人間関係が希薄で本音の付き合いができない若者特有の場として処理するかもしれない。しかし、ゴッフマンが指摘するように、実際には大人社会においても事情はまったく同じであると言えよう。居酒屋という場において、酒の力を借りて「役割の鎧」や「ジェンダーの鎧」を脱がないと、本音が言えないというのはどこにでも見られる光景である。それは、人間関係が希薄だからというよりも、ある状況の中で人は意識されにくい規則に従って自分を変えているからだと考えられる。人間は各場面に応じて、無意識に態度を変える。「スーツを着用しパーティーに参加する」「着物を着て、式典に出席する」「ジーンズをはいて学校に行く」「パジャマに着替えて自宅でくつろぐ」。こうした各場面において、人はそれぞれ異なる振る舞いをする。

ゲームセンターは、楽しみを享受する場であり、人びともそれを期待して足を運ぶ。人びとの期待するものに敏感かつ自覚的だからこそ、若者たちはその期待を裏切って、重苦しい雰囲気に相手を巻き込むことに対し、慎重になる。それは、ゲームセンターに集まる若者たちに大人と同じ程度の社会性が備わっていることの証しでもある。

●――ジュンの事例

〔あんJr〕のように、二つのキャラクターを使い分け、自分の心情を吐露するケースもあれば、みんなが知る自分（＝認知されたキャラクター）のまま、自己の弱さをさらけだす人もいる。冒頭の〔ジュン〕がそのケースだ。《この前はあんJrさんとおはなししたかったのに、いそがしそうだったのでさみしかったです》〔ジュン〕。ノートに記されたこの書き込みについて〔あんJr〕はつぎのように語った。「この時、ピッチ（PHS）がかかってきたんで、席はずして（電話の相手と）話してたら（ノートに寂しかったと）書いてあったんです。すぐに悲観的になるから……。（ジュンから）『私のこと嫌いなの？』と、言われた」。

〔あんJr〕が戸惑うようにそう語り終えると、一人の女性が近寄ってきた。その女性は〔あんJr〕に大きな声で快活に話しかける。〔あんJr〕は彼女のことを「ジュンさん」と呼んでいる。会話から察すると、本棚の漫画の一部は〔ジュン〕が持ってきたものらしい。〔ジュン〕にも取材を依頼すると、しばらくして〔あんJr〕と交際相手の彼が席を立った。用事があるために帰るという。もう少し取材を続けたいと思ったが、私は二人に礼を述べて別れた。

〔ジュン〕（二五歳、占い師見習い）が〔あんJr〕と知り合ったのは、四年前（一九九五年）の秋で、文化放送のラジオ番組「ステレオドラマ、ツインビーPARADISE」がきっかけだった。DJの國府田マリ子の呼びかけで一三日の日曜日に、リスナーが自宅の近所の公園に集まって交流していた。そのリスナーの集団を「Beeメイツ」と総称した。ある公園はリスナーから○○支部と呼ばれ、番組終了後も月に一度、リスナー同士の交流が続いているという。それ以前から〔ジュン〕はコミュニケーション・ノートにユーモアのある文章を綴る〔あんJr〕に興味をもち、互いにノート上ではコメントを返し合う仲だったが、直接対面したのはその支部での交流会だった。出会うまで互いに相手のことを男だと思っていたという。

〔ジュン〕がゲームセンターに足を運ぶようになったのは、友人からコミュニケーション・ノートの存在を教えられ、「楽しいからやってみたら」と誘われたからだった。定期的に通っている病院の精神科医から「人が集まるところへ行きなさい」と言われていたこともあり、人とかかわりのもてる場に意識的に出向いていた。「私は親に小さい頃、虐待を受けてたんです」。数カ月前まで、PTSD（Post Traumatic Stress Disorder）による痙攣に悩まされていたという。〔ジュン〕が持参し本棚に置いた漫画は、トラウマなどを扱っていた『救急ハート治療室』（沖野ヨーコ著）だった。

冒頭に紹介した〔ジュン〕の書き込み、《私が小さい頃に受けた心と体の傷》とは、両親から受けた虐待のことを指していた。《自分の存在価値がわからなくなって来た》、《自分の存在を消したい》、《親なんて嫌い!!》。彼女は、拭いきれない苦しみをノートに書き殴る。〔あんJr〕がペンネームを変えたのに対して、〔ジュン〕はストレートに周囲の人びとに対して自分の苦しみを訴える。しかし、〔ジュン〕も〔あんJr〕と同じように、自分が何に対して苦しんでいるのか、明確に書き記しているわけではない。

斎藤学によれば、トラウマ（心的外傷）は自然災害や事故、強盗、強姦、虐待などによって、「日常の連続性を遮断し、人が生きるための大切な基盤である安全性にヒビを入れ」「被害の痛みのほかに、そのような被害の犠牲にあってしまう自分というものへの自信と肯定感を失う」ものである。トラウマの後遺症に共通する症状を「心的外傷後ストレス障害」（PTSD）と呼ぶ。[*2]

虐待を受けた子どもは、親ではなく自分を否定するケースが多いというが、〔ジュン〕は、ストレートに親への憎しみを綴る。もし虐待を受けた自分を肯定できず、極度に自己否定を続ける状態ならば、自分が抱える苦しみを周囲の人びとに知られたくないと思うだろう。しかし、〔ジュン〕はトラウマについて触れている漫画を持参し、ゲームセンターに置く。「みんなにも読んでもらって、少しでも自分のことをわかってほしいと思います。でも、自分の生い立ちは隠したいんで、読んでもらえればいいやという感じ」。

〔ジュン〕の人生は、まさにサバイバルの連続だったと言えるかもしれない。「とにかく、親には物を使って殴られてた。だから、身体中アザだらけだった……。小学校三年から高校一年生まではひどかった」。虐待だけではない。小学校、中学校では、周囲からいじめを受けてきた。「小学校の一年の夏が終わって二学期が始まってからいじめがあって、『どうしても、学校に行きたくない』

と言っても親は世間体ばかり気にして『駄目だ』と。『いじめられてる』と言っても、『お前が原因作ってるからだ』と取り合ってくれない。中学の時、制服をドブに捨てられたこともある」。犯人はわからなかった。「あと、親にも制服を捨てられたことあった。泥水の水たまりの中に……。あまり覚えていませんが、理由なんてなかったと思います……」。

私は小学校の三年生の頃から「女の子は家のことをやらなくてはいけない」と、手伝いをさせられてたんです。家は大工なので作業場がおばあちゃんの所にある。（父は）「作業が進まないからおばあちゃんの所に泊まる」と言って、泊まることあって、食事以外は私が全部やってた。掃除、洗濯、片付けとか。

ある日、あれは小学校六年の冬の日でした。ひょっこり夜中に父が帰ってきたんです。家族はみんなお風呂を済ませてたんで、お湯を抜いてたんですよ。そんで、二階の部屋のベッドで寝てたら父が来て、「おいお前、何寝てるんだ！」。その時、何でお父さんここにいるんだろとぼーっとした頭で思いました。「起きろ！」という怒鳴り声で（父親が帰ってきたのだと）ぱっと気付きました。もたもたしていたら、父はコタツを持ち上げ、それを振り下ろして私のお腹を何度も叩きました。起きたら往復ビンタを五、六発。それで「お風呂が沸いてないじゃないか！」と。

母はもっとひどい……。私が家事をやらなかった時があって、一週間ぐらいかな。その時は、コタツを持ち上げ打ちつけられた。椰子の葉っぱで蝿叩き作るんですけど、その柄のほうで叩かれたり、茶碗を投げられたり、小さい頃からそういう生活がずっと続いてる。妹と弟がいるけど二人はそういうことされない。自分ばかりだった。

ボーイフレンドと海水浴に行った時も、母親に詮索され、ついて来られてしまったという。「そういうつらいことがいっぱいあって……。私、自殺未遂を一〇回ぐらいやってる。ストレス性痙攣のとき。一昨年の二月頃が一番ひどかった。鬱状態で何もする気がなくて、閉じこもってた」。首吊りは二回試みたが、友人に見つかって下ろされた。ナイフで腹部を刺したことは六回あり、今も傷痕が残る。

「睡眠薬を結構飲んじゃって寝てたんだけど、気がついたら助かってた。病院のベッドの上だった」こともある。「それも、友人が見つけて……。その日の一日の記憶はないんです。ラリッてる状態で。あと、最近なんですけど、工場から帰るときに橋があると、ここから飛び下りちゃおうかなと思ったこともある。でも、やっぱりやめとこ、痛そうだなと思った。死にたいわけじゃなく、逃げたいんですよね」。

〔ジュン〕は約半年前に家を飛び出し両親から逃れた。占い師の仕事で日銭を稼ぎながら、宿泊もできる公衆浴場施設で寝泊まりして日々をすごす。占いの仕事は天候に左右されやすく、強風や雨の日は収入が途絶えがちになる。しかもまだ見習いのため料金は相場の三分の一にあたる一件一〇〇〇円で客をとっている。浮き沈みが激しく、一日に一食のときもあれば、何も食べない日もある。「今までも何回も家出してるけど、そのたびに捕まって戻されてた。（家に戻ると）はじめは優しくしてくれるけど、また、だんだん私を責めるようになるんです。『何で出てったんだ?』とか」。ノートに《自分の存在を消したい》と書いたのは、その頃のことだった。

〔ジュン〕が家を出たのは「両親が私のことを人として見てくれないから」だった。借金をして生活していた両親は、娘の稼いだお金をほぼ全額家に納めさせていた。「どうしても、生活費足りないものだから……。まるで、小間使いのような扱いでした。親にしてみれば『お前はちゃんとしてないから』と。確かにそうだけど、今は違う。占い師のような『浮き沈みの激しい仕事は止めろ』と、工場に無理やり入らされる。それが嫌で嫌で……」。

高校時代は定時制の夜間に四年間通い、昼は時計を製造している工場で働いた。月八万円の給料を稼いでも、その一〇分の一の八〇〇〇円しかもらえなかった。「残りは親に生活費として取られてました。文句を言うと『私たちは借金してるから』と。高校生の頃はまだしも、成人して二〇万以上稼ぐようになっても一〇分の一でした。だから、どうせ働いてもあの人たちのお金になるんだと思うと、仕事が嫌でさぼり気味になった」。

家を出てすぐに友人のアパートに転がり込んだ。〔ジュン〕にとって、友人との共同生活は楽しかった。〔ジュン〕は「幼稚ぃような」漫画やアニメが大好きで、周囲からは「あんたは子どもだよね」と言われることもしばしばあったが、その友人はそんな彼女を受け止めてくれたという。「大親友」だった。「唯一の友達……。でも、私が裏切っちゃったんで、今は連絡がない。私の中でいい思い出、いい友達だったなと思います」。楽しかった共同生活は五カ月ほどで幕を閉じた。「アパートを出たのは、友達も私を信用してくれてなかったから。その頃は、工場で働いてたんですけど、嫌になってやめたんです。だから、帰るに帰れなくなっちゃった。収入ないから家賃払えないし。帰ったほうが良かったかなと思うこともあるけど、逆に帰らないで良かったなと思う。友達は家事洗濯など、母みたいに何でもやってくれたんです。頼りっぱなしになっちゃってた。ある時、通帳見られちゃって、いざこざになって喧嘩して、仕事もやめちゃった。甘えっぱなしで悪いなと思う一方、頼っちゃって……。自分自身が子どもの感覚なんで、会う人会う人『早く大人になりなさい』と言われる」。

こうして〔ジュン〕は友人のアパートを出て、占い師としてその日暮らしの生活をスタートさせた。根無し草の生活は決して楽ではない。風が強いだけで収入が途絶えてしまう。私が取材をした日、彼女は朝から何も口にしていなかった。取材中、彼女は来店した知り合い（二八歳男性）に何度も「お金を貸して」と頼んでいた。実家に戻れば、少なくとも経済的には安定するだろう。だが、〔ジュン〕は言う。「親とは仲良くやっていきたいと思わない。今でも探してるなら別だけど……。弟の結婚が決まってから、私のこと探さなくなったから……」。友人のアパートを出る一カ月前、そのことを人づてに聞いた。「もういいや」と、思った。

自分の置かれた状況について具体的に相談できる友人はいない。コミュニケーション・ノートで知り合った人びとの中でもとくに〔らんまーソン〕は、「私がすごく気に入ってる方」だという。〔らんまーソン〕には両親について話すこともあるが、「嘘ついちゃう。すごく悪いなーと思ってるけど、本当のこと話したらガッカリするんじゃないか。虐待受けてたことも話してないし、友達が少ないってことも言ってない。正義感強い人だから、自分のこと心配しちゃうんじゃないかと……」。〔らんまーソン〕がゲームセンターに顔を出すのは、二一時頃だという。終電すぎまで話し込んでしまったときには、車で送ってくれたこともある。しかし、公衆浴場施設で寝泊まりしていることは告げられず、「らんまーソンさんには、その近くの友達の家に泊まってると、嘘つきまくっちゃってる」。

〔ジュン〕は、自分が抱える苦しみを少しでも他人に「わかってほしい」と漫画を持参するが、「自分の生い立ちは隠したい」と話す。コミュニケーション・ノートの参加者は、〔ジュン〕が苦しんでいることを知っている。でも、誰も〔ジュン〕の過去を知らない。〔ジュン〕は心許せる相手にさえ、心配させまいと嘘をつく。

コミュニケーション・ノートに心情を吐露するとき、〔あんJr〕がペンネームを変えたのに対し、〔ジュン〕は自分の苦しみとして訴えた。その点で両者の違いは際立つように見える。だが、親しい間柄であっても、互いに相手の内面に踏み込むことができず、ある一定の距離を保つという点において、二人は同じ立ち位置にいる。それは、コミュニケーション・ノートに参加している人びとも同様であろう。〔ジュン〕の書き込みに対して、誰もくわしく話を聴こうとしなかった。

いや、実際には耳を傾けようとしたのだろう。〔あんJr〕は〔ジュン〕からの相談に応じようとしている。しかし、うまく話がかみ合わず、「頑張ってね」としか声を掛けられない自分自身にジレンマを感じていた。〔ジュン〕は、自分のことをわかってほしいと願う一方で、生い立ちは隠し続ける。だから、〔あんJr〕は「内面から元気になって」ほしいと心の中で思うことしかできない。こうしたすれ違いを、これまでいくつもすごしてきたのだろう。そのことが〔ジュン〕と〔あん

Jr〉のコメントから伝わってくる。
このようにゲームセンターの仲間には、自分の過去をはっきりと明かすわけではないものの、コミュニケーション・ノートを介した人間関係は、少しずつ、だが確実に〈ジュン〉を変えていった。

《二／一四　一三：〇三　おおー今日は秘密がバレたいんDayだーっ!!　ツッコミどーぞ〈バレンタインデーやろが！　byジュン〉
さいきん誰かにえいきょうされてヨーヨーに凝っている。目指せ犬の散歩。きのう練習しててムチャしたら案の定、顔を強打。くちびるの裏を切った。早くうまくなりたい今日この頃　いてーよぉ。　byあんJr》
《二／一四　妹の誕生日と友人の誕生日とバレンタイン……　ああ　お金が羽をつけて飛んでいくー　あんJrさんごめんなさい。上の読んでておもいっきり笑ってしまいました。すいませんごめんなさい、ゆるして　byジュン》
《ツッこみあいがちょう　あやまんなくてい－よ!!　あんJr》

〈ジュン〉は、コミュニケーション・ノート上で〈あんJr〉から初めてコメントが返された時のことを、こう回想する。「とてもうれしかった。二月一四日の〈あんJr〉さんの文を読んで、久しぶりに笑うことができたんです。その後、コメントを書いたり、返事をくれたり、イラスト見てても楽しいですし。自分が明るくなれたのもノートのおかげだと思います」。

「久しぶりに笑うことができた」――暗雲が立ちこめる〔ジュン〕の心に光が射した瞬間だった。このとき、〔ジュン〕は自分自身、ほんの少し変われた気がした。ゲームがもともと好きな〔ジュン〕は、ゲームセンターで遊んでいるうちに、次第に挨拶を交わす仲間が増えていった。自分もコミュニケーションの輪に参加できることが何よりもうれしかった。かつての自分は周囲の人びとにとって「暗いイメージしかなかった」と〔ジュン〕は言う。ところが、「このノートを書くことによって、自分がどんどん変わっていくのがわかる。今までは友達から『ひねくれてる』とか『冷たい』とか言われてたのが、『素直になってきたね』『明るくなったよね』とか言われるようになった」。

〔ジュン〕の書き込みに対して、〔あんJr〕がコメントを返し、〔らんまーソン〕が漫画の話題を書いてくれた。コミュニケーション・ノートを介していろいろな人たちと仲良くなり、一緒にカラオケにも行くようになった。「(私が)明るくなったのは、人との触れ合いで……、ノート見てるとみんな温かい」。最近では、「お洒落になったね」、「誰か好きな人できたか」と声を掛けられるようになったと、〔ジュン〕は照れくさそうに笑みを浮かべた。

〔ジュン〕は公衆浴場施設で寝泊まりし、「浮き沈み」はあるものの占い師として自活する。その逞しさには目を見張るばかりだ。家庭で虐待、学校ではいじめを受け、自尊感情がもてずにいた人物とは思えないほど、積極的に行動している。その日暮らしをしているからといって、自暴自棄になっているわけでもない。何よりも暗いイメージしかなかったのが明るくなった。コミュニケーション・ノート上で誹謗中傷を交えた喧嘩が他の客や店員との間で発生した時、〔ジュン〕はこう綴っている。《私はこのノートに心を救われているんです。このノートのおかげで心身症もなおったんですから……。私はこのノートをつくってくれた方に感謝しています》。

人と接するのが苦手だった〔ジュン〕は、コミュニケーション・ノートを通して他者と「コミュニケーションがとれるようになった」こと、「自己主張ができるようになった」ことを強調する。直接、相手を前にすると自分の言葉が否定され、時には言い合いになってしまう。でも、言いたいことを文章にしてしまえば、その場では誰かに口をはさまれることがない。だから、安心して自分の思いを綴ることができる。「その代わり、（文章にすると）そのことについて触れてくれなかったりしてるんですが……」。自分の言葉に誰も反応してくれないと「たまに寂しく感じる。だけど、いい方に考えちゃう。触れないってことは、触れると（私が）悲しむからと相手が思うから、そのことに触れないいんだと」。これまで「自分の思っていることを隠して」生きてきた〔ジュン〕にとって、自分の存在が脅かされることなく、思うままに自己主張できる経験は何よりも「大切なこと」だと思われた。

もっとも、コミュニケーション・ノートに参加することによって、すぐに心身症が治ったわけではない。取材当時も週に一度のペースで心療内科に通っていた。「たとえば、冷たいことを誰かに言われたりすると、頭がキーンとして痛くなってくるんです。だから、そういうことがないように点滴打ってます。（点滴は）過度のストレスに良いそうです。点滴が嫌で嫌で、行かないときもあるけど、そうするとかえって頭が痛くなる」。

私は〔ジュン〕に「このノートをステップにして、コミュニケーションがとれるようなり、いずれは病気が治ればいいなと思いますか」と質問してみた。彼女の返答は明快だった。「ノートをコミュニケーションのステップとは考えてないです。着の身着のまま書いていて、もう、それ自体が人との架け橋になっている」。

幼い頃から長年にわたる虐待によって自我の形成に支障をきたした結果、〔ジュン〕は自尊心がもてず、自分が溶解し崩れ去っていく感覚から逃れられない。苦悩し、時には自殺を試み、自分が抱えるつらさを誰かにわかってほしいと信号を発する。親からも、学校の友人からも得られなかった、他者からの承認、居場所をジュンは求め続けてきた。

彼女の転機は、コミュニケーション・ノートに〔あんJr〕の書き込みを見つけたことで訪れた。〔あんJr〕のユニークなコメントに、〔ジュン〕は気が付くと笑っていた。それは、〔ジュン〕が見せた「久しぶり」の笑顔だった。〔あんJr〕の駄洒落には「突っ込み」を入れるスペースが意図的に設けられていた。〔ジュン〕は、空白のカッコの中にどんな気持ちで「突っ込み」を入れたのだろうか。続けて書き込んだ〔ジュン〕の言葉に、今度は〔あんJr〕から文章が添えられていた。

一度も顔を合わせたことのない人びとが一冊のノートを介してつながっていく。次第に相手を知り、仲良くなって、ゲーム以外でもカラオケなどで一緒に遊ぶようになる。何よりも否定され続けてきた〔ジュン〕にとって、コミュニケーション・ノートは初めて自己主張ができた唯一の場であり、居場所でもあった。

長らくビデオゲームはプレイヤーに与える悪影響が取り沙汰され、ゲームセンターは不良のたまり場として問題視されてきた。ところが、実際にゲームセンターに足を運び、そこで生成する若者たちの文化なりコミュニケーションなりに着目してみると、それらの言説が一面を捉えたものにすぎないのではないかと思われた。ゲームセンターとはいかなる空間なのか、若者たちのコミュニケーションはどのように理解されうるのか。本書は、これらの素朴な疑問に答えようと試みたものであり、と同時に、約一〇年に及ぶ取材活動から、その都度明らかにしてきた若者文化の記録である。

註

*1 Goffman, E. (1963) *BEHAVIOR IN PUBLIC PLACES: Notes on the Social Organization of Gatherings*, The Free Press of Glencoe.＝（一九八〇）丸木恵祐・本名伸行訳『集まりの構造―新しい日常行動論を求めて』誠信書房、一三、三三頁。

*2 斎藤学（一九九六）『アダルト・チルドレンと家族』学陽書房、二一―二二頁。

第1章 ゲームセンターへの視線

1

ビデオゲームの浸透

●――ビデオゲームの登場

一九七二年、コントローラーで画面上のバーを上下に動かして玉を跳ね返すビデオゲーム『ポン(PONG)』(アタリ)のヒットは、業務用のアーケード・ゲームだけでなく、家庭用テレビゲームの発展にも貢献した。[*1] 世界初のアーケード・ゲーム『コンピュータ・スペース(Computer Space)』(ナッチング・アソシエイツ／一九七一年)の開発者ノラン・ブッシュネルは、ラルフ・ベアが開発した世界初の〝商用〟家庭用テレビゲーム『オデュッセイ(ODYSSEY)』(マグナボックス)の発表会で「テーブルテニス」をプレイし、感銘を受けたという。ブッシュネルは、ナッチング・アソシエイツを退職してアタリを創業し、ポンを開発する。オデュッセイは、売価一〇〇ドルと高価だったこともあり、発売当初から順調に売れたわけではなかった。ピンポン・ゲームがプレイできるオデュッセイは、ポンのヒットに牽引されるようにして、売上げを伸ばした。[*2]

一九七三年、日本にポンが輸入され、同年にはポンの類似品、『エレポン』（タイトー）と『ポントロン』（セガ）が出荷され、日本製初の業務用ビデオゲームが登場する。また、玩具メーカーの任天堂は、マグナボックスから依頼を受けて、オデュッセイのライフル型光線銃を開発しており、これがテレビゲーム業界に参入するきっかけとなった。ポンの成功は、後に社会現象となった『スペース・インベーダー』（タイトー）と『ファミリーコンピュータ』（任天堂）を生み出す要因の一つとなった。

●——ゲームセンター、非行の温床説

その一方で、ビデオゲームは人びとに必ずしも好意的に受け入れられてきたわけではなかった。風営適正化法[*3]が一九八五年、施行されると、ゲーム業界はそれまでの暗いイメージが付随したゲームセンターから脱却しようと試みる。その背景には、ゲームセンターが非行の温床と見なされたことが大きな要因として挙げられる。一九八三年の『警察白書』によれば、ゲームセンターに設置された筐体《きようたい》（機械を収める容器）は「五四年（一九七九年）ごろはインベーダーゲーム機等技術介入性のある遊技機が主流を占めていたが、五六年（一九八一年）後半ごろからポーカーゲーム機等技術介入性のない遊技機が設置されるようになり、これが全国的に急激な広がりをみせた。これに伴い、このような遊技機を利用した賭博（とばく）事犯が急増し、五七年（一九八二年）は、前年に比べ、件数で三・八倍、人員で四・一倍に当たる一八七〇件、一万三五三人を賭博（とばく）事犯で検挙した」（西暦年数は筆者）。

ただし、検挙された「賭（と）客の過半数は、会社員、店員等で占められており」、いわゆる子どもではなく、大人であった。そうした大人たちは「技術介入性」、つまりテクニックを競うゲームを楽しむのではなく、「技術介入性」のない賭博を行ったのである。しかし、翌年の『警察白書』では、「少年がたむろし、喫煙、飲酒、不純異性交遊等の不良行為を繰り返し行っている場所」を「たまり場」と定義し、「昭和五八年（一九八三年）七月の『少年を非行からまもる全国強調月間』中に全国で把握された少年のたまり場となっている場所は」、「スナック、喫茶店が二二・四％と最も多く、次いでアパート（一五・一％）、ゲームセンター（一四・八％）の順となっている」（西暦年数は筆者）と報告された。

●――家庭用ゲームの爆発的ヒット

ゲームセンターに対する負のイメージがあったにもかかわらず、家庭用ゲームは一九八〇年以降、玩具メーカーによってつぎつぎと開発されヒット商品となっていく。一九八〇年に任天堂が開発した携帯用の電子ゲーム『ゲーム＆ウォッチ』は、一〇〇〇万個以上を売上げ、一九八一年にエポックからカートリッジ式のソフトを利用する家庭用ゲーム『カセットビジョン』が発売されると、玩具メーカーのバンダイやトミーがテレビゲーム市場に参入した。[*4] 一九八三年には、任天堂から家庭用テレビゲーム『ファミリーコンピュータ』、通称「ファミコン」が発売され、八八年には、国内と海外市場において、それぞれ一〇〇〇万台を超える販売台数に達し、「主にマスコミの報道によって、一つの社会現象とまでみなされるようになっ」た。[*5]

ビデオゲームは、子どもや若者の間で人気を得るが、たとえば一九八六年に吉井博明が長野県、千葉市、東京・埼玉で行った小学生と親を対象にした量的調査では、テレビゲーム機を所持している小学四年生以上の児童（千葉市は小学五年生以上の児童）の所有状況は「ファミコン」に限ってみても、長野が五五パーセント（男子が六四パーセント、女子が三六パーセント）で、千葉が七〇パーセント（男子が七五パーセント、女子が六四パーセント）となっている。[*6]

●――テレビゲームに興じる青少年への視線

水越伸によれば、マスコミによるファミコンの社会現象についての考察は、二系統に枠づけられた。第一に「大人の論理」から把握され、「任天堂の商品企画の成功物語」といった積極的評価と「視力低下や現実と虚構の境界認識の曖昧化」といった消極的評価がなされ、第二に「ゲームの攻略解説や、ゲームの音楽や物語の構成に対する審美的な思い入れを語ったもの」として「映画評論や文芸評論と並列的に位置づけられ」た。[*7]テレビゲームに興じる青少年の姿は人びとの目に異様に映り、自分だけの世界に閉じこもっていると非難された。[*8]

ビデオゲーム研究の多くは、プレイヤーの心身に与える悪影響を論じてきたが、一方で、悪影響を前提とした研究に対して批判的な立場も社会学やメディア研究の分野から出てきている。さまざまな研究が積み上げられてきてはいるが、とくに心理学的なアプローチによる実証研究では、実験・調査ごとに結果が異なる傾向も見られ、悪影響の有無の問い自体を疑問視する声もある。[*9]

また、ビデオゲームの研究のほとんどは家庭用テレビゲームに関するものであり、明確に業務用ビデオゲーム（アーケード・ゲーム）と区分されていない。家庭用と業務用ビデオゲームが明確に区分されていない理由の一つとして、家庭用ゲーム機のジョイスティックは十字ボタン、業務用ゲーム筐体のジョイスティックはレバーといったように、両者の間には細かな違いはあるものの、画面に映し出されたキャラクターを操作して遊ぶという基本的なプレイスタイルは変わらないためと考えられる。

2 ゲーム批判の登場

●――インベーダー・ゲームの流行と非行化批判

ビデオゲームに対する批判が登場するのは、社会現象となった『スペース・インベーダー』（以下、インベーダーと略記）が一九七八年六月に発表されてからのことだった。インベーダーは子どもから大人までの心をつかみ、大ヒット商品となった。この流行に便乗し、街には数々の新規ゲームセンターが参入した。以前からあるゲームセンターはインベーダー一色となり、「インベーダー・ハウス」と呼ばれるようになった。インベーダーは、立ったままモニターを覗き込みプレイするスタイルをとる「アップライト型筐体」と、座ったままプレイできる「テーブル型筐体」の二つのタイプが売り出された。喫茶店のテーブルはインベーダーで埋め尽くされ、「インベーダー喫茶」

が登場した。[*10]

インベーダー・ゲームはワンプレー一〇〇円であった。一台につき一日に約一〇万円分の硬貨がインベーダーに飲み込まれ、全国で一日に約四億五〇〇〇万円を売り上げた。[*11]「昭和五四年」の硬貨が大量に生産され、社会現象となっていく。[*12] 人びとがテーブルで飲食しながらゲームを行う姿は不作法であると見なされたうえ、[*13] インベーダーをやりたいがために「カツアゲ」が行われ社会問題化すると、ゲームセンターのイメージが低下し、非行の温床と見なされた。[*14]

テーブル筐体は照明の光がテーブルのガラス板に反射し、画面が見えにくくなってしまうため、店内の明かりは極力抑えられた。[*15] また、テーブル筐体はスペースをとらないですむため、店内が狭くても十分経営することができた。[*16] 店内が暗く狭いというのは、いかがわしい雰囲気を増長させ、女性に敬遠される要因の一つとなった。さらに、ひたすらディスプレイに向かう遊びのスタイルは、他人の目から見て閉じこもった行為に映ったことだろう。

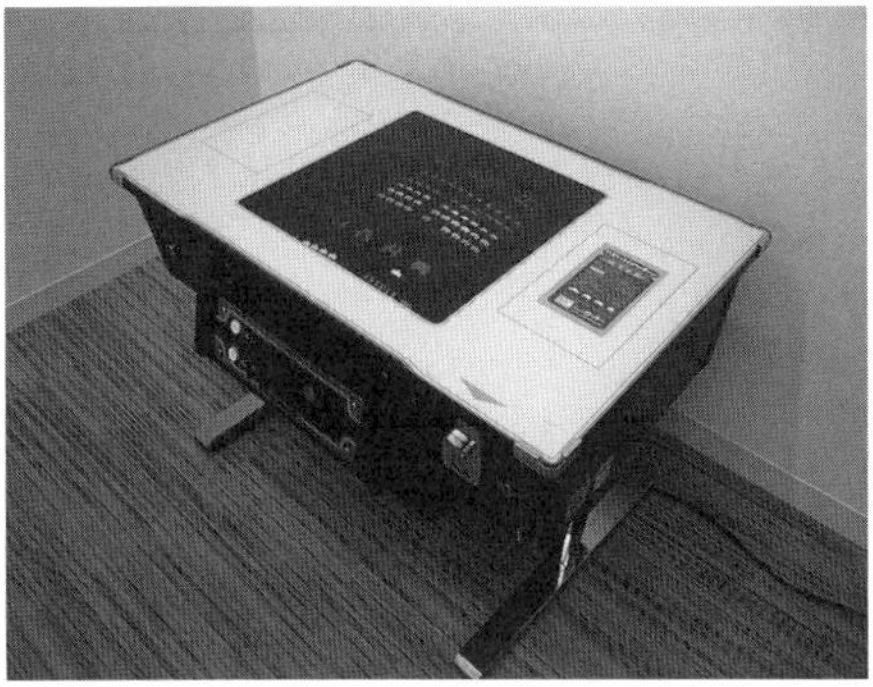
スペースインベーダー・テーブル筐体

インベーダーの流行を考察した川浦康至は、新聞記事に掲載された調査結果を整理し、小学生、中学生、大学受験予備校生、ヤングサラリーマンのインベーダー利用状況を呈示している（表1）。[*17] これらは調査時期や質問内容が異なることを考慮しなければならないが、「利用回数」を参照すると、

表1　インベーダー・ゲームの利用状況

調査対象	地域、標本数	経験者（%）	資料出所
小学生	東京都江戸川区16校	45（男子：64、女子25）	読売新聞
	東京都新宿区７校	37	
	東京都中野区(18,190人)	39.7	朝日新聞
	京都府城陽市（1,045人）	26.3	
中学生	東京都江戸川区10校	64（男子：82、女子45）	読売新聞
	東京都新宿区５校	63	
	東京都中野区（5,662人）	65.1（男子：81.2、女子47.4）	朝日新聞
	京都府京都市（1,000人）	74	
大学受験予備校生	東京（1,978人）	76	毎日新聞
ヤングサラリーマン	東京・都心（165人）	57.6	スポニチ

出典：川浦康至（1987）「インベーダーゲーム」多田道太郎編『流行の風俗学』世界思想社より一部改変。

京都市の中学生において「ほとんど毎日遊ぶ」と回答したものが三一・一パーセントおり、小学生（中野区・月五回以上、一八・八パーセント）、大学受験予備校生（現在ほとんど毎日、四パーセント）、ヤングサラリーマン（ひと月あたりの回数、平均九回）と比較すると、ゲームセンターは中高生を中心とした一〇代の若者のたまり場となっていることが推察される。

こうした経緯から、各地の教育委員会は子どもだけでのゲームセンターへの出入りを禁じる措置を学校に通達するようになるが、その理由として「お金を使いすぎ、非行に走りやすくなる、目や体に悪い」などが挙げられていた。[*18] 当初、ビデオゲーム批判の多くがゲームセンターを非行化と結びつけて論じられていた。つまり、ビデオゲーム批判がターゲットにしていたのは、ゲームセンターという空間であり、その悪影響も非行に焦点が当てられていたと考えられる。

●――虚構の世界への退行説

一方、家庭用テレビゲームを念頭に置いたと思われる批判が顕著になるのは、つぎの経緯による。アメリカでは一九八〇年代初めよりテレビゲームの暴力描写の影響や社会的適応に与える影響が問題視され、日本では八三年にファミコンが発売され「テレビゲーム普及の早い段階から」対人関係における弊害が懸念された。[*19] 一九八五年九月にファミコン用ソフト『スーパーマリオブラザーズ』(任天堂)が発売され、数カ月で二〇〇万個を売り上げ、テレビゲーム人気が一気に高まると、ゲームによる子どもたちの生活態度や心身への悪影響が危惧された。[*20]

さらに、一九八八年七月一九日の朝日新聞に寄稿した藤原新也の記事以降、ゲームによる「虚構と現実の境界の喪失」が「検証されることもないまま、市民権を得てひとり歩きし始め」た。[*21] 藤原は、中学二年生の少年が両親と祖母を殺害した事件を当時大流行したファミコンソフト『ドラゴンクエスト』(エニックス)シリーズと重ねて論じ、虚構の世界への退行、現実と虚構の混同を示唆した。[*22] 以来、少年犯罪を報じる記事の中には、「ゲーム」の文字が散見される。[*23]

藤原の指摘から一〇年を経た一九九八年、近所に住む高齢者の女性を中学三年生の少年が刺殺した事件では、「ゲーム代がほしかった」という動機が強調された。[*24] また、同年、バタフライナイフなどの刃物によって実行された一連の少年事件では、弁護士の吉峯啓晴のつぎのコメントが掲載された。「ナイフを子供たちが持ち、刺すに至る背景の本質を考える必要がある。テレビなどでアイドルが不用意にナイフをもてあそんだり、暴力だらけのゲームなど、衝動を増長するような文化状況そのものを考え直す必要がある」[*25]。吉峯は、少年が本物のナイフで人を刺してしまう原因の一つに暴力表現の多いゲームを挙げ、テレビやゲームといったメディアの影響力を問題にする。吉峯の見解は、虚構と現実の区別の融解という点で藤原の意見と重なる。

これらの記事から見てとれるのは、家庭用テレビゲームにおける批判がゲームセンターとは異なり、虚構の世界への退行といった内容をクローズアップしている点だ。外で友人と遊ばずに家の中でたった一人、ゲームに興じる子どもたちの姿に大人が不安を感じたとしても不思議ではない。この状況については、赤尾晃一が論じているように「有害説の根底にあるのは、親やおとなの世代に漠然と存在する、新しいメディアに対する不安感」であろう[*26]。

●──新しいメディアへの不安

業務用と家庭用ビデオゲームの両者に共通する悪影響としては、身体への負荷が挙げられるが、これはインベーダー・ゲーム以来、マスコミを通じて警告されてきたことだった。小学五年生の息子にゲームを禁止し、家庭用ゲーム機を買い与えない四〇代の母親は「目や体に悪いじゃないですか。勉強もしなくなるし。私はあんなものやったことはありませんよ」と理由を語っている[*27]。この言葉から身体への影響や勉強しないで遊んでばかりいること、自分自身、経験のない目新しいメディアに対する不安が如実に現れている。

ビデオゲームについてなされた批判は目新しいものではなく、同じような批判はテレビや映画、本などでもなされてきた。かつて、「小説を読むと不良になる」「映画館が不良のたまり場」と見なされた時代があった。[*28]テレビの影響としては、とくに幼児、児童への悪影響が問題視され、現実と虚構の融解、[*29]メディアによる欲望や行動、思想の支配、[*30]自閉症の発症などが危惧されてきた。[*31]

香山リカは、精神医学の分野では、ビデオゲームが普及する以前の一九七一年に小田晋（『社会体制と精神障害』『精神医学』）によって、マスメディアが現実と虚構との境界の喪失を招くとして論じられていることを指摘し、ビデオゲーム悪影響論が「八〇年代後半に急に登場したものでもなければ、テレビゲームの出現を待って新たに生まれた考察でもなかった」と論じる。[*32]

このようにテレビや映画、印刷技術といったメディアの発達によって生じた悪影響論は、ビデオゲーム批判と酷似するが、ビデオゲームをあたかも新しい現象かのように報じるマスコミのテクストによって、人びとはゲームに対する悪印象を強めてきたと考えられる。坂元章は、一九八〇年代から九〇年代初頭にかけて行われた学術的な研究の成果を整理したうえで、ジャーナリズムが報じるゲーム悪影響論は、「その悪影響を強調しすぎている」と論じた。[*33]水越伸は、藤原新也の記事を例に挙げ、「マスコミの独特な意味作用空間における言説が氾濫し、アカデミックな研究は、その後からそれらの言説を前提として調査研究を行っているというのが現状である」と指摘した。[*34]

先述の弁護士吉峯のコメントではゲームだけでなく、テレビの悪影響にも言及されているが、影響といっても、さまざまな影響が考えられる。メディアに限ってみてもゲームやテレビだけでなく、コミック、アニメ、音楽の歌詞なども考慮に入れる必要があるだろう。

●──場所・環境による印象

これまでのゲーム批判、悪影響論の多くが業務用と家庭用のゲームを明確に区別していないが、業務用ビデオゲームの場合は「非行」、家庭用テレビゲームの場合は「虚構の世界への退行」といったように異なる影響が論じられる傾向が見受けられる。業務用と家庭用で区別せず、「ビデオゲームの影響」として一括りにされたのは、ゲームをプレイすることによる影響そのものが、業務用と家庭用で区別しにくかったためでもある。ディスプレイに映し出されたキャラクターを操作して目的を達成するというゲーム自体の構造は、両者ともに同じであるからだ。もし区別できるとすれば、空間やシステムなどの要素が挙げられるだろう。

業務用ビデオゲーム機が設置されるゲームセンターは家の外にあり、自分以外の他者が存在するという空間の特徴と、一回遊ぶごとにコインを必要とするために、恐喝などの問題が起こる可能性が多少なりともある。そこから非行化という視点に着目しやすい。他方、家庭用テレビゲーム機が置かれる家は、見知らぬ他者のいない閉ざされた空間の中にあり、遊ぶためにコインを必要とせず、何回でもプレイできる。そのため、閉じこもりという視点に着目しやすい。これらを踏まえたうえでマスコミのゲーム批判から見えてくるものは、人に及ぼす悪影響がゲーム自体ではなく、筐体が設置された場所、環境によって決定され、印象づけられる傾向にあったということだ。[*35]

3 ビデオゲーム悪影響論

●——眼精疲労など身体的な悪影響論

〝悪影響論〟としては眼精疲労などの身体的な影響、死の感覚の麻痺や他者の視線を欠いた世界への退行、社会性や現実感の欠如などが論じられた。[*36] 橋元良明によれば、ビデオゲームの影響は「身体的影響」「性格・行動的（社会心理的）影響」「文化的影響」の三つに分類できるという。[*37] まず、身体的な影響としては一九八〇年代以降に、視力の低下、びまん性表層角膜炎の発症、肩こりや手の疲れといった筋肉疲労、てんかんなどが引き起こされると報告された。[*38] ビデオゲームと健康の関連性は、現在に至るまで継続的に実験・調査が行われている。

大塚勝行と平山宗宏は実験を二回実施し、レースゲームをプレイした小学生の児童（一回目二～六年生二一人。二回目五年生二八人）の疲労感を調べている。[*39] 短時間における「テレビゲームによる疲労感はおおむね一時的なもの」ではあったが、眼精疲労、肩こりや足もとのふらつきといった自覚症状の増加が見られた。同じく小学生（一～六年生五〇〇人）を対象にゲームプレイ後の自覚症状を調査した火矢和代らは、肩こり、手の疲れなどの筋肉疲労、眼精疲労、勉強が手につかなくなる精神的疲労の訴えを報告した。[*40]

●——精神面への悪影響論

死の感覚の麻痺は、リセットボタンを押せば何度でもゲームがやり直せることから生じ、死や他者によって脅かされる契機のない閉じられた世界にプレイヤーは浸るようになると考えられた。[*41] 清水圭介らはこうした考えに立脚し、三～六歳の園児と両親八八人、小学五年生から中学三年生の男女二一六人にアンケートをとり、中学三年生の男女二〇人に心理検査（POMS検査）を行った。[*42] POMS（Profile of Mood States）とは、被験者の感情の変化を質問紙法によって測定するもので、「緊張―不安」「抑うつ―落込み」「怒り―敵意」「活気」「疲労」「混乱」の度合いを示すことができる。検査の結果、ゲーム前にくらべて感情尺度が上昇したのは「活気」だけであった。不快感情を示す尺度はすべて減少したにもかかわらず、ビデオゲームが欲求不満のはけ口になっていると少し触れるだけで、結果からは得られない考察をつぎのように続ける。

「TVゲームは電源を入れ直せば、いつでも再スタートする。（中略）現実と虚構の世界の区別が付かなくなってしまった青少年たちは、ゲーム感覚でヒトを殺したりいじめたりしてしまう。つまり現実でもゲームと同じように自分が殺したヒトもスイッチひとつで生き返ると錯覚する」。論文の中で清水らは、ゲームを頭ごなしに否定し、排除するのではなく、ゲームの魅力を問い直したいと述べるが、考察部分で肯定的な記述は見当たらない。

小此木啓吾はゲームを人間関係の煩わしさから解放された一人遊びの道具であると論じ、人間関係の希薄さ、社会性の欠如を指摘する。[*43] 人と人との遊びの関係は一＋一＝「二・〇」であるとし、人とゲーム機械の遊びは一＋〇・五＝「一・五」の関係と定義する。「〇・五」は、ゲーム機械が人の代わりとして遊び相手を務める「半分だけ人間的」な存在という意味で用いられる。「一・五」の関係とは、「周りから見ると物体にすぎない相手に、あたかも本物のお相手のような思いを託して、それにかかわる。このイリュージョン（錯覚）によるかかわり」という。

小此木によると、ゲームをする人間はプレイに熱中する間、錯覚の世界に属する。それは幼児におけるママゴトなどの「ごっこ」遊びと同質のもので、「芸術、ドラマ、遊び、旅の心理の基本である」とする。そして情報化社会が到来し、人びとがテレビやコンピュータ、ゲームなどメディアにかかわるようになると、人間は「二・〇」（一対一）の人間関係が希薄になり、自己の世界に引きこもるようになると強調する。こうした関係は、「人間の遊び相手であれば、せっかく相手を頼んだのだから、こちらが遊びたくなくなったからといってそう簡単にやめるわけにはいかない」が「ゲーム機械にはそのような気遣いも遠慮も要らない」のである。

他方で、坂元は小中学生の男女を調査し、テレビゲームによって社会的適応が損なわれるとする研究に対して異義を唱えている。調査の結果、ゲームをすることで社会的認知能力が低下するというよりも、むしろもともと社会的認知能力の低い子どもがゲームに接触しやすいことを示した。[*44]

しかしゲームの性格・行動面への影響と、ゲームと攻撃性との関係についての研究を整理した橋元良明は、「ゲームの利用頻度とパーソナリティの因果性」と「攻撃性との関連」について一貫した結果が出ていないことを示しつつも、つぎのように注意を促す。ゲームが子どもの社会的認知能力を低下させ、攻撃行動を促進させるのではなく、社会的認知能力の低い子どもがゲームに接触し、攻撃的な性格の子どもが暴力的内容のゲームを好むとしても、ゲームとの接触によって「社会への不適応度が増」し、「攻撃的性格がさらに助長されるなら、やはり一部のテレビゲームは社会的悪影響をもたらすというべきであろう[*45]」。

一般の人びとのゲーム観

では、一般の人びとの間でゲームセンターはどのように受け取られているのだろうか。風営法施行以降、ゲーム業界はイメージアップを図り、ゲームセンターのアミューズメント・テーマパーク化を押し進めていったが[*46]、つぎの事例では世間の人びとのゲームセンターに対する心情が露呈する。一九九三年、セガが湘南に駐車場とファミリーレストランを完備したアミューズメント施設を建築する際、地域の住民から反対運動が起きた。住民は「鵠沼海岸の健全な環境を考える会」を発足し、署名活動を展開した。反対運動に対してセガは、「暗いイメージのゲーセンとは一線を画すアミューズメント施設です」と住民に説明している[*47]。

『CESAゲーム白書』では、ゲームが人の意識に与える影響について、人びとがどのような印象をもっているかを調べている（表2）[*48]。ゲームをしていても人とコミュニケーションがとれるかどうかに関しては、肯定的な意見が五・二ポイント上まわっているものの、「思いやり」や「犯罪」への影響、「現実と空想の混同」に対しては、否定的な意見が多かった。こうした調査からも、多くの人がゲームに対してマイナスイメージをもっていることがうかがえる。

表2　ゲームの影響に関する考え

	Aの意見と同じ	どちらかといえばAの意見に近い	どちらかといえばBの意見に近い	Bの意見と同じ	不明
A：ゲームをしていても人とコミュニケーションはとれると思う B：ゲームをすることによって人とコミュニケーションがとれなくなると思う	20.1	32.2	34.3	12.8	0.6
A：ゲームをすることによって思いやりが増す B：ゲームをすることによって思いやりが減る	2.1	16.7	63.0	16.7	1.5
A：ゲームが犯罪を誘発するとは思えない B：ゲームが犯罪を誘発すると考えられる	11.5	22.6	46.8	18.3	0.8
A：ゲームをしていても空想の世界を現実にもち込むことはない B：ゲームをすることによって現実と空想の世界の区別がつかなくなる	21.9	25.3	40.6	11.5	0.6

出典：『2003　CESA ゲーム白書』社団法人コンピュータエンターテインメント協会「一般生活者のゲームプレイ動向」を参照し作成。

4 悪影響論は本当か

●——身体的悪影響論批判

ビデオゲームの批判に関して、主に身体への影響は医学で、心理的な影響は心理学の分野でなされてきた。しかし、心理学の実証研究は安定した結果が得られておらず、子どもに悪影響を及ぼす前提に立って研究がなされることが多かった。[*49] バイアスのかかった研究は論外としても、客観的な実証研究においても不明な点は多い。それは身体への影響に関する研究についても同様である。

火矢らのアンケート調査には、「頭が痛くなった」など悪影響を示す項目がほとんどだが、一つだけ「気分が良くなり、すっきりした」という肯定的な項目を入れていた。結果は「肩こりや手の疲れを感じた」(三二・五パーセント)、「気分が良くなり、すっきりした」(二二・二パーセント)、「勉強が手につかなくなった」(九・四パーセント)が一一項目中、上位となった。論文の考察部分では心身の疲労を強調したうえで、「気分転換の効果などをもたらすことも予想される」と述べるが、疲労感と爽快感の関係が見えてこない。

ほかにも身体への影響に関する調査の一つに、白岩義夫らの研究がある。白岩・増田らは、園児の保護者六八二人にアンケートをとり、テレビ視聴とゲーム遊びにおける視力への影響を調査した。[*50]

結果はテレビ、ビデオゲームともに視力と無関係であり、これまでの視力低下を指摘する研究と矛盾したと報告しているが、「保護者を対象としたために、間接的な調査にならざるを得なかった」と問題点を述べる。

大塚・平山は視機能を調べるために、簡易視機能検査、調節機能検査を実施し、視力、立体視、近点と遠点の調節力、眼精疲労自覚症状を検査するが、被験児がボランティアだったこと、用いたソフトが単調であったことを考察の余地として挙げている。[*51] 大塚らの実験は、ビデオゲームで遊ぶ際に、どの程度休憩を入れるべきかなどを考える資料を提供し得る客観的な研究であるが、こうした研究もゲーム悪影響論の文脈に単純に置かれてしまうと意味合いが異なってくる。ゲーム悪影響論では、身体への影響だけを見てゲームを批判しがちであるが、ディスプレイを見続け長時間ゲームに没頭していれば、目や手が疲れるのは当然でもあり、長時間勉強に没頭しても、眼精疲労、肩こりは生じると考えられる。こうなると、身体的な影響は「節度」の問題に帰してしまい、ビデオゲームだけが問題とは言えなくなる。[*52]

小児科医の田澤雄作らは、テレビゲームが病因と推定される不定愁訴の患者（児童）に対して、ゲームの中止・休養を指示し、症状の消失、改善が得られたと報告したが、治療に抵抗する四症例の背景には、その他の加因子が潜在することを報告した。田澤らがテレビゲーム遊戯を病因として推定した根拠は、「過度なテレビゲーム遊戯習慣のほか、理学的に疲労の存在が示唆され（一〇〇パーセント）、両側とくに非利き手側の僧帽弁の腫脹（一〇〇パーセント、右利きでは左側、左ききでは右側）、同側肩甲骨の偏位（二六パーセント）が認められたこと、テレビゲーム遊戯の中止にて微候の消失が速やか（一週間以内）に認められた事実である」としている。また「その病態は不明であるが、テレビゲーム遊戯による特定筋群の慢性的酷使と過度な精神的緊張と興奮、さらに熟睡障害が推定され」た。

こうした症例では、テレビゲーム遊びの時間を制限することで一週間以内に症状を改善することができたが、「難治例」では「テレビゲーム遊戯以外の背景因子が存在し、治療に抵抗したと考えられ」た。「典型的なテレビゲームマニア」の場合には、「テレビゲーム遊戯中止への強い反応が、治癒を遅延させたものと考えられ」（症例一）、家庭や社会環境の中で問題を抱えた子どもの場合には「家庭社会環境に問題を抱えつつ、登校できない時間消費の一部としてテレビゲーム遊戯が習慣化し、心因を修飾・強化、発症したものと考えられ」（症例二）、「併存する腸疾患、習慣化したテレビゲーム遊戯による疲労に加え、中学校入学後の運動クラブ活動への夢、同活動による体力的消耗が病因となり、標準的治療法への抵抗、再発が認められたものと考えられ」た（症例三）。

これらの症例から田澤らは「現代の多くの子供たちの生活環境は、幼小児期からゆとりが少なく、慢性的な疲労、睡眠不足の状況にある。我々が報告した患児らの過剰なテレビゲーム遊戯は、慢性疲労に関連する様々な不定愁訴の出現に関与する最終的契機となった可能性がある」とし、不定愁訴の発症機序が「テレビゲーム遊戯単一病因とは考え難い」と報告した。*53

●――攻撃性・暴力性影響論批判

てんかんにしてみても、ビデオゲームによって、てんかん発作を誘発する可能性は、もともとてんかんの素因をもつものに限られ、しかもてんかん全体の〇・一パーセント前後である。[*54] 暴力的な影響について湯川進太郎と吉田富二雄は、攻撃行動を促進したとする研究には「いくつかの限定条件がある」と述べ、実験に用いるものが「一見して暴力的・攻撃的な一部のゲームに集中している」ことを指摘する。[*55]

この問題を考慮して湯川と吉田は、六〇人の男子学生を対象に刺激反応型ゲーム『レイストーム』（シューティング・ゲーム）、役割同化型ゲーム『バイオハザード2』（アクションRPG）、非暴力的ゲーム『ぷよぷよSUN決定版』（パズル・ゲーム）を使用し、プレイした場合と観察した場合の認知、情動、攻撃行動に及ぼす効果を調べた。その結果、認知・情動に及ぼす影響では、観察とプレイのいずれも役割同化型ゲーム（バイオハザード2）がもっとも攻撃的思考を活性化させた。ところが、攻撃行動に及ぼす影響では実際にゲームをプレイした場合、役割同化型ゲーム（バイオハザード2）のみが攻撃行動を抑制する傾向にあった。

こうした結果について、湯川らは「印象効果」と「参加性効果」の二つに関する考察を進めている。暴力描写がリアルな暴力性の強いゲーム（バイオハザード2）と様式美をもったファンタジックな娯楽性の強いゲーム（レイストーム、ぷよぷよ）では、受ける印象が大きく異なる。役割同化型ゲーム（バイオハザード2）において攻撃的思考が活性化したのは、刺激反応的か役割同化的かといった分類以前に、こうした印象効果が混入していた可能性が考えられる。それでも、プレイした場合にかぎり攻撃行動が抑制されたのは、「残酷でリアルな暴力を仮想的に実体験することにより、現実に暴力をふるうことに対する嫌悪感や抵抗感がもたらされ」たと想定される。そうであるならば、虚構的で娯楽性の高いゲームで暴力を仮想体験した場合、「暴力自体の嫌悪感や抵抗感が緩和されるため、結果的に攻撃行動が促進されることもあり得る」。

しかし、虚構的で様式美に富んだレイストームでは、とくに攻撃行動を促進しなかったこと、バイオハザード2を観察しただけでは攻撃行動を促進しなかったことからも、ゲームの印象効果と参加性効果のかかわりは不明瞭な点が多く、人への影響は簡単には結論づけられない。[*56]

●——遊びの特性への注目

これまで見てきた研究から推測できるのは、一つに実験・調査の方法によって結果が異なるということだが、これらの研究が安定した結果を得られないのは、研究方法だけに限らない。根源的には、遊びの特性自体が問題を複雑にしているのだ。たとえば、ひとえにゲームと言ってもジャンルはさまざまで、シューティングもあれば、アクション、パズル、ロールプレイング、シミュレーション、アドベンチャーもある。とっさの判断、反射速度が問われるもの、思考力が必要なものなど、ゲームのジャンルによって求められる能力は異なる。さらに、ゲームにはヒット商品もあれば、いわゆる「くそゲー」と呼ばれる面白くないソフトがあることにも配慮する必要がある。

ゴッフマンはゲームの面白さには自発的関与の度合いが関係していると論じる。[*57]自発的に関与することで、ゲームなどに「夢中になることを我慢する必要はないし、また、それ以外のものに夢中になる必要はないと考える。[*58]その活動以外の事柄にはまったく気づかなくなってしまうことで、視覚的及び認知的没頭が生じる」。この自発的関与がなければ、ゲームは楽しめないし、その場合、

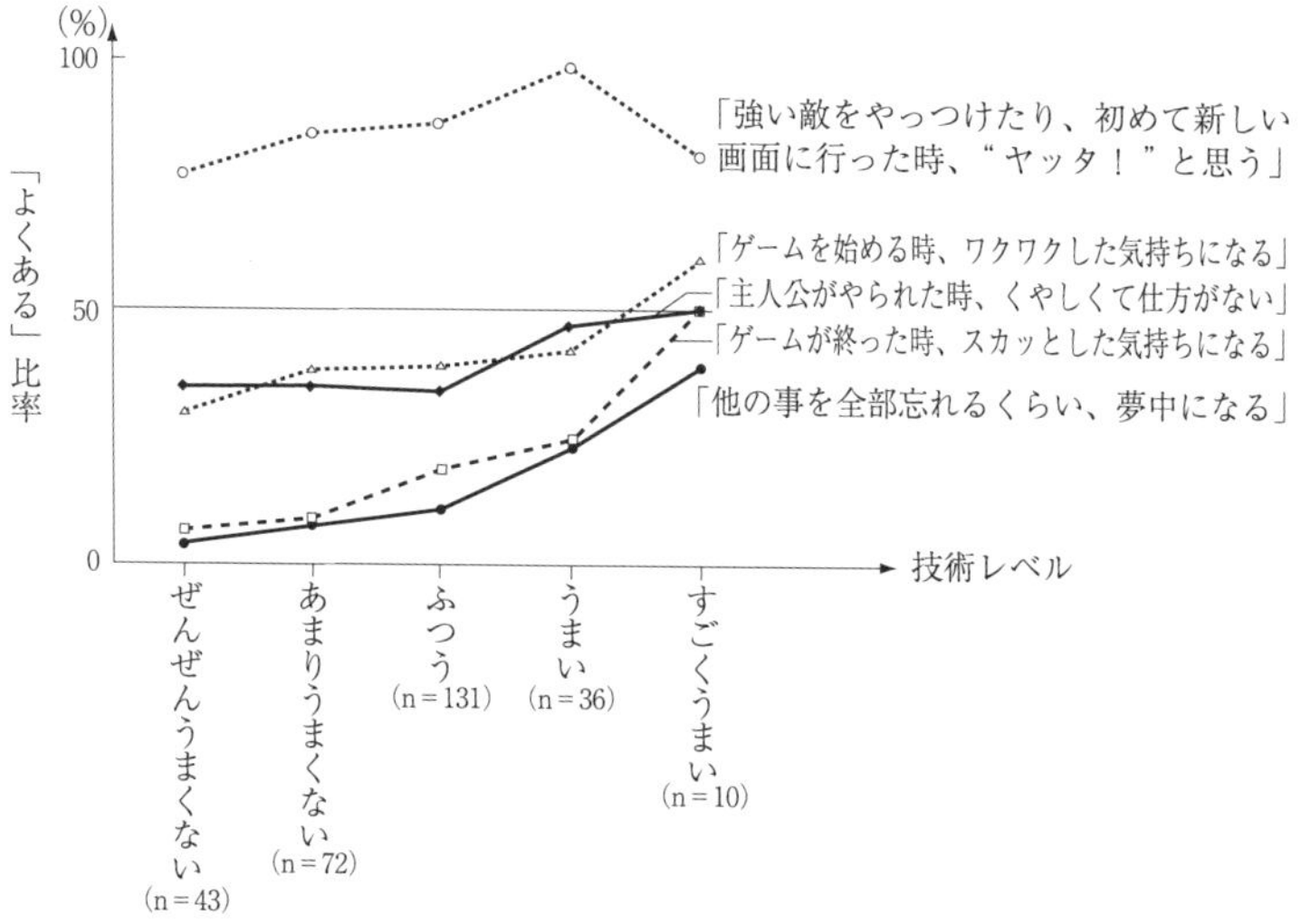

図1　技術レベルと気分昂揚の相関

出典：吉井博明（1987）『テレビゲームと子ども達』文教大学情報学部吉井研究室

気づまりや退屈、不自然さを感じ、緊張状態あるいはディスフォリア（精神的不安）の状態に陥ってしまう。

自発的、内発的な要素を必要とする遊びであるがゆえに、密室で興味のないゲームを指示されるままに始め、中断したのでは、心身の疲労感も変わってくるはずだ。これは身体に関する研究だけでなく、ゲームが人に及ぼす影響を研究するとき、必ず付いてまわる難問だ。

遊びの特性を踏まえた研究の一つに吉井の調査がある。[*59] 吉井は、プレイヤーの技術レベルが気分の昂揚にどうかかわるのかを示している（図1）。技術レベルの高いプレイヤーにくらべ、技術レベルが低いプレイヤーのほうがおおむね昂揚感が低くなっている。他方で、技術レベルが高ければ、気分的な昂揚も高まる傾向にあるが、つまらなかったり簡単すぎると感じられるゲームで遊んだ場合、達成感は下がることも考えられる。すなわち、「誰かにあてがわれるのではなく、自分自身がコントロールし、自分の技能レベルに応じた効用が得られることに魅力を感じるのである」[*60]。ゲームの影響を調べる実験でボランティアを募った際には、少なくともボランティアの技術レベルやゲーム歴も考慮しなければ、安定した結果を得ることは難しいだろう。

●──ビデオゲーム効果研究に潜む価値観

ここまでビデオゲームの影響を問題視する言説について批判的に論考してきたが、近年、ビデオゲームの教育的利用を模索する動きが活発化してきている。そこで問題となるのは、認知能力に関する影響である。認知能力とは「思考する力や知識の豊かさのことであり、具体的には、言語や数の理解、問題解決、学習、再生能力に関連している能力のことであ」り、「コンピュータテクノロジーを使う際に重要な視覚的知能」も含まれる[*61]。

井堀宣子は、ビデオゲームと認知能力との関連を検討した研究をレビューし、視覚的知能[*62]、情報処理能力、規則性の認知といった能力が向上することを示唆した。他方で、ビデオゲームは小学生女子にかぎり演算能力を低下させ、学校の成績も小学生では「ゲームで遊ぶ機会の多い子どもほど、主要学科の成績が低い傾向があ」り、「暴力的なテレビゲームを好む児童は、知能が低い」ことを示した研究を紹介した。ただし、テレビゲームと学校成績との関連は、調査結果が混乱しており、明確ではないと論じ、ビデオゲームの「面白さ」を「有効」に「教育的利用」へと結びつける研究について触れていく。[63]

井堀の論述では、ゲームが学校の成績を含めた認知能力に影響を及ぼすのかどうかが問われている。しかし、ここで注目したいのは、井堀がレビューした一連の研究が、むしろある価値観を前提とした効果研究であることが浮き彫りになっている点である。すなわち、ここではゲームの良し悪しといった調査結果を問題にしたいのではなく、情報化社会や学校化社会という枠組みにおいて価値をもつ能力にのみ焦点が当てられている、その問い自体を問題にしたい。なぜなら、学校的価値を前提とすることによって、無意識と思われるうちにゲームの悪影響を前提とした「客観的」な装いをまとった研究が行われる危険性が一つにはある。[64]

注意が必要なのは、ビデオゲーム悪影響論の多くには〝勉強もしないでゲームに熱中している〟ことに対して、不安を感じている学校や両親の一方的な価値観が見え隠れする点である。そして、こうした学校的価値観にもとづいた視座は、子どもたちが抱えるさまざまな問題を無視し、ゲームに責任を転嫁することで安心してしまう恐れがある。

日本の教育環境に視線を転じてみると、子どもたちの学習嫌いや自己否定感の増加を克服していくために、雑多な教育内容のつめ込み傾向が強い学習指導要領を抜本的に改めることが問われ、「問題の解決や探求活動に主体的、創造的に取り組む態度を育て、自己の生き方を考えることができるようにすること」[65]をねらいとした「総合学習」が二〇〇二年度から始められた。だが、梅原利夫は「子どもに求める力を『変化の激しい社会』に適応し続ける力に押しとどめてしまい」、「単に社会に適応するだけでなく、仲間と力を合わせて自分たちの望む社会を創っていくような積極的な力」に対しての視座が欠けていると指摘する。[*66]

アルチュセールは、国家のイデオロギー諸装置の中でも目立たずにもっとも支配的な役割を担う装置に学校を挙げる。学校は非宗教的であるがゆえに、中立的な場所と見なされるが、実際には長期間にわたり支配階級のイデオロギーを浸透させるもっとも有効な装置である。そして、これによって、「資本主義的社会構成体の生産諸関係」が再生産される。[*67] また、学校は子どもたちを訓練・教育し、知識の証書を与えることによって特権を保障する。イリイチは、こうした条件のもとでは人びとが制度に依存し、自律的な学び方を放棄するようになると危惧する。これがすなわち、学校化である。[*68] さらに、ホガートによれば学校の勉強とは、「事実を自分で扱ったり、使ったりするよりもただ覚えてゆく」コツを身につけることであり、こうした訓練にならされた結果、人びとは「知識、他人の思考や想像のリアリティを、自分の内面のものとして実感することがほとんどできなくなる」り、いつしか自発性を失う。[*69]

宮台真司は「学校化」をイリイチとは異なる用語として使っている。学校教育が生徒にどのような効果をもたらすかというよりも、むしろ宮台が批判するのは「家」「学校」「地元」の三つの空間に生きる子どもたちがそれぞれの場における多様な価値観の中で成長するのではなく、学校的価値観の拡大・浸透によって、自己イメージが均質化し、勉強ができなければどこにも居場所を見出せない状況である。[*70]

このように学校を取り巻く根底的な問題を踏まえるならば、ビデオゲームの効果研究が学校的価値観を疑うことなく、学校化に加担するイデオロギーの一つになっていることに気づく。[*71] そして、そうした研究の多くが時に人を実験対象として扱い、若者たちの生の声に耳を傾けてこなかった点に、根本的な問題があるように思われる。なぜなら、ゲームも一つの文化を形成しており、さまざまな生を生きる若者たちが、そこには集まるということを見落としているからである。

●——相互作用・主体性・群遊び

対人関係から引きこもり、閉じられた世界で戯れることに対する批判は、何もビデオゲームだけに当てはまるわけではない。角田巖と太田和敬が指摘するように「近代的なメディアは基本的に人間を生な人間関係から切り離し、対メディアと向かい合わせることによって成り立つメディア・コミュニケーションなの」であり、テレビはもちろんのこと、書物などの文字メディアもそこに含まれる。[*72]

グリーンフィールドは、メディアに関する議論を整理し、文字の読み書き能力は「人間が孤独となることを要求した最初の伝達メディアである」と論じる。また、ビデオゲームの魅力として、テレビ世代の子どもたちが「動く視覚的な映像」を好み、「テレビとは違って、相互作用という要素も兼ね備えてい」ることを指摘する。「テレビ・ゲームは、子供達にとって、動的な視覚情報に加えて、子供達に積極的な参加者としての役割を与えた最初のメディアなの」だ。[*73]

桝山寛は、テレビやラジオ、本が「『演説』のメディア化」であり、「舞台の上から一方向的に演じられる形式のもの」なのに対して、テレビゲームは「自分自身も舞台に立っている」と論じる。桝山は小此木と同じように、「ゲームをヒトに置き換えるとすれば、やはり『遊び相手』のメディア化というのがふさわしい」と述べ、「しかも、こちらがスイッチを切らないかぎり、何時間でもつきあってくれる」と論じている。[*74] 桝山と小此木の論点の大きな違いは、小此木がゲーム、テレビ、ラジオ、本などのメディアをすべて同じものとして考え、引きこもりにつながると述べるのに対し、桝山はゲームと他のメディアを明確に区別し、ゲームだけが主体的にかかわることができるメディアだと強調する点である。

小此木が〝引きこもり〟、桝山が〝主体性〟と、両者はまったく正反対にみえる結論を引き出している。桝山の議論からはゲーム悪影響論の否定的なニュアンスや暗いイメージが感じられない。しかし、遊び相手がゲームだけだとしたら寂しいかぎりだ。

もっとも安川一は「ビデオゲームは確実に群遊びの道具だった」とし、つぎのように論を展開している。「自宅や自室での一人ゲームは、多くが、友達とプレーするときのための予行演習や研究の場だった。見るからに〝自閉的な〟ゲームが、何らかの形のギャラリーを想定してのプレーだった。さらに、ビデオゲームに興じ、特定の人気ソフトを遊んでいる、（中略）自分を含む皆が、同一の明確なストーリーに参加し、これを経験している、そのことがまずもって重要だった」。[*75]

増田公男と山田冨美雄は小学生の親を対象にした調査を行い、児童の社会性と自制心においてビデオゲームの否定的側面を報告する一方で、ゲームは親きょうだい（男児低学年三八九人中四二・七パーセント）、友人（四六パーセント）と遊ぶことが大半で、一人（八・九パーセント）でプレイする児童は圧倒的に少ないことを示している。[*76]

また、業務用ゲームが家庭用ゲームに移植されると、プレイヤーは自宅で練習して、ゲームセンターで腕を披露するようになる。閉じこもりにみえる家庭用ゲームもまた、他者を想定し同じ世界観を共有するための一つの手段となり得る。実際、一九八〇年代にはすでに、数人で遊ぶゲームがあり、必ずしも一人でプレイするものばかりではない。たとえば、数人でタイムを競うレーシングゲーム、野球やサッカーなどのスポーツゲーム、共同でバトルを繰り広げる格闘ゲームがある。パソコン用ソフトには『信長の野望』『三国志』『蒼き狼と白き牝鹿』(いずれも光栄)など、数人で遊べるシミュレーションゲームが存在し、後にファミコンやセガの家庭用ゲーム機『メガドライブ』にも移植された。こうした〝同時プレイ〟ゲームは閉じこもった一人遊びではない。

吉井はアンケート調査の結果、「テレビゲームは『友達何人かと一緒に遊ぶ方が』『一人で遊ぶより面白いという回答が八割にも達している」と報告する。その理由は「『友達と競争できる』(長野六パーセント、千葉三七パーセント)とか『友達に自慢できる』(長野二パーセント、千葉五パーセント)、『友達に技を教えてもらえる』(長野二二パーセント、千葉四六パーセント)といったテレビゲームの技術に関心があるからではなく、『友達と楽しく遊べる』(長野六六パーセント、千葉七五パーセント)手段として最適だからである」(カッコ内のパーセンテージは図表を参照して筆者が書き加えた)。

吉井によれば、テレビゲーム遊びに友達を必要とするのは、一緒にゲームをプレイするだけでなく、情報の交換やソフトの貸し借りをすることも含まれる。ソフトに関する情報源は、「友達や兄弟の話」がもっとも多く、「テレビゲームの情報に通じた子どもの人気(威信)が高いことを示唆している」。さらに、テレビゲームをよくやる子どもは、「スポーツと自然遊びをよくやる傾向が見られ」、スポーツでは「サッカー」(八二パーセント)、「野球・キャッチボール」(八二パーセント)、自然遊びでは「魚釣り」（八五パーセント）、「ザリガニ取り」「虫取り」をよくやる子が「テレビゲームをよくやる率が非常に高い」。それらの結果から、「テレビゲームとスポーツ、自然遊びに共通する要素のひとつは、インタラクティブな遊びであるという点にあると考えられる」と報告した。[*77]

5 ゲームセンターの魅力

これまでの論考をまとめると、テレビゲームの魅力を支える大きな要素として、自発的関与、相互作用、ギャラリーが見出される。相互作用は、ゲームとプレイヤーの間だけでなく、プレイヤー同士の間にも確認される。

では、業務用ビデオゲーム独自の魅力とはいったい何であろうか。業務用ビデオゲームの魅力には、ゲームセンターという空間の要素が大きくかかわっている。

●──郊外型大規模アミューズメント施設の登場

先に触れたように、ゲームセンターにおける賭博問題、風営法の適用は、インベーダー以降の社会的現象も後押しするかたちでゲームセンターのイメージを低下させ、店舗の営業時間が深夜の一二時までとなり、売り上げを減少させた（図2）。

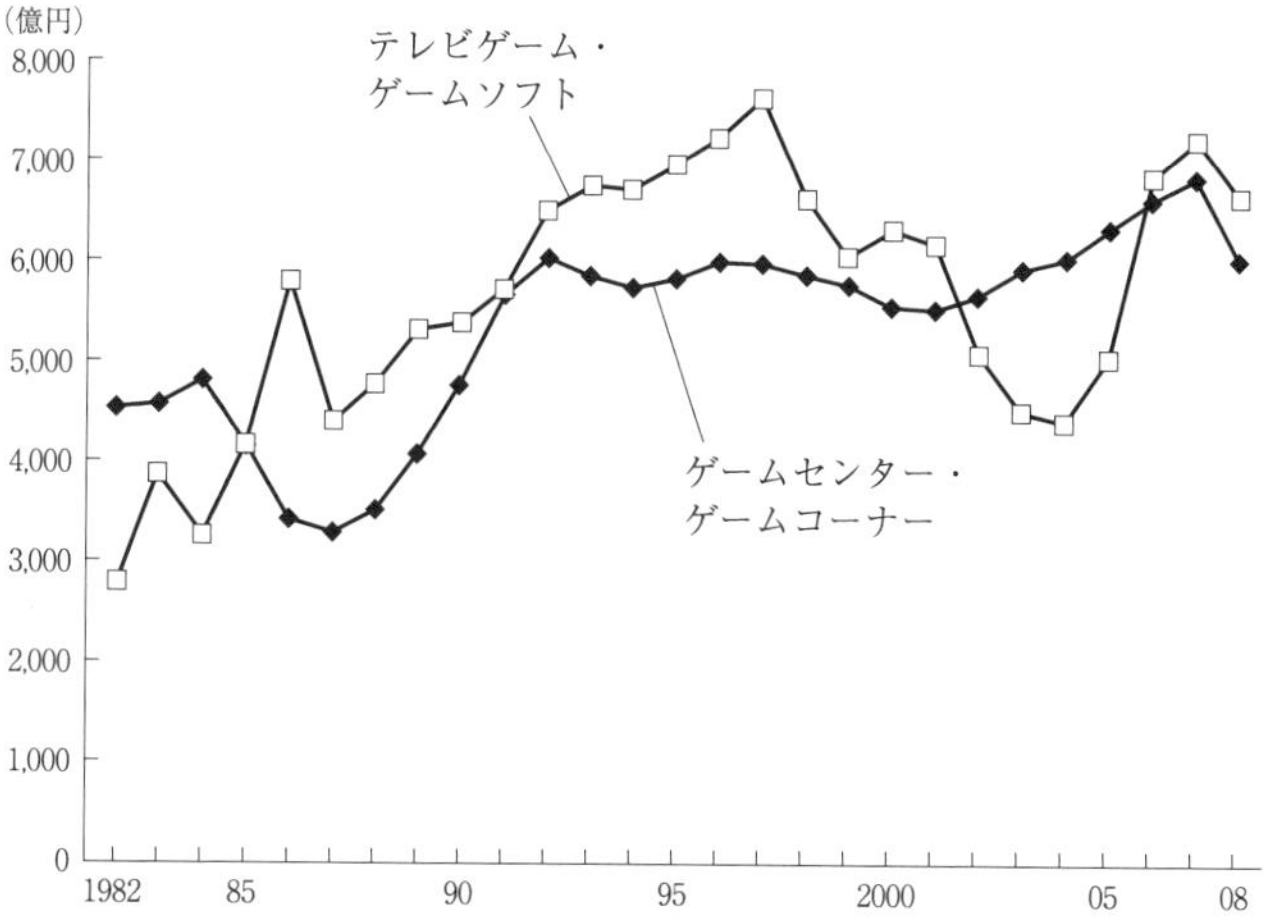

図2　ゲーム関連産業の市場規模の推移[*78]

出典：『レジャー白書』(1981—2009年度、財団法人社会経済生産性本部）を参照して筆者作成。

そして風営適正化法以降、アミューズメント産業界はイメージアップを狙い、店舗の大型化に着手し、風営法規制対象外の機器である「コクピット型ビデオゲーム」の開発に力を入れていく。そして、3Dポリゴンゲームの先駆けで、世界初の「体感ゲーム・シリーズ」の第一弾『ハングオン』(体感型バイクゲーム、セガ／一九八五年）がヒット商品となる。赤木真澄によれば、ハングオンの製品発表会でセガは「『風俗営業規制対象外の機種として開発された』と説明した」という。同製品は、「ゲーム場だけでなくドライブインやレストランなどでも警察の許可なく設置できることに期待」された。[*79]

さらに一九八八年、静岡県浜松市に郊外型大規模アミューズメント施設の先駆けとなる「ジョイスクエア・イン・ハママツ」(セガ）がオープンする。同店舗は、かつての暗くて

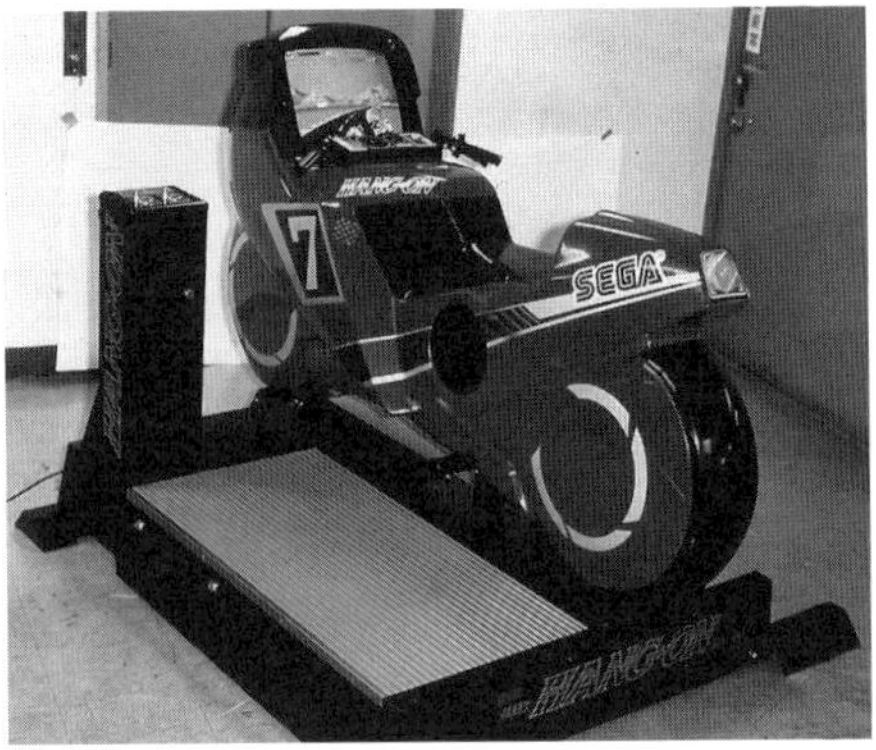

『セガ　ハングオン』Ⓒ SEGA

狭い喫茶店やスナック、駅前ゲームセンターとは異なり、親子連れやカップルを新たな客層として狙った「明るい」ゲームセンターであった。セガによる大型店舗化戦略は、同じセガが展開していたハングオンや体感型ドライブゲーム『アウトラン』（一九八六年）といった大型ゲーム機を設置するために好都合だった。[*80]「ジョイスクエア」が成功し、一九九〇年に大規模小売店舗法[*81]が緩和されると、ゲームセンターの大型化が進んだ。

●——L字型筐体と対戦型格闘ゲーム

ビデオゲーム筐体の大型化は一九八五年に始まり、九〇年代以降にブームとなる対戦型格闘ゲーム、音楽ゲーム、カード・システム方式のゲームに引き継がれていく。テーブル型筐体は、狭い敷地内でも設置できたが、その後に登場する「L字型筐体」は背中合わせに筐体を設置するため、相対的に広いスペースが必要とされた。

L字型筐体とは、前方に画面があり、全体を横から見るとL字になっている筐体を指す。[*82] 一九九一年に『ストリートファイターII』（カプコン）が大ヒットするが、L字型筐体は対戦型格闘ゲームにとって欠かせない要素となる。赤木は「最初のうち、一台の機械を左右二人が並んで使用していたが、対戦には集中力が必要だという配慮から、九一年末ごろ、あるゲーム場で二台の機械をつないで二人で対戦するという方式にしたところ、これがプレイヤーに好評だったので、この方式が一斉に普及することになった」という。[*83] ゲームセンターの大型化と筐体の大型化は、足並みをそろえる形で明るいゲームセンターを演出し、家庭用ゲームでは味わえない迫力を提供する。

もともと業務用ビデオゲームは家庭用テレビゲームにくらべて、格段に高性能であった。そのため業務用ゲームが家庭用ソフトとして移植されても、テレビゲームでは業務用ゲームの醍醐味は再現できなかった。しかし、近年のテレビゲーム機の飛躍的な技術進歩によって、グラフィックや処理速度の面で業務用と家庭用の差が縮まると、業務用ビデオゲーム機の魅力は、家庭用では体験できない、大型筐体の大画面の迫力や体感型に見出される。

L字型筐体

そして、テレビゲームを介した交流関係は、基本的にクラスの友人といった顔見知りに限られるが、誰もが入店できるゲームセンターには、見知らぬ他人が集まり、同じ趣味を共有する他者とコミュニケーションできる場に変化していく。詳細は第2章で論じるが、対戦型格闘ゲームや音楽ゲームに顕著なように、筐体の大型化と形態変化によってプレイヤーとギャラリーの関係が成立するようになる。ゲームセンターでは家庭用テレビゲームとは異なり、プレイヤーとギャラリーの関係が見知らぬ他者の間で成立する点が重要となる。なぜなら家庭や学校に遊び相手がいなくて、居場所を見出せない若者にとっても、ゲ

コクピット型

ームセンターは新たな人間関係を創出する場となり得たからである。

すなわち、ゲームセンター独自の魅力とは、①大画面、大音量の迫力、②体感型、③見知らぬ観客・ハレの場、④同じ趣味をもつ見知らぬ他者との出会いの四つが考えられ、コクピット型を含めた筐体の大型化は一九八〇年代後半以降のアーケード業界を牽引し、テレビゲームが高性能化した時代においても、家庭用とは一線を画す魅力を保持する要因となったのである。

註

*1　日本においては「ビデオゲーム」と「テレビゲーム」の区別は必ずしも明確ではなく、どちらを用いるかは著者によって異なる。本書では、とくに「家庭用」だけを指す場合に「テレビゲーム」を用いるが、それ以外は「ビデオゲーム」で統一する。ちなみに、欧米ではビデオゲームが一般的だが、日本では家庭用ゲーム機『ファミリーコンピュータ』（ファミコン、任天堂）の影響もあって、テレビゲームとするほうがイメージしやすいというのが現状であろ

う。なお、欧米ではテレビゲームというと、クイズ番組を指す。

＊2　相田洋・大墻敦（一九九七）『ＮＨＫスペシャル　新・電子立国4　ビデオゲーム・巨富の攻防』日本放送出版協会、赤木真澄（二〇〇五）『それは「ポン」から始まった』アミューズメント通信社、桝山寛（二〇〇一）『テレビゲーム文化論』講談社のほか、二〇〇四年七月二一日から一〇月一一日まで国立科学博物館で開催された特別展「テレビゲームとデジタル科学展」で販売された資料で、清水慶一が監修した『テレビゲームとデジタル科学』国立科学博物館・東京放送・読売広告を主に参照した。相田らの著作では、ポンは一九七三年にロケーションテストし、生産を始めたことになっているが、赤木や桝山、清水の資料を参照すると、一九七二年となっている。赤木真澄（二〇〇六）『アーケードＴＶゲームリスト　国内・海外編（一九七一―二〇〇五）』アミューズメント通信社を参照すると、海外版『PONG』（Atari）が一九七二年、日本版「ポン」（アタリジャパン／中村製作所）が一九七三年出荷となっている。

＊3　正式名称は「風俗営業等の規制及び業務の適正化等に関する法律」で、略して「風営適正化法（風適法）」「風営法」とも言う。アミューズメント産業界では、性風俗との混同を避けるため、「風適法」を意図的に使用する傾向がある。もともと一九四八年に「風俗営業取締法」として制定されたものが、一九八四年に大幅に改正され、一九八五年に施行された。風営法適用により、ゲームセンターは同法の第二条第一項第八号に含まれる風俗店とされた。同法適用後の大きな変化の一つは、店舗の営業時間が午前〇時までとなったことである。ただし、風営法適用外の筐体だけを設置している店舗は二四時間営業が可能である。規制の対象となる筐体は「基盤を交換できるビデオゲーム」（テーブル型筐体など）「アップライト筐体」「プライズマシン」（クレーン・ゲームなど）「メダルゲーム」となっている。「コクピット型ビデオゲーム」「プリクラ」「体力測定ゲーム」（パンチング・マシーンなど）は対象外となっている。しかし、都道府県の公安委員会によって規準が異なるため、プリクラを禁じるところもあれば、「テレビゲームは風営対象外」とするケースもある。『月刊アルカディア』第二巻第六号の記事「ゲーセンのホンネとタテマエ―僕らを縛る見えない鎖」一一六―一一七頁を参照。本書で「風営適正化法」ならびに「風営法」と記述した場合、一九八五年の改正法を指す。

＊4　平林久和・赤尾晃一（一九九六）『ゲームの大學』メディアファクトリー、九二頁。

＊5　水越伸（一九九〇）「エレクトロニック遊具とメディアの生成発展―〈ファミコン〉普及の再検討を通じて」東京大学新聞研究所編『高度情報社会のコミュニケーション―構造と行動』東京大学出版会、二九八頁。なお、国内の販売台数は、一九八三年四四万台、八四年一六〇万台、八五年三六八万台となっている。

＊6　吉井博明（一九八七）『テレビゲームと子ども達』文教大学情報学部吉井研究室。調査対象は以下の通り。長野県内の小学校四、五、六年生三五九人とその両親三五四人。千葉市内の小学校五、六年生五七九人とその両親五五三人。東京都杉並区の小学校四、五年生五八人とその両親二四人、東京都練馬区の小学校一、三年生八七人とその両親三六人、埼玉県内小学校二年生三四人。なお、所有状況が示されているのは長野と千葉のデータだけである。

＊7　前掲水越（一九九〇）、二九八頁。

＊8　前掲平林・赤尾（一九九六）、二八二頁。

＊9　木村文香（二〇〇一）「『ゲームに夢中』がもたらす問題―心理学の視点から」『児童心理』第五五巻第一一号、三四頁。山下恒男（二〇〇一）「テレビゲーム・カードゲームで育つもの」『児童心理』第五五巻第一一号、二七頁。木村は、心理学の実証研究が安定した研究結果を得ていないことを指摘している。山下は、ベーゴマやメンコなど伝統的な遊びと新しい電子ゲームが「断絶したものではなく、相補性さえもみられる」と述べ、「特定の遊びを限定してそれが子どもを『育てる』とか、『育てない』というのは問いとして適切でない」と論じる。

＊10　当時の様子は、多田らの調査チームが京都府の四条河原町と東京都の吉祥寺周辺の普及状況とともに報告している。多田道太郎・田吹日出碩・守津早苗・奥野卓司・常見耕平・井上章一・川浦康至（一九七九）「資料報告　インベーダーの流行」『現代風俗'79』現代風俗研究会、二六―四三頁。ほかには、川浦康至（一九八七）「インベーダーゲーム」多田道太郎編『流行の風俗学』世界思想社や、中藤保則（一九九七）「我が国におけるアミューズメント産業の成立と発展―軒先商売からゲームセンターそして都市のなかの遊園地へ」『信州短期大学研究紀要』第九巻第一号、月刊誌『アミューズメント産業』第二六巻五号（一九九七年五月）の特集記事「現代ゲームセンター考」が参考になる。

東京都の吉祥寺で調査を行った川浦（一九八七）によれば、インベーダー設置店は専業店と併設店とがほぼ半々であり、専業店のほとんどは新規に営業を始めており、クラブ・キャバレー・ピンクサロン（七軒）、喫茶店（五軒）、スナック・飲み屋（五軒）などから業種替えしていた。

＊11　相田らのインタビューによれば、カプコンの辻本憲三社長は、「インベーダー機一台の値段が三五万円ぐらいのとき、それを買って店に置けば月に一〇〇万円は日銭が稼げた」と述べている。もちろん、店舗によって状況は異なるだろうが、辻本社長は「一台につき一日三万円は日銭を稼いでくれる」と述べている。前掲相田・大墻（一九九七）、一四四頁。竹内は業界全体で「一日に四、五億円近く」の収益があったと紹介する。竹内宏彰（一九九五）「電子帝国の逆襲」『WIRED』三号、五一頁。

＊12　前掲平林・赤尾（一九九六）、一五四頁。小山祥之（二〇〇三）「アーケードゲームライブラリー　第四回　日本全土を侵略したビデオゲーム　SPACE INVADERS」『月刊アルカディア　五月号』エンターブレイン、一二五頁。平林は「急激に硬貨が不足したため、日銀は百円玉を通常の四倍も供給した」というエピソードを紹介している。

＊13　小山祥之（二〇〇三）「アーケードゲームライブラリー　第二回　ブロックは市場の壁をも崩した」『月刊アルカディア　三月号』エンターブレイン、一二五頁。

＊14　前掲平林・赤尾（一九九六）、二九四頁。

＊15　たとえば、京都の新京極周辺のあるゲームセンターは「照明は相対的に暗く、入口に黒いカーテンがとりつけてあ」った。前掲多田他（一九七九）、三三頁。

＊16　前掲平林・赤尾（一九九六）、二九三―二九四頁。

＊17　前掲川浦（一九八七）、二四〇―二四二頁。表は筆者が簡便化して作り直した。また、ここで引用した中学生調査は、小学生調査と同じ地域を選択し、東京都板橋区と秋田県大曲市のデータを省いた。

＊18　前掲多田他（一九七九）、四一―四三頁。

＊19　渋谷明子（二〇〇三）「テレビゲームと暴力」坂元章編『メディアと人間の発達』学文社、九六頁。木村文香（二〇〇三）「テレビゲームと社会的不適応」坂元章編『メディアと人間の発達』学文社、一一六頁。

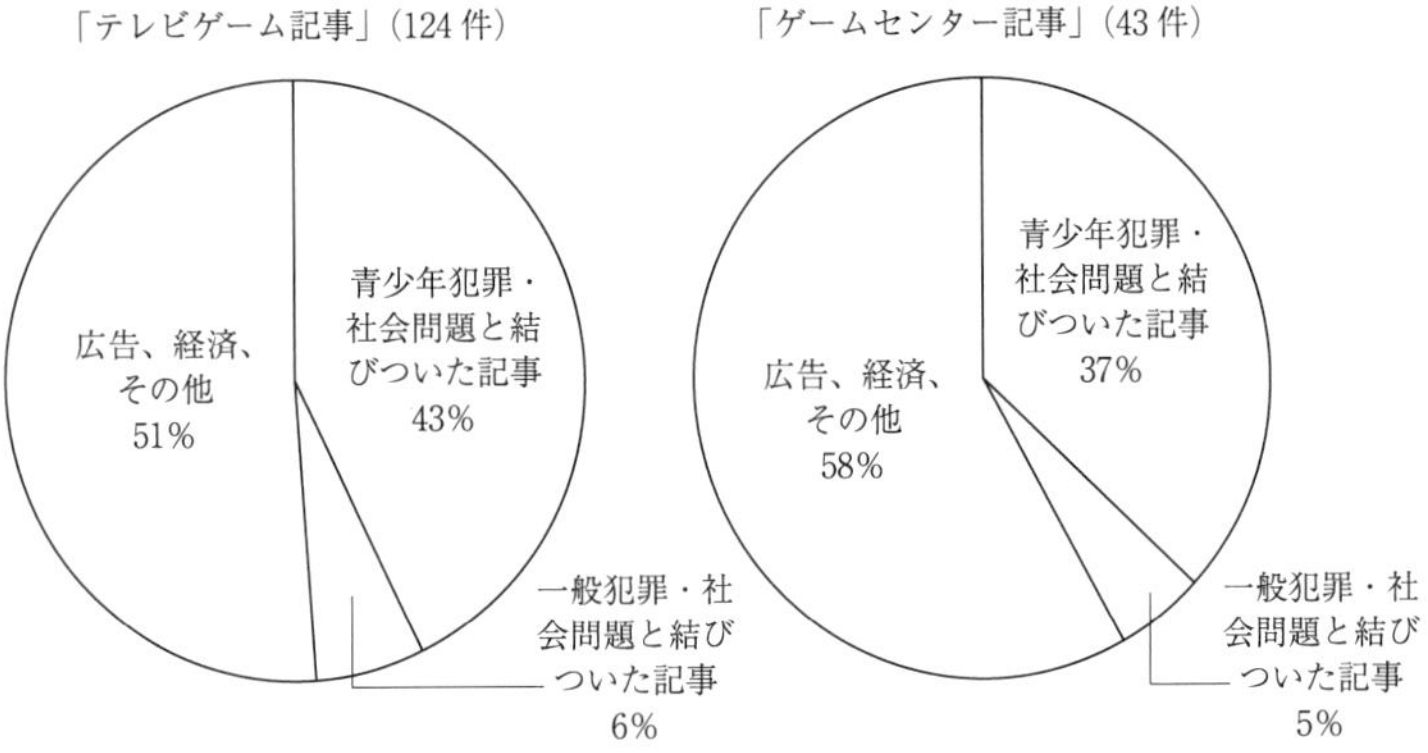

図3 『読売新聞』の「テレビゲーム」「ゲームセンター」記事の三分類

*20 栗原孝（一九九三）「ビデオゲームの社会的反響」佐藤毅編『現代のエスプリ　情報化と大衆文化』至文堂、八四頁。安川一（一九九二）「ビデオゲームはなぜ面白いのか」アクロス編集室『ポップ・コミュニケーション全書』PARCO出版、一五二頁。

*21 香山リカ（一九九六）『テレビゲームと癒し』岩波書店、二八―三九頁。

*22 藤原新也「奇妙に『ドラクエIII』と一致　虚構から現実を侵す？」『朝日新聞』（一九八八年七月一九日）。

*23 たとえば、『読売新聞』（二〇〇七年七月二四日）には「学校に行かず仕事もしない。日がな一日、ゲームセンターなどで過ごし、遊ぶ金や食事代が尽きるとひったくりや路上強盗で当座をしのぐ。そんな少年の犯罪を幾度報じたことだろう」という記述がある。図3は、『読売新聞』のウェッブサイト（http://www.yomiuri.co.jp/　二〇一〇年六月二六日）で「テレビゲーム」（一三五件中一二四件）、「ゲームセンター」（四九件中四三件）をキーワードに記事検索をかけ、類似記事を削除し、それぞれの記事を大まかに三分類した結果である。「青少年犯罪・社会問題と結びついた記事」では、青少年が加害者となっている場合だけでなく、被害者になった場合も含まれる。「一般犯罪・社会問題と結びついた記事」は、記事中で加害者や被害者が若者・青少年の枠組みで語られていないものである。「広告、経済、その他」は、新発売のゲームを宣伝するものや企業の紹介など、犯罪・社会問題に関連しない記事で

ある。ただし、「ゲーム」が否定的に扱われている記事も含まれている。

*24 『毎日新聞』（一九九八年一二月二四日）。

*25 『毎日新聞』（一九九八年二月三日）。

*26 前掲平林・赤尾（一九九六）、二八一頁。

*27 『毎日新聞』（一九九八年一月二〇日）。

*28 前掲平林・赤尾（一九九六）、二八一頁。

*29 深谷和子（一九八〇）「親、教師はテレビを語る前に子どもたちに豊かな生活環境を」放送文化基金編『幼少年期とテレビ』放送文化基金。

*30 沖野晧一（一九七九）「子どものテレビ視聴がなぜ問題となるか」子どもの文化研究所編『子どもの発達とテレビ―子どもの人格形成とテレビのかかわり』童心社。

*31 岩佐京子（一九七九）「乳児期の概念形成とテレビ」子どもの文化研究所編『子どもの発達とテレビ―子どもの人格形成とテレビのかかわり』童心社。

*32 前掲香山（一九九六）、九一―九二頁。

*33 坂元章（一九九三）「『テレビゲームの悪影響』は本当か？―攻撃性・社会的不適応に関する社会心理学的研究の概観」佐藤毅編『現代のエスプリ　情報化と大衆文化』至文堂、八〇―八一頁。

*34 前掲水越（一九九〇）、三二〇―三二二頁。

*35 ディスプレイに一人で向き合って遊ぶという意味では、業務用・家庭用の区別なく閉じこもっているとも言えるし、ゲームセンターに出入りしない少年が家庭用ゲームソフト欲しさに恐喝する可能性もあるだろう。事例によってさまざまな要素が入り込むこともあり、業務用と家庭用の区分は意識してなされたわけでもなく流動的である。

*36 研究には、はじめから悪影響の前提に立ったもの（実験・調査から因果関係を、なかには相関関係さえ明確に示すことができない場合も、何らかの悪影響を説く立場）と、実験・調査の結果、悪影響を示す客観的なものがある。本書では、日本での言説に焦点を当て客観的な研究だけでなく、悪影響の前提に立ったものも取り上げる。

＊37　橋元良明（一九九六）「情報化と子どもの心身」児島和人・橋元良明編『変わるメディアと社会生活』ミネルヴァ書房、一五七頁。実証的な効果研究をレビューした木村文香によれば、ビデオゲーム批判は、①「目が悪くなる」といった医療領域のもの、②ゲーム脳など生理学的なもの、③認知能力に関するもの、④暴力に関するもの、⑤社会的適応に関するものがある。前掲木村（二〇〇三）「テレビゲームと社会的不適応」、一一五頁。

＊38　増田公男（一九九五）「子どものビデオゲーム遊びをめぐる調査と諸問題」『金城学院大学論集　人間科学編』第二〇号、一二九―一四七頁。

＊39　大塚勝行・平山宗宏（一九八七）「テレビゲームの児童への短期影響についての研究」『学校保健研究』二九巻一〇号、四九〇―五〇〇頁。

＊40　火矢和代・保野孝弘・島田修（一九九九）「小学生におけるテレビゲームの利用と自覚症状との関連に関する調査」『川崎医療福祉学会誌』九巻一号、一二九―一三四頁。

＊41　中沢新一・竹田青嗣（一九八七）「エロスの現在」中沢・竹田・遠藤雅伸・安田均『電子ゲームの「快楽」』日本ソフトバンク、一三二―一三五、一八三頁。

＊42　清水圭介・榾村憲之（二〇〇〇）「テレビゲームが子供たちに与える心理的影響」『教育実践学研究』六号、一〇一―一一一頁。

＊43　小此木啓吾（二〇〇〇）『「ケータイ・ネット人間」の精神分析』飛鳥新社、一一八―一四二頁。

＊44　前掲坂元（一九九三）、七八―八〇頁。

＊45　前掲橋元（一九九六）、一五九―一六三頁。

＊46　一九九〇年代に入ると、ゲームセンターの大型化に拍車がかかり、施設内には大型の体感ゲーム機が設置され、「アミューズメント・テーマパーク」という呼び名が浸透する。アミューズメント施設は遊園地の様相を帯び、家族やカップル、女性客に対する集客力が高まった。ゲームセンターの歴史は、遊園地から派生しており「小型遊戯機械の分野で、日本のアミューズメント産業の形成に大きな影響を与えたのは、宝塚新温泉（現在の宝塚ファミリーランド）であった」（前掲中藤（一九九七）、六七頁）。なお、宝塚ファミリーランドは、二〇〇三年に閉園した。

中藤（一九九四）によれば「近年、遊園地とテーマパークの区別は、きわめて曖昧になってきている」。『大百科事典』（一四巻、平凡社、一九八五年）の定義によると「遊園地とは、『囲い込まれた自然の中に、遊戯機械・施設、食堂、売店などを配し、各種の催事やアトラクションを提供する屋外型娯楽施設』を意味している」。それに対して中藤はテーマパークをつぎのように定義づける。「ひとつ、あるいは複数のテーマを掲げ、そのテーマに沿って、空間、もしくはその空間を構成するものを徹底的に造り上げた娯楽施設」。テーマパークに分類される娯楽施設として、東京ディズニーランドが挙げられている。中藤保則（一九九四）「遊園地の起源と日本人の余暇行動」『信州短期大学研究紀要』第六巻第一号、一―二頁。

*47 『朝日新聞』（一九九三年一二月二一日）

*48 調査対象：［首都圏］東京都を中心とする半径五〇キロエリア、［京阪神］大阪市を中心とする半径五〇キロエリアに居住する三《〈ママ〉》〜五九歳の男女個人。調査期間：二〇〇三年二月一九日〜三月二日。調査方法：郵送による自記式アンケート調査法。回収状況：有効回収数一〇二二サンプル（有効回収率六八・一パーセント）。

*49 森楙・湯地宏樹（一九九四）「テレビゲーム遊びの多角的分析」『広島大学教育学部紀要　第一部』第四三号、二一五頁。

*50 白岩義夫・増田公男・林文俊・石垣尚男（一九九九）「幼稚園児のテレビ視聴時間及びテレビゲーム遊び行動と視力の関係」『総合技術研究所研究報告』第一号、八五―九〇頁。

*51 前掲大塚・平山（一九八七）、四九八頁。

*52 前掲平林・赤尾（一九九六）、二八〇頁。

*53 田澤雄作・西宮藤彦・高田五郎（一九九八）「新現代病―テレビゲームと不定愁訴」『日本小児科学会雑誌』一〇二巻七号、七八七―七九一頁。

*54 前掲橋元（一九九六）、一五八頁。

*55 湯川進太郎・吉田富二雄（二〇〇一）「暴力的テレビゲームと攻撃―ゲーム特性および参加性の効果」『筑波大学心理学研究』二三号、一一六頁。

＊56　同前湯川・吉田（二〇〇一）、一一六―一二五頁。
＊57　ゴッフマンが想定しているゲームとはカードゲームなどであり、厳密にはビデオゲームを論じたものではないが、ゲーム・遊びの特徴という点では共通すると考えられる。
＊58　Goffman, E. (1961) *ENCOUNTERS : Two Studies in the Sociology of Interaction*, The Bobbs-Merrill Company.＝（一九八五）佐藤毅・折橋徹彦訳『出会い―相互行為の社会学』誠信書房、二八―三八頁。
＊59　前掲吉井（一九八七）、一五―一八頁。
＊60　吉井博明（二〇〇二）『新版　情報のエコロジー』北樹出版、六一頁。ここで言う「効用」とは「新たな発見、達成感、征服感など」を指す。
＊61　井堀宣子（二〇〇三）「テレビゲームと認知能力」坂元章編『メディアと人間の発達』学文社、八〇―八一頁。
＊62　視覚的知能における空間描写、図像能力、視覚的注意、空間視覚化といった能力がビデオゲームによって向上することが示されている。同前井堀（二〇〇三）、八一―八四頁。
＊63　同前井堀（二〇〇三）、八一―九二頁。
＊64　たとえば、空間視覚化の発達は、一方で言語的アプローチを抑制する。場合によっては、言語的アプローチを使用しないという理由でゲームの悪影響を論じることも可能となる。
＊65　『学習指導要領』平成一〇年一二月一四日文部省告示。
＊66　梅原利夫（一九九九）「新学習指導要領でどう変わる？　Q&A　期待・不安・疑問に応えて」子どものしあわせ編集部編『新学習指導要領と私たちの教育改革　こんな学校つくりたい』草土文化、一二二―一二三頁。石原清貴は、「教えと学びの関係は教えようとするものと学ぼうとするものの出会いであり、葛藤」であるとし、これこそが「教えのリアリティ」だと強調するが、総合学習では「教師の主体性が認められて」いないと問題点を挙げる。なお、筆者は学校制度のもとで働く教員を否定しているわけではないことを強調しておく。アルチュセールも言うように、数は少ないながらも「自分たちが『教える』歴史や知識のなかからなんらかの武器を見出し、自分たちがとらわれているイデオロギーや制度や慣習を攻撃するためにその切っ先の向きを変えようと努めている学校の」教員はいることだ

ろう。たとえば、小学校教員の石原は、算数や社会科が、労働者として必要な技能という目的だけで構成され、経済の仕組みを隠蔽し続けてきたと批判する。石原清貴（一九九九）「僕の総合学習プラン　社会を算数で知る／算数発見物語　教えのリアリティの解放を」子どもしあわせ編集部編『総合学習への発想―議論と実践のために』草土文化、四八―五二頁。

*67　Althusser, L. (1995) *Sur la reproduction*, PUF.＝（二〇〇五）西川長夫・伊吹浩一・大中一彌・今野晃・山家歩訳『再生産について―イデオロギーと国家のイデオロギー諸装置』平凡社、三四四―三四九頁。

*68　Illich, I. (1971) *The Deschoolig Society*, Harper & Row.＝（一九七七）東洋・小澤周三訳『脱学校の社会』東京創元社。

*69　Hoggart, R. (1957) *The Uses of Literacy*, Harmondsworth, Penguin.＝（二〇〇三）香内三郎訳『読み書き能力の効用』晶文社、二三三―二三四頁。

*70　宮台によれば家、学校、地域に居場所を見出せない子どもは、地域の外にある「第四空間」に流れ出す。宮台真司（一九九七）『まぼろしの郊外　成熟社会を生きる若者たちの行方』朝日新聞社。宮台真司・尾木直樹（一九九八）『学校を救済せよ』学陽書房。

*71　本書で扱わないが、ゲーム自体に内在するイデオロギーについては、八尋茂樹が詳しい。八尋は日本からアメリカへ移植されたRPGソフトで内容が修正された事項を、宗教、性、飲酒に関する表現とマイノリティへの差別的表現の四項目に分類する。日本のゲームは制作者の意図にかかわらず「社会・文化（中略）の総体における多様なイデオロギーを包含していると言え」、「イデオロギー装置としての機能を持つ可能性」があるという。八尋茂樹（二〇〇五）『テレビゲーム解釈論序説／アッサンブラージュ』現代書館、二八頁。

*72　角田巖・太田和敬（一九八七）「子どもの生活文化におけるテレビ、テレビゲーム、メディア論」『人間科学研究』第九号、九三―九四頁。

*73　Greenfield, P. M. (1984) *Mind and Media : The effects of television, computers and video games*. William Collins Sons & Co., Ltd.＝（一九八六）無藤隆・鈴木寿子訳『子どものこころを育てるテレビ・テレビゲーム・コ

ンピュータ』サイエンス社、一〇〇―一〇一、一三〇―一三一頁。

＊74 前掲桝山（二〇〇一）、八九―九〇頁。

＊75 前掲安川（一九九二）、一六四頁。

＊76 男児高学年、女児低学年、女児高学年でも傾向は変わらないため、ここでは省いた。増田公男・山田冨美雄（一九九二）「児童期におけるビデオゲーム遊びの実態と社会性・自制心の関係」『金城学院大学論集』一七号、八六―八七頁。

＊77 前掲吉井（一九八七）、一〇―一一、二九―三〇頁。

＊78 『レジャー白書』のデータは、たびたび過年度データの修正が発生するため、過去の白書で発表された数値と異なる場合がある。本書で利用したレジャー白書の数値はすべて最新年度のデータのものである。なお、二〇〇八年のゲームセンターの市場規模は下降しているが、次年度のデータでは上昇修正される傾向がある。

＊79 前掲赤木（二〇〇五）、三二五頁。

＊80 上田純美礼（一九九五）『総合アミューズメント企業「セガ」』メタ・ブレーン、九〇―九六頁。

＊81 「大規模小売店舗における小売業の事業活動の調整に関する法律」（大規模小売店舗法）は、消費者の利益に配慮しつつ、大規模小売店舗を規制し、中小小売業の保護を目的としたもので、一九七四年に施行された。なお、同法は一九九〇年に緩和され、一九九七年に廃止となった。なお、『アミューズメント産業界の実態調査』（一九九五―二〇〇九）社団法人日本アミューズメントマシン工業協会（JAMMA）、社団法人全日本アミューズメント施設営業者協会連合会（AOU）、日本SC遊園協会（NSA）のデータを整理すると、一九九四年以降、敷地面積の狭い駅前型ゲームセンターの数は年々減少し、敷地面積の広い郊外型ショッピングセンターの併設店舗数が増大している。

＊82 管見ではあるが、L字型筐体に注目した文献は見あたらず、筆者が命名した。業界で「ミニアップライト筐体」と近年呼ばれているものに相当すると思われるが、筐体の特徴を明確にするために本書ではL字型筐体を用いる。L字型筐体はテーブル筐体とは異なり、画面が前方にせり出しているため覗き込まなくてもプレイできるのが特徴だ。

＊83 前掲赤木（二〇〇五）、四一〇頁。

第2章 ゲームセンター文化の生成

1 サブカルチャー論の射程

●――サブカルチャーとは

かつてビデオゲームはサブカルチャーであったが、現在は「メイン化」されてポップカルチャーと認識されることが多い。[*1] 一九七八年、インベーダー・ゲームが登場すると人が相手なのではなく、モニターに向き合う遊びのスタイルに異様さを感じた人も少なくなかったようだ。「ビデオゲーム悪影響論」が台頭し、ゲームは一人遊びの閉じられた世界として非難の対象となっていく。

その一方で、ゲームはファミコンの流行が示すように子どもたちを魅了した。現在、ゲームセンターに集まる若者にとってゲームは生まれた時から存在し、慣れ親しんだものとなっている。インベーダーやファミコンが日本から生まれたように日本のゲーム産業は世界をリードしており、非難と称賛が混在する今、「メイン」「サブ」カルチャーという固定化した枠組みには収まらない。[*2]

サブカルチャーという言葉は現在、多様な意味で用いられているが、本来は支配的文化に対する下位文化を指す。[*3]たとえばパンクやモッズなどイギリスの若者が採用したスタイルは、支配階級や黒人の文化から借用・盗用し、ブリコラージュすることで独自の文化を創造した。このサブカルチャーは一つのスタイルが形成され、反抗や軽蔑のジェスチャーとなり、拒絶の記号を形作る。[*4]ヘブディジが扱うサブカルチャーとは階級社会における対抗文化である。

宮台真司らによれば日本では一九五〇年頃、「世間の〈大人〉に反抗する〈若者〉という表象が出現し、社会的に認知されるようになる」が、この意味においてサブカルチャーは対抗文化として捉えられる。そして大学紛争の敗北から石油ショックの流れの中で「[〈大人〉／〈若者〉]という相補的な共通コードが崩壊し」対抗性は失われていく。[*5]ヘブディジや宮台らが若者を対象にしてサブカルチャーを論じたのに対し、伊奈正人は、「東京／地方」「健常者／障碍者」などの図式を用いて、その射程を広げている。[*6]ただし伊奈が行った調査の対象者は全共闘世代や大学闘争を知る後の世代であるため対抗性が反映していた。ここに宮台らとのズレを生じさせるが、八〇年代以降の「しらけの世代」でもない若者の感覚に対抗文化は合致するのかどうかという問題が残されたと言えよう。

仲川秀樹と中西新太郎は共に対抗性を問わず、文化産業[*7]における若者文化に焦点を当てるが、仲川は、サブカルチャーを「大衆文化の下位文化」とする一方で、[*8]中西は、「大衆文化全体のなかで優勢な位置を占めるようになってきた」と述べる。[*9]「メイン」「サブ」は変化の中でゆらいでいると捉えることができよう。

こうした議論を振り返ると、サブカルチャーを若者文化として考えた場合、対抗性は影を潜めている。しかし伊奈が指摘するように対抗性だけを強調し、サブカルチャーが消失してしまったとするのは性急に過ぎるように思われる。[*10] ストリナチによれば、大衆に受け入れられたポピュラー文化でさえ、大衆文化論やエリート主義の観点からは下位文化であり、その受け手は操作や搾取の対象とされがちだが、実際には「積極的で、識別力もある」存在である。ただし「受け手を何か力強いものとして考えることにも必然性はない」。ポピュラー文化の受け手を過度に見下すことも、逆に「意識的で活動的な破壊分子」とすることもイデオロギー的な強要でしかない。ポピュラー文化の定義は、それを分析する理論によって様変わりする。[*11]

同様の問題はサブカルチャーにも内包するため、本章ではひとまず包括的な定義を採用し、サブカルチャーを「一定のメインの文化、システムに従属しながらも、相対的に自律性をもった文化[*12]」とするが、ストリナチが指摘する問題を回避するためにも、当事者の語りを抽出することで実像に迫る必要性がある。

そうした点から従来のゲーム研究をみると、ほとんどは家庭用ゲームに関するもので、ゲーム自体が児童に悪影響を及ぼすという前提に立ってアンケートなどを実施し、安易な読みを行っているものが少なくない。社会的文脈を含めて考察し、実際に若者たちの日常に即して調査が行われたとは言い難い状況がある。また、ゲームセンターにおける若者たちの行動を踏まえたコミュニケーション研究は、ほとんど見あたらないというのが実情だ。[*13]

●――サブカルチャーとしてのゲームセンター

若者の集団を対象とした民族誌的な研究にはホワイト、ウィリス、佐藤郁哉などがある。ホワイトは、無法地帯と見なされていたスラム街の街角にたむろする若者を調査し、そこに集団や組織、秩序ある社会が存在することを描き出した。[*14] またウィリスは、労働者階級の若者が支配的なイデオロギーに抑圧された受動的な存在ではなく、対抗文化を形成する過程でイデオロギーの意味を読み替え、自らの階級に準拠する自律的な存在であると論じた。[*15] ホワイトやウィリスの研究対象の背景には人種、階級、貧困といった避けがたい差別や抑圧的なイデオロギーが問題となっている。これに対し佐藤は、欧米にくらべて際立った人種や階級の格差がみられず、経済的に豊かな日本の暴走族に焦点を当てる。[*16] マスメディア報道にみられる支配的なイデオロギーを問題にしながらも、暴走行為の中に「遊び」の要素を見出し、分析を加えている。

遊びの要素は、ストリートにたむろするイタリア系アメリカ人とイギリスの労働者階級の若者にとっても重要であるように思われる。賭博やボウリング、パーティーはもちろんのこと、労働、政治活動の中にさえ観察できるからだ。工場で働く労働者階級の人びとは厳しく管理されていても自前の楽しみを見つけ出し、ベルトコンベアーでの一連の作業の中で無駄な動きを極力削り、時間を目一杯有効に活用しようとする権力者の抑圧をすり抜ける。[*17] またホワイトは選挙における候補者や支援する人びとの活動を分析し「政治集会の主な目的は（中略）支持者たちを熱中させるものをかきたてることにある」とする。[*18]

こうした民族誌で描かれた若者は、外部の人びとから「非行」「下位文化」として差別、非難の対象となっている点でも共通する。日本のゲームセンターにおいても「非行の温床」とされ、若者たちは「不良」「オタク」「引きこもり」であるとレイベリングされた経緯がある。しかし、若者たちは必ずしもイデオロギーに対して抵抗するわけではないように思われる。マスメディアを通じて伝わってくる言説も「ゲーム脳」や「犯罪とのかかわり」などの批判がある一方で[19]、バブル経済崩壊後も急成長を遂げたゲーム産業や世界的な評価を受けた作品性の高さなどに対して称賛がある[20]。若者を取り巻く環境は、一枚岩ではなく、はっきりとした敵が見えるわけでもない。むしろ見えない敵にもがき苦しんでいる感がある。

イギリスの若者たちが学校に対して対抗文化を形成できたのは、学校の枠組みの外に価値観が異なる労働者階級の文化があったからだ。能力を磨けば人生が豊かになるという学校の建前、うそを若者は見抜き、異化した。しかし中産階級の若者の場合、学校と異なる価値観をもった文化が自分の周囲にないため、制度の権威を相対化しにくい状況がある[21]。日本の状況に目を向けてみると、イギリスのように顕著な階級文化はみられないものの、制度の枠組みの外に依拠する文化があるとすれば、一つにサブカルチャーの分野が挙げられよう。

井上俊によれば、近代社会はフェアな実力競争（能力主義）の原則を建前とすることによって、人びとのフラストレーションを相対的に高める結果を生み、人びとのゲーム世界への離脱の願望を強化した。ゲームとは一定のルールに従う競争の遊びを指す。その「遊び」は、競技者の現実社会での立場や地位、富や権力や名声などには左右されない。つまり、「ゲームへの参加者たちは、参加と同時に、現実社会での所属関係や地位＝役割関係から離脱し、それぞれに一人のプレーヤーとして、いわば『平等化』される」のだ。[*22]これは、ビデオゲームも例外ではない。若者たちは、制度や権威に対抗して、ゲームセンターに集まるのではなく、時として生きにくい社会から一時的に「離脱」し、「脱所属（平等）」の世界で「遊ぶ」のである。[*23]

日本アミューズメントマシン工業協会らがまとめた『アミューズメント産業界の実態調査』（二〇〇〇）によれば、一九九九年の時点で国内には三万八六七二のゲームセンターがある。[*24]そこには少年少女、学生、フリーター、サラリーマンなどが出入りする。なかでも若者を中心とした常連たちはゲームをしているうちに互いに顔見知りとなり、小集団を形成するケースがみられる。

ダンスダンスレボリューション

ＡＭＩＧ（一八歳・高校生、一九九九年五月一五日、新潟県新潟市）と名乗る少年はステップを踏んで踊るゲーム『ダンスダンスレボリューション』が巧く、ある店舗の〝ヌシ〟として一目置かれていた。プレイすると周囲に観客が集まるため、彼は注目を浴びることがうれしくゲームセンターが自己表現の場となっていた。「学校とかだと、まあ集団生活ですから自分のやりたいことってあんましできないじゃないですか。もちろんクラスの中にも注目浴びてる人っていうのはいるけど、学校の中で目立ってもつまらないっていうか、だいたい知ってる人たちだから。そういうので逆に目を付けられることもある」。また家庭では、「やることなすこと認められ」なかった。

この少年の言葉は、家庭が学校的価値観で埋め尽くされ、学校では同質であることを求められ、自由な自己表現が制限された環境に閉じこめられていることを示唆している。しかし、〔AMIG〕はこうしたイデオロギーに対して対抗文化を形成し、反抗するわけではない。学校に対しては「それなりの成績とって卒業できればと思ってるから」「別に学校で、勉強で」目立ちたいと思わない。親に対しては、「そんな認められなくても、いいところに行けなくても、それなりに自分のまあ人生ですし、そのぶん親には苦労をかけると思うんですけど、老後に些細なことでもできればいいかな」と語る。

彼は高卒という学歴がほしくて学校の制度に自己を柔軟に合わせる。それは親の希望にもかなったものだろう。そのため学校に反抗するわけでもないのだが、だからといって従順に勉強するわけでもない。自己アピールして目立つこともなく、ひっそりと学校生活をやりすごす。ウィリスやホガートが明らかにしたイギリスの中産階級や上昇志向の労働者階級のように、この少年は不安定な状態に陥らなかった。

その理由は、学校的な枠組みとは異なる「ゲームセンター文化」の存在に求められるように思われる。ゲームセンターでは自分の特技、努力が認められ、なおかつ知らない人に注目される。目立つからといって、いじめの対象になることもなかった。同じ趣味を共有する仲間の存在があったからこそ、彼は孤立することを免れた。

〔AMIG〕の事例のように、常連たちは次第にゲームをプレイするだけではなく、仲間に会う目的も含めてゲームセンターに足を運ぶようになる。そこにはビデオゲーム悪影響論における「非行の温床」「一人遊びの閉じられた世界」といった議論とは異なる世界があるように思われる。つまりゲームセンターは若者が一人で遊ぶだけでなく、場合によっては小さな社会を形成し、家庭や学校、会社のイデオロギーをやりすごし、フラストレーションを緩和する居場所として機能していると考えられる。若者のコミュニケーションや社会背景を探っていく中で検証を試みる。*25

2 ゲームセンター空間の変容

●――テーブル筐体からL字型筐体へ

一九九〇年代に入り、本格的にゲームセンターが大型化する以前は、ゲーム機はテーブル筐体が主流だった。この筐体は画面が天井を向いているため、照明の光がテーブルのガラス板に反射してしまう。そのため店内の照度が極力抑えられていた。また同筐体は比較的スペースをとらないですむため、店内が狭くても設置することができた。暗く狭い店内は、いかがわしい雰囲気を増長させ、女性から敬遠される要因の一つとなった。その一方でテーブル筐体は若者がたむろしやすい環境を提供していた。

ゲーム歴一五年のシンドウ（二六歳・会社員、二〇〇三年九月二七日、東京都国分寺市）は当時を振り返りこう語っている。「テーブル筐体は向かい合って話せるので、ゲームしなくてもたむろしやすかった。でも、今（L字型タイプの筐体）は遮られているので話ができないですよね。前方（目の前）に画面があるので、対戦型ゲームでは横から顔を出すか、隣に行くしかないんですよ」。テーブル筐体は下を覗き込むようにしてプレイしなくてはならない。暗い店内で背中を丸めながらゲームに熱中する姿は、他人からは不健康にしか見えなかった。[*26] ゆえにゲームは閉じこもり的であると見なされてきた経緯がある。

だが、実際には彼が言うように、テーブル筐体はたとえゲームをしなくても友人と向かい合い、食事をとりながら会話を楽しむことができた。ただし、まったく見知らぬ人にとっては、あるテーブルに集まって騒いでいるグループが疎く感じられることもありうる。「人と話していると『お前らうるさい』と言われましたね。こっちも『何だと表出ろ』ということがありましたよ」（シンドウ）。このコメントからテーブル筐体におけるコミュニケーションの在り方は、基本的に顔見知り同士を前提とした「閉鎖的」なものであるということがわかる。

一方、L字型筐体は目の前に画面があるため視界が遮られ、他人との会話が困難になった。この青年は「話したいときは隣に行く」と話すが、どこのゲームセンターでもプレイしない客がゲーム台の椅子に座ることを原則として断っている。そのためプレイしている友人の隣に座ることもはばかられる状況がある。

このようにL字型筐体はテーブル筐体とくらべて、他人とのコミュニケーションを遮断する空間を作り出す。「スーパーシティ」（横浜）の店長は「今は個人が増えて昔みたいにグループで来るっていうのが少なくなりましたね」と語る。[*27]

これらを考察すると、テーブル筐体は顔見知りのグループがたむろするには格好の場を提供したが、L字型筐体はグループで来店するには不向きな形態であることが理解できる。L字型筐体はディス・コミュニケーションの要因となり得る可能性が高い。

その反面、L字型筐体は電灯の照り返しを避けることができたため店内の照度を上げることが可能となり、明るいゲームセンターを演出することで女性の集客に成功した。さらにL字型筐体が主流になった時代には対戦型格闘ゲーム（通称、格ゲー）[*28]が登場し、全国のゲームセンターで勝ち抜きトーナメントや総当たり戦の大会が開かれ、多くの「ライバル」「ヒーロー」を生み出した。

プレイを「魅せる」

巧いプレイヤーが対戦していると、その後ろで多くの客が立ち見した。巧いプレイヤーとの対戦を望んで、他店舗へ「遠征」に出かけるゲーマーもいた。セガが自社のヒット作『バーチャファイター2』の全国大会を企画すると、「街のストリート」（ゲームセンター）を勝ち抜いてきた選手が全国大会の会場に集った。[*29]

ゲームは「遊び相手」の役割を担うだけでなく、他者の視線をプレイヤーに強く意識させるものとなっていた。「勝つ」という要素に「魅せる」[*30]ことが加わった。すなわち、ゲームにただ「勝つ」のではなく、観客にいかに「魅せる」かという要素がプレイヤーに意識されていく。あるいは、観客がいなくても、対戦相手と技を競い合い、いかに「楽しむ」かという要素が重要になっていく。そこはプレイヤーの自己表現の場として機能した。ゲーム終了後には、観客や対戦相手から声を掛けられ、仲良くなっていく光景が見られた。

そこで重要なのは、他者の視線を意識し技の限りを魅せるためには、L字型筐体というアイテムの出現が不可欠であったということだ。テーブル筐体の画面は下を覗き込む形式をとるため、他人にとっては観戦しづらいという側面があり、見知らぬ他人と出会う「開放的」な場としてテーブル筐体は機能していなかった。[*31] それに対し、L字型筐体は誰でもプレイヤーの後ろに立てば容易に観戦でき、他者に開かれた空間を創出していた。

もっとも、インベーダーの時代にもプレイヤーはギャラリーを意識していたとも言える。ゲーム攻略本が初めて出版され、たんにステージクリアを目指すのではなく、画面を覗き込む順番待ちの客に対して「ナゴヤ撃ち」などの裏技を披露する強者もいた。当時からゲームセンターが自己表現の場として機能していたとも言えよう。しかし、表現の場としての性格をよりいっそう強め顕在化させたのは、観戦の構造を鮮明にさせた対戦型格闘ゲームであった。それは筐体の形だけでなくゲームの性質によるところも大きかった。

●——カイヨワの遊びの四類型とビデオゲーム

対戦型以前、ゲームの多くは遊び相手がコンピュータであった。つまりゲームの中の敵キャラや障害物は、プログラムによってパターン化されたルーチンワークであった。ステージ・クリアによって難易度は少しずつ上がるものの、パターン化を免れるわけではない。格闘ゲームであっても対戦する相手がコンピュータか人かでは面白さが格段に違う。

ＢＡＣと名乗る青年は「コンピュータ戦って面白くないんですよ。まあ、レバー持たなくてもクリアできますからね」（二三歳・会社員［ＣＧグラフィッカー］、二〇〇一年七月六日、東京都新宿区）と豪語する。格闘ゲームは文字通り人間同士の対戦がウリなのだ。不特定多数の人間が相手であれば攻撃がパターン化されることはない。たとえいつも同じ人とだけプレイしたとしても人間であれば互いに成長するし、プレイするキャラクターを変えれば必殺技を出す操作手順が変わるため、パターン化を防ぐことが可能だ。「格ゲーはパターンでなく、どこでパンチを出すかなどの駆け引きになるんですよ」（シンドウ）。アクションゲームやシューティングゲームがたんなる攻略であったのに対し、人間相手のゲームは無限とも言える駆け引きを楽しめるようになっていた。

もちろん例外もある。京都在住のあるプレイヤーたちは格闘ゲームで人を相手に対戦を行うよりもコンピュータを相手にして遊ぶことが多かった。三台同時にコインを入れ、誰が一番長くプレイし、かつ高得点を獲得できるかを競うなどして対戦するのだ。コンピュータを相手にする遊びは一時期だけのことかもしれないが、お金を節約する工夫だったのかもしれない。人を相手に対戦するよりも一人でプレイしたほうが長く遊べるからだ。しかし、この例外もコンピュータとのゲームを突き抜けたところにリアルタイムで対戦する相手がいる点で「アゴン」（競争）の要素を多分に含んだ対戦と言える。そこでは人を相手にしたときと同じように駆け引きが行われる。決してコンピュータだけを相手にした一人遊びの世界ではない。

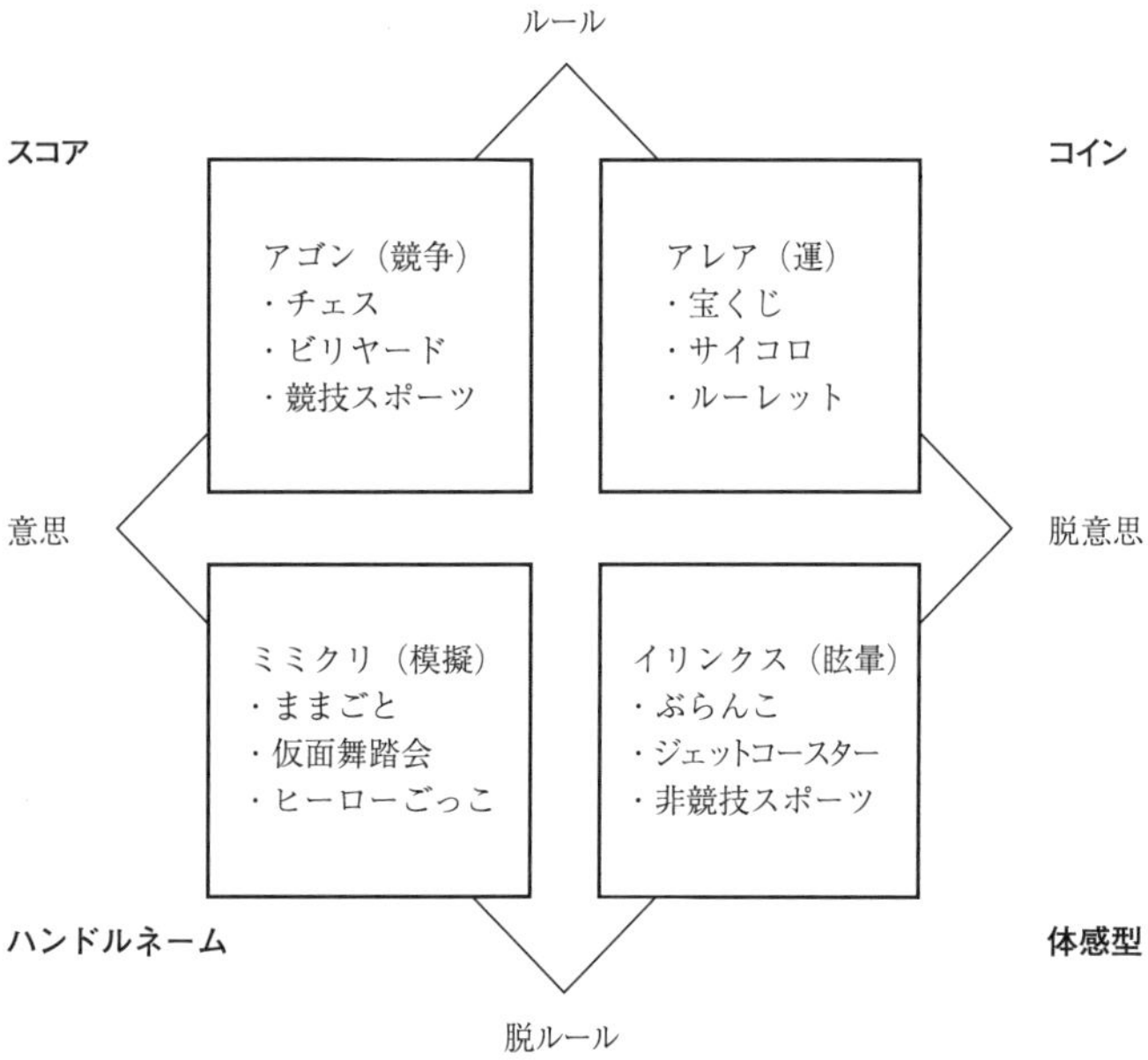

図4　カイヨワの遊びの四類型

注：スコア、コイン、ハンドルネーム、体感型はゲームセンターでの遊びをカイヨワの類型に当てはめたときの布置を便宜的に表している。実際には、ゲームによって各要素が重なり合う。

アゴンとは「ただ一つの特性（速さ、忍耐力、体力、記憶力、技、器用など）にかかわり、一定の限界の中で、外部の助けを一切借りずに行われる競争」のことだ。これはカイヨワが「アゴン」（競争）、「アレア」（運）、「ミミクリ」（模擬）、「イリンクス」（眩暈《めまい》）に分類した遊びの類型の一つだ（図4）。カイヨワはこうした分類を踏まえ「遊びはたんに個人的な娯楽ではない」と前置きし、「競争者も観客もいなければ、人はすぐこれらの遊びに飽いてしまう。潜在的にせよ、観客が必要なのだ」と強調する。[*32]

L字型筐体は「プレイヤー」

と「観客」という構図をつくり出し、対戦型ゲームは「ライバル」と「ヒーロー」といった要素を生み出した。この図式は音楽ゲームにも引き継がれた。音楽ゲームは一九九八年、『ビートマニア』（コナミ）の大ヒット以来、ゲームセンターには欠かせない筐体となった。ビートマニアは、プレイヤーがディスク・ジョッキーとなり、音楽を構成していくゲームだ。以降、ステップを踏んで踊るゲーム『ダンスダンスレボリューション』（コナミ）、ギター型のコントローラーでメロディーを奏でるゲーム『ギターフリークス』など、さまざまな趣向を凝らした筐体が登場する。[*33]

これまでにない不思議な形の筐体と大音量で流れるノリのよい曲、体を動かす目立つプレイスタイルによって、音楽ゲームは周囲の人びとの目を引きつけやすかった。たとえば、ダンスダンスレボリューションでは、ただステージをクリアすればよいのではなく、いかにして踊るかが重要になる。ステージ・クリアだけが目的なら、普通にステップを踏んでいればよい。それにもかかわらず、プレイヤーは画面を背にしたり、足ではなく手をついて踊るなどパフォーマンスを披露した。

音楽ゲームは格闘ゲームのもつ「魅せる」「自己表現」という要素をよりいっそう強めていた。ライバルやヒーローの存在は、他者からの関心を得るからこそある。そこには明らかに人と人との関係が成り立っている。悪影響論の多くは、ゲームが「一人遊びの閉じられた世界」であるとして批判を展開してきた。だが実際には、プレイヤーはゲームを通して交流関係を築き上げていったのである。

3 ビデオゲームのコミュニケーション

ハンドルネームというシンボル

ビデオゲームに共通するのは、ステージ・クリアし高得点を狙うという点だ。高得点を得られると、ゲーム終了後にハンドルネームを打ち込む画面がでる。プレイヤーは限られた文字数をコントローラーを使って記入していく。スコアは誰もプレイしていないときに流れるデモ画面の合間に、得点が高い順にハンドルネームと共に画面上をスクロールしていく。

テーブル筐体が並ぶゲームセンターが舞台となる桜沢エリカの漫画『カジュアルな街角』には、男子学生のトシヤがパーティを抜け出し、ゲームセンターに足を運ぶシーンがある。「つまんない授業　退屈なパーティ　お手軽な恋愛　それが今のオレの生活のすべてだ　でも　いっこだけ　オレを夢中にさせるものがある　それはアーケードゲーム　ゲームは女の子みたいにオレの手に易々と落ちない」と、トシヤの心の内がナレーションされる。[*34] トシヤはスコア画面の一位にいつも名前を連ねる「ＹＵＲＩＥ」をライバル視する。だが、そのライバルはどこの誰かもわからないというストーリーだ。

トシヤは「ＹＵＲＩＥ」（女性）にいつしか恋愛感情を抱くようになるのだが、ここで重要なのは顔も性別も知らず、しかも直接対戦したことがない相手にライバル感情を抱くという点だ。不特定多数の異性との情事もトシヤには退屈でしかない。クールな彼が唯一没頭できるのはゲームなのだ。そして、彼は何事にも心理的な距離をおく生活を送っているにもかかわらず、顔も知らない相手を負かそうと躍起になる。彼と「YURIE」をつなぐものは画面に表示されるスコアの数字とハンドルネームの文字だけだ。

香山リカはいつも高得点をマークするハンドルネーム「X-PZ」が次第に気になり、同じスコアを目標にし、何日か名前を見ないと心配になったと自身の体験を綴っている。「ちょっと上手な人がいると、『もしかして、この人が?』とドキドキしたりもしました」[*35]。香山と桜沢の記述は一致している。香山は顔、本名、性別も知らないX-PZが自身にとって誰よりも気になり、重要な存在だったという。

では、プレイヤーはなぜスコア画面に浮かび上がる文字にこれほど心を奪われるのか。正確にはプレイヤーが興味をもつのは文字ではない。共感し、憧れ、競争心をかき立てられるのは、文字を通して見える他者の存在である。スコア画面から同じゲームに熱中している他人の存在がはっきりと確認できる。同じ前提を共有しているという感覚は、会ったことはなくても誰かとつながっているという確信であり、自分の存在が肯定されているという感覚である。

ゲームは「私という、おとなになりきれないまま社会に出てしまったひとりの人間の心細さや不安を癒してくれるものだったのです[*36]」。トシヤのようにゲーム以外に生き甲斐を見出せず、どこかで冷めた感覚、寂寥感を抱いている人間がいたとしたら、なおさらだろう。ハンドルネームはゲームセンターにおける自分の存在証明であり、自己表現の一つである。たとえ日常の世界で自分がつまらない存在だと感じられたとしても、ハンドルネームを獲得することによって変身した自分は居場所を獲得することができる。

カイヨワはミミクリ（模擬）の遊びについて「人が自分を自分以外の何かであると信じたり、自分に信じこませたり、あるいは他人に信じさせたりして遊ぶ（中略）その人格を一時的に忘れ、偽装し、捨て去り、別の人格をよそおう」と定義する。[*37] ミミクリの説明として、昆虫の擬態現象を例に挙げるが、人間も生きにくい社会を生き延びるために模擬の遊びを取り入れていると考えることはできないだろうか。ハンドルネームはゲームセンターにいる間、一時的に自身の人格を捨て去り別の人格を装うための一種のシンボルとなる。

男友達に連れられゲームセンターでよく遊んでいたというケイコ（二三歳・学生、一九九八年一〇月二八日、京都府下京区）はこう語る。「ゲーセン（ゲームセンターの俗称）で知り合った仲間たちは、みんなニック・ネーム（ハンドルネーム）が付いていました。あいつたちがゲームをしていると、その後ろにはギャラリーが集まるほどですから、うまかったんでしょうね」。彼女自身はゲームにとくに関心があるわけではなく、ゲームセンターにおける人間関係を奇妙に感じていたという。「ゲーセンではゲームばかりしているのに、みんなで家の中で遊ぶときはぜんぜんゲームをやらないんよ。ゲーセンは、何て言うか、彼ら自身を表現するステージのような感じでしたね。ステージで腕前を見せつけるために、家のゲーム機で練習したり、知り合いのいないゲーセンに行ってひたすら練習していましたから」。

京都に住む彼女は、その男友達に滋賀県のゲームセンターまで付き合わされたことがあるという。「ゲームのことがわからない私に見られても平気だったみたいだけど、ゲーセンの仲間には格好悪いところを見られたくないようでした」。行きつけのゲームセンターでは必ずスコアをチェックし、誰かが「高得点をだした」「うまくなった」と話し合う。そんなある日、誰もマークしたことのない高得点がスコア画面に浮かんでいた、と彼女は回想する。

そこには見知らぬハンドルネームが表示されていた。そこの店舗で「凄腕」として名が通っていたプレイヤーにとっては、プライドが傷つき、顔に泥を塗られた気分になったのだろう。新たなライバルの出現に「誰だ、誰だ」と騒然となった後、彼は得点を塗り替えようと躍起になったという。

ケイコの男友達は、幼い頃に父親を亡くしていた。自殺だったという。彼は人前では明るく振舞っていたが決して他人に心を開かない。ドラッグにも手を出していた。「ゲーセンは友達をつくる場所っていう感じでした。あいつ、本当は寂しかったんじゃないんかな。ゲーセンではうまくないと、注目されないし、遊び仲間として相手にさえしてもらえないこともありました。だから、あいつは一生懸命に人がいないところで練習してたんだよ」。

彼の家庭環境については、ケイコ以外誰も知らない。ゲームさえうまければ、自分の過去を問われない。学歴や企業の名前、肩書き、家柄……。そこでは戸籍上の名前さえ、些細なことでしかない。そんな匿名でいられる居場所をゲームセンターは提供してくれる。建前や曖昧さが支配する現実社会と異なり、ゲームは一定のルールのもとに行われる明確な世界を構築する。井上や作田啓一が指摘するように、そこは現実世界の所属を問わない平等な世界であるが、同じようにゲームセンターでの匿名的な人間関係も「脱所属」の世界である。匿名性の社会は決して虚構なのではなく、実質的な世界を与えてくれるもう一つの現実なのだ。

●――客層の分断

ハンドルネームがシンボルとして人びとをつなげる役割を担ってきたことを述べてきたが、ゲームセンターに集まる若者たちすべてが必ずしも同じ価値観を共有しているとは言い難い。「UFOキャッチャー、プリクラが入ると女性客が増えましたね。でもプリクラが入ると男性客が離れる傾向があるんですよ。常連客がいなくなると私も行かなくなり、そのうちプリクラ専門店になってました。その店は今は潰れてパチンコ店になってます」（シンドウ）。

こうした事例は多く、たとえば宮城県仙台市のある店舗でもプリクラコーナーに力を入れるあまりビデオゲームの新作が入らず客離れが起きた（二〇〇三年一一月二三日）。プリクラの撮影機を仕入れ、コーナーを充実させるためには資金を確保する必要がある。そのため店は新作ビデオゲームの投入を見送らざるを得ない。プレイヤーからしてみれば、旧バージョンのゲームばかりでは店に対する魅力は失われてしまう。その結果、店をもり立てていた常連客が離れていく。

一方、これまでなじみの薄かった女子中高生などがプリクラ目当てで入店するようになる。つまり客層の変化が起きる。客層が変化し、ビデオゲーム・コーナーに客が入らなくなっているのに、店としてはいつまでも古いバージョンを置いていても利益は上がらない。結局、資金力のない店舗はビデオゲームを撤去してプリクラ専門店にならざるを得なくなる。

一九八五年の風営適正化法施行以降、ゲーム業界はイメージアップを図り、ゲームセンターのアミューズメント・テーマパーク化を押し進めていった。青少年だけでなく、女性客、家族連れなどをターゲットにしてきた。こうした営業方針の変更は、ゲームセンターの転換期として位置づけることができる。その求心力となったのは、店舗の大規模化も一つに挙げられるが、何よりもクレーン・ゲーム[*38]、メダル・ゲームのヒット、さらにはプリクラ、音楽ゲームの登場によるところが大きい。

クレーン・ゲーム

クレーンがディスプレイ性の高さで女性客を呼び込み、第二次ブームを起こしたように[*39]、音楽ゲームが登場すると、ビデオゲームに興味のない女性客にも一目でアピールできた。二〇〇〇年の時点で人気のあるゲームはクレーン、プリクラ、音楽ゲーム、メダル、格闘ゲームの順で上位を占めている[*40]。上位三つは、とくに女性に人気のある筐体だ。今や女性客もゲームセンターを支える大きな柱となっている[*41]。

しかし、ビデオゲームはゲームマニアの集客を望めても、ゲームに興味のない女性にはアピール度が低かったと言えよう。なぜなら、女性に人気があるクレーンやプリクラは一階の入口付近に設置され、格闘ゲームなどは地下や二階、入口から奥まった所にある場合が大半だからだ[*42]。格闘ゲームは、プレイヤーがいったい何のゲームをプレイしているのか画面を見るまでわからない。男性客の間でどんなに面白いビデオゲームが流行っていたとしても、筐体の設置場所の距離感が原因となり、プリクラを撮るために来店する女子高生と、ビデオゲームをプレイするためにやってくる少年たちとの間には大きな溝があった。

流動的であるが大雑把に分類すると、ビデオゲーム（格闘ゲームなど）には男性客が、プリクラとクレーンには女性客が集まる。そして男性と女性の両方に受けているのが、音楽ゲームやメダル、体感ゲームである。格闘ゲームを好んでプレイしている女性でも、地下など奥まった場所には「怖くて行けない」（二〇歳・学生、二〇〇四年九月二五日、幕張メッセ）と言うように、性差による客層の違いがあり、同じ場所にいてもプレイヤーが生きる意味の層は異なる。*43 ビデオゲームのジャンルによっても客層が分かれるし、ハンドルネームを通して相手の存在が気になっていたとしても、香山の例のように「ドキドキ」してしまって声が掛けられないこともある。こうした分断を越え、人びとを結ぶツールとしてノートがある。

4　コミュニケーション・ノートの設置

●——書くという行為と場の意味の変容

全国のゲームセンターには客同士が自由に意見を書き込める「コミュニケーション（・）ノ

ート」[44]が置かれていることがある。もともとサービス業の一環として客が望んでいる筐体をリサーチし、店に対して苦情や意見を書き込んでもらうためのものだが、次第にゲームのスコアや裏技、イラスト、自己紹介などが綴られるようになった。コミュニケーション・ノートのルーツは交換日記や壁の落書き、伝言板などにも見出せるが、ラジオも重要な役割を果たす。

［S］（東京都新宿区）の常連客でコミュニケーション・ノートの管理人を務める〈としくん〉（二三歳・無職、二〇〇一年七月六日）[45]は、文化放送の人気番組「ステレオドラマ、ツインビーPARADISE」（一九九三年から九七年まで放送）の熱心なリスナーだった。番組では、DJの呼びかけによってリスナー同士の交流が随時推奨された。リスナーは、カバンにベルを付けて仲間であることを示し、「BEE」と合い言葉を掛け合うことで確認を行うなど、独自のネットワークを築いていた。

そして、ヘビーリスナーだった彼が［S］にノートを設置する以前、インターネットも普及していない時代に、人びとをつなげるメディアとして利用していたのは、駅にある伝言板（黒板）だった。東京都新宿区の高田馬場駅を利用するリスナー同士のコミュニケーション・ツールとして黒板は大活躍した。こうした伝言板でのやりとりが基盤となって、一九九八年、〈としくん〉の発案で［S］にコミュニケーション・ノートが誕生する。

コミュニケーション・ノートによって人は画面を流れるハンドルネームに対してただ憧れるだけでなく、実際に書くという行為を通して主体的な存在になれた。ゲームで高得点を取らなくても文章やイラストを用いて自己を表現し、周囲にアピールできたのだ。若者はコミュニケーション・ノートを介した相互作用の中で社会を形成し、ゲームという産業が提供する場の意味を読み替えていく。コミュニケーション・ノートは根本的なところで若者にとってのゲームセンターの存在、意味の層を変えていった。

学校や職場で自分を偽って生きてきた〔カツオ〕（二二歳・会社員、二〇〇〇年九月三日、千葉県千葉市）は、ゲームセンター以外の場所では「半分死んでるようなもん」と語る。《ココに存在しても良いのか》。そう綴った〔カツオ〕に常連はつぎのように返した。《どっかの某所じゃあるまいし、存在してていいか悪いかなんて誰も言わんですよ。カツオさん。悪い点も、人それぞれ考え方違うし……私は別にないです。（カツオさんに対してってコト。）あ、カツオさんまだ渡すモノがあったんだった》〔ナント〕。《カツオさん……私と同じ事を……。考えてますすね……。私も同じ事を考えてますが、他の人（私以外）はココにいてもいいと思ってます。存在有無って人の中の考え方の問題だから……。私はいてほしいです。最近、お会いする回数が少ないですが、いてほしいです。消えることはきらいです》〔ふたば〕。カツオが漠然と抱えていた不安は消え、「自分を偽らなくてもいい場所がまだ残ってる」と彼自身知った。

●——ゲームセンター文化の生成

若者はたった一人、ゲームプレイすることだけを目的としてゲームセンターにいるわけではない。そこにはハンドルネームを介して得点を競い合い観客を前に自分の技を魅せ、コミュニケーション・ノートを通じて「会話」する他者の存在があった。つまり、ゲームセンターはゲームを目的とした場であるが、そこには見知らぬ他人同士の相互作用が機能していると言える。その意味を捉えるにはゴッフマンの理論が有効かと思われる。

ゴッフマンはある目的をもった人びとの集まりを「焦点の定まった集まり」と呼ぶ。対して、偶然その場に居合わせた人びとの集まりを「焦点の定まらない集まり」と定義する。[*46] ゲームセンターは客が各々ゲームを楽しむ場で、焦点の定まらない集まりである。そこにいる人びとは、互いに見知らぬ間柄だ。しかし、ゲームを媒介にしてプレイヤーのまわりに観客が集まると、そこは一時的にプレイを視聴するための焦点の定まった集まりの場に変わる。

焦点の定まらない集まりには互いに意識しながらも無関心を装う（儀礼的無関心）「焦点の定まらない相互作用」が機能している。[*47] ゲームセンターに集まる若者たちは薄暗い店内で画面を覗き込み、ひたすらゲームに没頭している姿から自己の殻に閉じこもった人びととみられがちだ。しかし実際にはゲームの順番待ちの人に目配せし、狭い店内で通路を譲り合うといった儀礼的無関心が観察できる。ハンドルネームを通してある人の存在に興味をもったとしても、香山の例のように緊張して気軽に声が掛けられない一つの理由は儀礼的無関心という暗黙の社会ルールがあるからだ。

それは公共の場における一般の人びとの振る舞いと何ら変わりのない行為でもある。儀礼的無関心は格闘ゲームや音楽ゲームにおける「プレイヤー」と「観客」の構図の中で、単一の知覚的・視覚的焦点を維持し（対面的かかわり）、「焦点の定まった相互作用」に移行する。つまり、観客同士が感想を述べ、プレイヤーに声を掛けるといった行為をはじめ、対戦中のプレイヤーにおける技の披露やコミュニケーション・ノートへの書き込みなども儀礼的無関心から焦点の定まった相互作用への移行を促す。ハンドルネーム上で得点を競い合う行為は互いに意識していることを隠しながらも、スクリーン上のハンドルネームとスコアに関心が集中しているという点で、儀礼的無関心を装いながらに行う焦点の定まった相互作用と解釈できる。

これが対戦型のシステムになると焦点の定まった相互作用は顕著になる。また、ゲームをプレイするために順番待ちをしている人がいるにもかかわらず、続けてコインを投入しプレイを再開する客のマナー違反に対しては《連コがあまりにも多い人がいたんですけど、せいぜい二回まででですよね》（［ＩＳ］東京都渋谷）とコミュニケーション・ノートに苦情が書き込まれる。[*48] このように焦点の定まらない相互作用が無視されるとき、コミュニケーション・ノートに客のマナー違反が綴られ、筐体はステージとなり、プレイヤーは観客に数々の技を披露する。ゲームセンターはこのような相互作用を通して互いに交流し合う社交の場として機能する。

さらに、ゲームセンターにおける相互作用は対面的なコミュニケーションだけでなく、ハンドルネームやコミュニケーション・ノートといった媒体を介したメディア空間の中での振る舞いでもある点に留意したい。加藤晴明はゲームやネット環境などにおいて現前しないことは不在や虚構を意味するのではなく、制限メディアなりの実定性をともなうと指摘するが、[*49] ゲームセンター空間でも人びとは、メディアを有効に活用しながら相互作用を機能させていく。

こうした社交の場で若者は趣味を同じくする仲間を得ていくが、そこはまた、家庭や学校では何をやっても認められず、いじめの対象とならないよう自己表現を抑えていた少年がヒーローとなり、自己を解放して家庭や学校の価値観をすり抜けたように、社会に潜む支配的なイデオロギーを異化する場でもあった。また、場合によってゲームセンターは、自己の存在を否定せずに受け入れてくれる場所であり、ありのままの自分を表現できる居場所として機能した。

人びとはゲーム産業の受動的な存在ではなく、抵抗する存在とも言えるが、そこで生成する文化は、労働者階級のように支配的なイデオロギーに対抗する文化として機能すると言うよりも、むしろ、生きにくい社会と折り合いを付けながらも疲れた心を休めるオアシスとして機能していた。

註

＊1 伊奈正人（二〇〇四）「団塊世代若者文化とサブカルチャー概念の再検討—若者文化の抽出／融解説を手がかりとして」『東京女子大学社会学会紀要』第三二号、一一頁。

＊2 アメリカにおけるファミコンの影響の大きさは、キンダーが参考になる。Kinder, M.（1991）*Playing with Power in Movies, Television, and Video Games*, University of California Press. また、『プリント倶楽部』（アトラス）は、東南アジア、中近東、欧米の諸国から「引き合いが殺到」したという。原野直也（一九九七）『プリクラ仕掛け人の素顔』メタモル出版、四二頁。なお、非難も称賛も第1章で述べたように水越伸によれば「大人の論理」からの見方である。前掲水越（一九九〇）「エレクトロニック遊具とメディアの生成発展—〈ファミコン〉普及の再検討を通じて」、二九八頁。

＊3 仲川秀樹（二〇〇二）『サブカルチャー社会学』学陽書房、一八頁。

*4 Hebdige, D. (1979) *SUBCULTURE the meaning of style*, London, Methuen.＝（一九八六）山口淑子訳『サブカルチャー――スタイルの意味するもの』未來社、一四、一四六―一五一頁。

*5 宮台真司・石原英樹・大塚明子（一九九二）「サブカルチャー神話解体序説」アクロス編集室編『ポップ・コミュニケーション全書』PARCO出版、二〇、二二頁。

*6 伊奈正人（一九九九）『サブカルチャーの社会学』世界思想社、七―二二頁。

*7 フランクフルト学派の代表的論者、アドルノとホルクハイマーは、大衆文化を享受する人びとを文化産業の送り手に一方的に支配される存在として捉えた。アドルノらにとって大衆文化とは文化産業であり、大衆文化が生み出す「ガラクタ」は消費者の欲望を煽り、つぎつぎと購買行動に走らせるものでしかなかった。文化産業の技術は、平均化した規格製品と大量生産を生み出し、経済的優位に立つものに社会に対する支配力をもたせる。そうした状況下では、中央のコントロールから免れようとする欲求を個人の意識から排除してしまう。Adorno, T. W. and Horkheimer, M. (1947) *Dialektik der Aufklärung: Philosophische Fragmente*, Querido Verlag, Amsterdam.＝（一九九〇）徳永恂訳『啓蒙の弁証法』岩波書店、一八六―一八七頁。

*8 前掲仲川（二〇〇二）、一九頁。

*9 中西新太郎編（一九九七）『子どもたちのサブカルチャー大研究』労働旬報社、一六頁。

*10 前掲伊奈（二〇〇四）、一一頁。

*11 Strinati, D. (1995) *An Introduction to Theories of Popular Culture*, Routledge.＝（二〇〇三）渡辺潤・伊藤明己訳『ポピュラー文化論を学ぶ人のために』世界思想社、一四―一五、七〇―七一、三〇四―三〇七頁。

*12 前掲伊奈（二〇〇四）、三頁。

*13 管見ではあるが、家庭用テレビゲームと業務用ビデオゲームを区別して、ゲームセンターにおけるコミュニケーションに着目した論文として森康俊や井澤宏郎らが挙げられる。森康俊（一九九七）「テレビゲームのコミュニケーション」橋元良明編『コミュニケーション学への招待』大修館書店。井澤宏郎・栗田宣義（二〇〇〇）「ゲームにおける報酬とは何か――対戦型格闘ゲームにおけるリテラシーと規範醸成」『ソシオロジスト』二巻一号。

＊14　Whyte, W. F. (1993) *Street Corner Society*, Fourth Edition, The University of Chicago Press.＝（二〇〇〇）奥田道大・有里典三訳『ストリート・コーナー・ソサエティ』有斐閣。

＊15　Willis, P. E. (1977) *Learning to Labour: How Working Class Kids Get Working Class Jobs*, Columbia Press.＝（一九九六）熊沢誠・山田潤訳『ハマータウンの野郎ども』筑摩書房、一三一―一三二頁。

＊16　佐藤郁哉（一九八四）『暴走族のエスノグラフィー　モードの叛乱と文化の呪縛』新曜社。

＊17　前掲 Willis（1977＝一九九六）、一三一―一三三頁。

＊18　前掲 Whyte（1993＝二〇〇〇）、二四六頁。

＊19　たとえば、少年犯罪の増加について二一世紀教育研究所代表の田口正敏は、「ゲームによる人間関係の希薄さ」によって「キレ」やすくなり、「人との関係に不安を抱いてナイフを持ち、現実と仮想がごっちゃになりナイフを使ってしまうのではないか」とコメントしている（『朝日新聞』一九九八年二月五日）。森昭雄の論じたゲーム脳については、ネット上でいち早く批判を展開した斎藤環をはじめ、安藤玲子や坂元章が批判的にポイントを整理し退けている。森昭雄（二〇〇二）『ゲーム脳の恐怖』ＮＨＫ出版。安藤玲子（二〇〇三）「テレビゲームは、脳の発達に悪影響を及ぼすか」坂元章編『メディアと人間の発達』学文社。坂元章（二〇〇四）『テレビゲームと子どもの心』メタモル出版。

＊20　『週刊エコノミスト』の記事には「不況と無縁」の見出しがある。高橋剛（一九九三）「不況と無縁　急成長するアミューズメント産業―ゲームセンターから変身、異業種参入も」『週刊エコノミスト』第七一巻第二〇号、一一八―一二一頁。山田利博は『サクラ大戦』を分析し、テレビゲームが古典文学に通じる文学性を有していると論じている。山田利博（二〇〇二）「テレビゲーム『サクラ大戦』の文学性」『宮崎大学教育文化学部紀要人文科学』第六号。

＊21　前掲 Willis（1977＝一九九六）、一四五―一四八頁。逆にホガートは労働者階級の若者が学校制度に従順となり、上昇志向を抱いた場合、学校と家庭の二つの世界の間にはさまれ、不安定となり、どちらにも自分の帰属感がもてず、結果として孤立すると論じる。前掲 Hoggart（1957＝二〇〇三）『読み書き能力の効用』、二二九―二四〇頁。

＊22　井上俊（一九七七）『遊びの社会学』世界思想社、三一―一〇頁。

＊23 作田啓一（一九六八）「遊びの社会的機能」『Energy』一八号、五二頁。

＊24 ゲーム筐体の設置店舗数。専業店舗、飲食店、宿泊施設、スーパー・デパート、ボウリング場などが含まれる。なお、一九九三年の時点で国内に八万七二九四のゲームセンターがあったが、年々減少し続け、二〇〇八年（二万一六八八店舗）までに約六万五〇〇〇店舗が閉店している。店舗数の減少は、単純にアミューズメント産業の凋落を示すわけではなく、市場自体は成長している。これは、駅前型ゲームセンターが減少し、郊外型大規模店舗やショッピングセンターの併設店舗が増加していることを意味する。

＊25 ゲームセンターに集まる若者の具体的なコミュニケーション活動を拾い上げ、その社会背景を考察するために、筆者は一九九七年から二〇〇九年までに一都二府一六県で断続的に参与観察（一二六店舗）とインタビュー（二二五人）を実施した。参与観察のデータは、インフォーマントから了承を得て収集したものであり、フィールド・ノーツの記録（レコーダーで記録した音声をパソコンでテキストに起こしたものを含む）、ビデオやカメラで記録した映像、プリクラ帳をスキャナーで取り込んだ画像を用いた。コミュニケーション・ノートの記述内容は、コピー機で複製したり、カメラで撮影したが、ノート設置者からコピーの了解が得られなかったものについては、許可を得て手書きでフィールド・ノーツに写した。

インタビューはあらかじめ約束を取り付けて行う場合もあれば、その場で聞き取りする場合もあり、質問項目を含め相手に合わせて臨機応変に対応した。インタビューの時間は、おおよそ数十分程度から約四時間に及ぶこともあった。質問項目は、まったく用意せず、会話の流れに合わせて相手の話に耳を傾けていくこともあれば、周辺取材をしたうえで四〇項目ほど用意して臨むこともあったが、たいていは会話の内容に合わせて対処した。

コミュニケーション・ノートの記述内容は、インフォーマントの証言を参考に一つひとつ目を通し、質的に分析することを試みた。また、プリクラの分析では、これに関連する四〇人のインタビュー記録と四人のプリクラ手帳をデータ化した資料を用いた。さらに、プリクラに関する体験や感想を東京・神戸・広島の大学生に自由記述形式で綴ってもらった内容を参考にした。補論において取材日等を記載せず、アルファベット一文字でインフォーマントのデータを示す場合は、この体験文からの引用である。

*26　前掲平林・赤尾（一九九六）『ゲームの大學』、二九四頁。

*27　『月刊アルカディア』（二〇〇〇年一一月）第一巻第六号、七〇頁。

*28　一九九一年、カプコンの『ストリートファイターII』が登場すると、格闘ゲームがブームとなった。それまで一人でプレイするスタイルが主流だったゲームに、対戦の要素を取り入れたことがヒットにつながった。その二年後には3Dポリゴン処理を施した『バーチャファイター』がビデオゲーム業界に登場し、対戦型格闘ゲームは一時代を築き上げていく。

*29　かつて、バーチャファイターの技巧者六人に開発元のセガから「鉄人」の称号が贈られた。山下卓は、鉄人たちのルポを書いている。鉄人は、ゲームに勝つためだけのプレイをすると、観客からブーイングが起こる。ただ勝つのではなく、いかにして勝つか、巧みな技を見せることをまわりから要求されるのだ。なお、山下は街中にあるゲームセンターをストリートと呼ぶ。山下卓（一九九五）「ゲーマー伝説」『WIRED』一二月号、四八—五七頁。

*30　「魅せる」という言葉は本来存在しないが、近年、「魅する」＝魅惑するの意（金田一晴彦編『現代新国語辞典　改訂新版』学研）と「見せる」の意を重ね合わせたような使われ方を散見する。『漢字遊び』（講談社現代新書）の著者、山本昌弘は「魅せる」についてつぎのように指摘する。「魅せるは、恐らくスポーツ新聞が見出しとして使ったのが最初ではないか。新聞の見出しは八〜一〇字が原則。『すばらしいプレーを見せて観客を魅惑した』という意味を少ない文字で表現するための造語ではなかろうか。また、現在使われているものは、『魅せる』『魅せた』の形だけで、『魅せない』『魅せよう』『魅せろ』などの形は存在しない」（二〇〇四年一〇月一九日、取材）。また、石山茂利夫は「今様こくご辞書」（『読売新聞』一九九七年四月一三日、四月二〇日）のなかで、「魅せる」がスポーツ新聞の整理部記者による「人目を引く紙面作りの手段」かつ「言葉遊び」の造語であると述べ、読者はその造語が、「その場限りのものであることを了解してい」たのだが、いつのまにかプロの書き手も含め「普通語と受け取られはじめているのではないか」と記している（山本への取材から約二年後、山本自身から石山の記事が筆者宛に送られてきた）。この造語はスポーツ新聞以外でも使われ、たとえば、ビデオゲーム情報誌（前掲誌『月刊アルカディア』二〇〇〇年一一月、一三頁）の見出しに「魅せる」が用いられている。本書では、プレイを他人に「見せる」だけではなく、「多彩

な技を披露し、その魅力によって人の心を引きつける」の意味で用いる。つまり、「見せる」と「魅惑する」の両方の意味を含むものとして使用する。

*31 当時のアップライト筐体も画面をひさしで覆うなどして照り返しを避ける構造になっていた点で観戦には不向きだった。

*32 Caillois, R. (1958) *Les Jeux et les Hommes*, Gallimard.＝（一九九〇）多田道太郎・塚崎幹夫訳『遊びと人間』講談社、四六、八二頁。

*33 ドラム、キーボード、マラカス、パラパラ、和太鼓などがある。

*34 桜沢エリカ（二〇〇〇）「カジュアルな街角」『ラブ・ストーリーズ』メディアファクトリー、一一一―一一二頁。

*35 前掲香山（一九九六）『テレビゲームと癒し』、八―九頁。

*36 同前香山（一九九六）、二二頁。

*37 前掲 Caillois (1958＝一九九〇)、五五頁。

*38 クレーン・ゲームは『UFOキャッチャー』（セガ）の呼び名でも知られる。ぬいぐるみや時計、菓子などをクレーンを操作して取るゲームを指す。

*39 第一次クレーン・ブームは一九六五年、第二次は一九八八年とされる。前掲誌『月刊アルカディア』（二〇〇〇年一一月）、一四―一五頁。前掲竹内（一九九五）「電子帝国の逆襲」、五四頁。前掲上田（一九九五）『総合アミューズメント企業「セガ」』、一〇一―一一一頁。

*40 順位はAOU（社団法人全日本アミューズメント施設営業者協会連合会＝All Nippon Amusement Machine Operator's Union）の『ゲームセンター利用者調査』（二〇〇〇年、一二頁）の「テレビゲーム」の項目内訳を参照し設定した。

*41 『ゲームセンター利用者調査』（一九九五―二〇〇〇年）「利用客の男女構成比の推移」によれば、九四年には男性七一・四パーセント、女性二八・六パーセントだったが、九五年にプリクラが置かれると男性六六・一パーセント、女性三三・九パーセントになる。九七年に女性は四七・三パーセントに増加し、九八年の音楽ゲームブーム以降は二

〇〇七年まで四〇パーセント台を維持している。なお、二〇〇〇年度以降のデータは前掲誌『アミューズメント産業界の実態調査』（一九九五―二〇〇九）と『AOU NEWS』（http://www.aou.or.jp/news/index.html）を参照した。

＊42 セガの常務取締役・永井明は「それまでのゲームセンターでは入口から入って手前のほうにテーブル型の台を並べ、大きな機械は店の奥に並べるというレイアウトを取っていたのだが、集客のためUFOキャッチャーだけは入口に近いところに置いていたという」。前掲上田（一九九五）、九二頁。

＊43 彼女は、外壁がガラス張りで、外から店内が見通せるゲームセンターを選んでおり、「照明が明るいのがポイント」という。さらに「地下（のゲームコーナー）は、これ（タバコの煙）と男の子がいっぱいいて入りにくい」と語った。

＊44 どこのゲームセンターでもノートの表紙の記載では「コミュニケーションノート」が一般的であるが、本書では「コミュニケーション・ノート」と記述する。

＊45 インタビューでは一七歳と答えていたが、取材中の会話を統合し、分析すると二三歳であると推察される。筆者が「ツインビーPARADISE」の放送時期を質問した際、としくんは「五年前、高校生の頃ですね。専門学校時代、『パラダイス3』まで続きました」と回答した。一緒に取材した〈AZO-HELL〉は「俺が中三の頃。俺が中三の頃は、えー、五年前です」と答えてから、としくんに向かって「嘘だよ二三ぐらいだよ、高校じゃないじゃないかバカ野郎。一七歳じゃ、思いっきり二〇歳越えてるじゃないか、今から五年前だと。どついていいか?」と話していたが、筆者にはその会話の意味がわからなかった。

＊46 前掲 Goffman（1961＝一九八五）『出会い―相互行為の社会学』、四―五頁。

＊47 前掲 Goffman,（1963＝一九八〇）『集まりの構造―新しい日常行動論を求めて』、二七頁。

＊48 連続してコインを投入することを意味している。

＊49 加藤晴明（二〇〇一）『メディア文化の社会学』福村出版、一一四、一六二頁。

第3章

コミュニケーション・ノート

1 コミュニケーション・ツール

●——片隅に置かれたノート

前章で触れたように、全国各地にあるゲームセンターの中には、店の一角にテーブルが設けられ、来店した客同士が自由に意見を書き込むことができる「コミュニケーション・ノート」と呼ばれる雑記帳が置かれていることがある。経営者が客の要望を知り、プレイヤー同士の意見交換を目的としたノートだが、一〇代、二〇代の若者を中心に、さまざまな内容が綴られて、客同士の交流の場となる例が少なくない。ノートを介して仲間意識が生まれ、小さな社会が形成されるのである。

ゲームセンターには学生もいれば歳の離れた社会人もいる。AMIG（一八歳・高校生、一九九九年五月二五日、新潟県新潟市）と名乗る少年は、ゲームセンターでは「いろんな世代の人たちと一つのゲームで会話ができるっていうのが楽しい」と話す。しかし、人によって来店する時間も異なれば、忙しくてしばらく来られないこともある。だからこそ、互いにコミュニケーション・ノートにコメントを残すことで、「久々に（ゲームセンターに）来て誰もいなくても、ああ、やっぱりなにぃ、友達だからノートに書いてくれる」と実感し、存在を確認し合うのだという。

このようにゲームセンターにおいてコミュニケーション・ノートは、若者のコミュニケーション・ツールとして重要な位置にあると考えられるが、その存在はＡＯＵ（社団法人全日本アミューズメント施設営業者協会連合会＝All Nippon Amusement Machine Operator's Union）などゲーム業界では些末なこととして扱われている。[*1] もっともコミュニケーション・ノートを設置している全国各地のゲームセンターは、その重要性を認知していると思われ、たとえばチェーン店を全国で展開している大手企業ではコミュニケーション・ノートの設置を推奨している。

コミュニケーション・ノートの置かれているテーブル

しかし、コミュニケーション・ノートの研究は管見ではあるが皆無に等しい。前章ではゲームセンター文化の存在を明らかにしたが、本章では、コミュニケーション・ノートに書かれた若者たちの「声」の内容を分析することで、若者のコミュニケーションのあり方と、その社会背景を探っていきたいと思う。

●――最初は苦情・要望を吸い上げるための媒体

コミュニケーション・ノートは、もともと客が店に対して苦情や要望を伝えるための媒体だったが、次第にゲームのスコアやテクニック、自己紹介、身の上相談などが書き込まれ、客同士のコミュニケーション・ツールに変化していった。ゲーム機は精密な電子機器で制御されているため、コントローラーの不具合など、店員には気づきにくい欠陥が見落とされることがある。そのための対応策として店はノートを置くようになった。サービス業として客の声を吸い上げるために設置されたノートは、次第に全国に広がっていった。他店の真似をして取り入れ、客の要望に店が応える形でノート設置を許可するケースもみられた。以下、各店舗の店員の証言を参照してみよう。

［JB］（山形県山形市、二〇〇三年六月一五日）の店長は、①客同士のコミュニケーション、②店への感想や意見、苦情を伝えるツールとしてコミュニケーション・ノートの存在が重要だと強調するが、ほとんどの店舗は設置理由にこの二点を挙げる。店によっては客同士の情報交換を目的としたプレイヤーからの強い要望があって設置に至るケースもあり、〝客同士の情報交換〟が先か、〝客の意見の吸い上げ〟が先か、不明な点もある。

東京都千代田区・有楽町駅前のゲームセンターでは、一九九九年からコミュニケーション・ノートを開始したが、最初のページには《お客様からのリクエストが多かった「コミュニケーション・ノート」が、いよいよスタートです》と書かれている。設置理由について店員は「お客様間のコミュニケーションをとるためです。お客様からの要望も一部ありましたが、うちでも他のゲームセンターのノートを見て、置いてみようかとなりました」と語った（二〇〇〇年一二月五日）。コミュニケーション・ノートが全国に広がると、他店の真似や客の要望といった理由で設置する店舗も出てくる。

山形市内の［CC］（二〇〇三年六月一四日）のコミュニケーション・ノートには《あなたの声を聞かせてちょ　欲しい景品・やりたいゲームを語って!!　教えて!!》と書かれているように、サービス業として客の声を吸い上げることは経営に直接影響するため、多くの店舗で最重要視されている。『月刊アルカディア』の店長座談会では、客の苦情を吸い上げることが大切であるが、「言ってくれなければ解らないことが多い」とし、「ノートを置くようになってから、お客さんの反応や要望をより多く知ることができるようになりました。ちょっとした事で目から鱗が落ちることが結構ありましたね」と、店とコミュニケーション・ノートの関係が明らかにされている。[*2]

筆者の調査からも、大阪府大阪市中央区の心斎橋にある［BJ］（二〇〇〇年一一月八日）では、「客とのコミュニケーションのために置いてある」としながらも、「当初の目的は当店へのご意見、希望を書いてもらうためだった」と語る。そして実際にノートを設置すると「裏技とかゲームに関する書き込み」に利用され、それが「今では客同士、客と店員とのコミュニケーションをとるために利用され」るようになった。この証言からは、コミュニケーション・ノートの発展過程がうかがえる。

他の例として、高知県高知市の［N］（二〇〇二年一〇月二九日）では、「お客様の声とか、確認しやすいから」と設置理由を第一に挙げ、「お客様同士のコミュニケーションにも使ってもらえますし」と続ける。同店では、コミュニケーション・ノート設置以前は客の意見を取り入れるためにアンケート用紙を設置していた。同様の証言は千葉県千葉市の［L］（二〇〇一年五月一二日）など多数あり、そこから推測に至った。また、こうした発展過程は、後述する東京都新宿区の［S］に設置されたノートの発展の経緯が非常に参考になる。[*3]

●――ノートの発生と発展過程

コミュニケーション・ノートが最初に設置された正確な年は不明だが、証言から一九七〇年代と推測される。千葉県市原市のゲームセンター［C］（二〇〇一年五月一九日）の店長は、二〇年以上前（一九八一年）から［GD］と［F］にコミュニケーション・ノートがあると語る。しかし、［GD］の店員は一九九六年から設置したと話す。全国のゲームセンターで共通するのが、ノートの設置年数を正確に覚えている店員がいないことである。店長も店員もつぎつぎと変わるため、ある年以前のノートの存在は店舗内で誰も知らないということが起こる。現時点で働いている店員よりも［C］の店長（元ゲーマー）のように客の証言が参考になる場合もある。

AOUの桐谷克己事務局長（二〇〇一年六月一一日）によると、ノートは約三〇年前（一九七一年）から全国各地に置かれていたというが、正確な設置年数は不明である。客が自由に書き込めるノートは、ゲームセンターだけでなく、喫茶店や宿泊施設などにも設置されている。たとえば、東京都八王子市のある喫茶店には客が書き込めるノートが設置されており、中学生グループがよく利用していた（一九九四年九月に確認）。総合研究開発機構編『若者と都市』を参照すると、スナックにノートがあったことが記されている。[*4] また、山根一眞によれば、京都の浄土宗祥鳳山直指庵に「想い出草」というノートが一九六七年から置かれている。[*5]

ほとんどのゲームセンターでは、コミュニケーション・ノートと名づけているが、場合によっては「雑記帳」「プレイヤーズノート」「らくがき帳」と称することもある。また、一般的には大学ノートを使用しているが、ルーズリーフ、スケッチブック、掲示板、伝言板を用いるケースもある。

コミュニケーション・ノートに書き込まれる内容はじつにさまざまだが、大別するとつぎの五つに分けられる。「店に対する要望、苦情」「純粋にゲームに関する情報」「ゲーム以外の世間話」「仲間づくり、確認」「身の上相談、心情の吐露」である。そして、書き手は書き込む内容によって、立場が変化する。ゲームセンターに置いてあるコミュニケーション・ノートが実際にどのようなものであるのか、以下に紹介しながら分析を加えることにする。

2 〝客〟

「店に対する要望、苦情」を書き込むとき、書き手は〝客〟として店にサービスを要求する。コントローラーの不具合などを店員に伝えるほか、ゲームの難易度に対する要求もある。[*6] また、ゲームをプレイするために順番待ちをしている人がいるにもかかわらず、続けてコインを投入しプレイを再開する（連コイン）客のマナー違反を伝えたり、店内に掲示している宣伝広告用ポスターの譲渡を願い出る場合もある。こうした内容を書き込むとき、書き手の立場は〝客〟として存在する。
《一〇／七　オランタンの台の調子があいかわらずです。通路側の奥の台、右側のききが悪いで

す》《場所（ボタン）がわからなかったのですが直しました。奥の台レバーも直っています。店一〇／九》（S、一九九九年）

客の要望に対しては、書き込みのすぐ下や別の日付で店員が赤ペンなどで返答している。［S］のように、しっかりと店員が対応している場合、顧客の不満を抑え、要望に応えることができる。顧客の満足度がアップした結果、店に対する〝要望、苦情〟ではなく〝感想〟が書き込まれることもある。《町のゲームセンターや渋谷のゲームセンターは、コントローラーが壊れていたりすることがあるが、ここは殆どないです。メンテナンスの配慮の行き届いた良いゲームセンターだと私は思います》。

こうした意見交換が活性化することでノートは発展を遂げ、自然発生的に客同士のコミュニケーションを促進してきた。実際、［S］のコミュニケーション・ノートには「伝言茶屋」「スポーツネタノート」「イラストノート」「GAME OVER」など、さまざまな種類がある。すべては、苦情を専門に受け付けるノート「黒ファイル」から発展したものだ。黒ファイル以外のコミュニケーション・ノートは、常連客の一人、としくん（二三歳・無職）が店員と交渉し、設置許可を得たという経緯がある。ノートの管理人も〔としくん〕が行っている。このようなケースでは、〝客〟としての存在が〝参加者〟として変化し、場を盛り上げていく存在になることを示していると言えよう。

なお、一般のコミュニケーション・ノート上での「要望」を一例挙げる。

《九／六　スタッフへ　ナムコのコンパネのレバーのフィーリングは、セガ系のそれとくらべるとよくない。もっといいものを開発するようメーカーへ言ってください。↑意見として、上の方へ言っときます。by ＩＳ》《九／六　↑それはなれでしょ！　俺から言わせればバーサスシティ（セガのきょう体）はスティックとボタンの間が近すぎ、まぁこれは、なれだけど！（省略）by ＮＥＣ》（ＩＳ、二〇〇〇年）

このようにコミュニケーション・ノート上での苦情は、店員に加えて、別の客が応答することもある。そこでは能動的な参加者として客の意識が高まっていることがうかがえる。また、店員、管理者がまったく答えない質問に別の客が答えるケースもある。たとえば、ある大学の近辺には「ＣＳ」「ＪＢ」「ＰＤ」（山形県山形市、二〇〇三年六月一五日、二〇〇三年九月五日）の三店舗があり、いずれもコミュニケーション・ノートを設置している。だが、そのうちの一店舗［ＰＤ］だけは客の入りが少ない。理由は定かではないが、ノートを見ると管理人が書き込みをチェックしていないことがわかる。《式神の城IIを入れて下さい》という要望が二〇〇三年の七月一四日、二〇日、二五日、二八日、三一日、八月五日、一七日に同一人物から書き込まれている。しかし、店員は読んでいないのか何もコメントしていない。これに対しては、《八／吉日　Ｙ・Ｔさん江　ＪＢにIIあるのでそちらに逝って下さい。作・犬若》（ＰＤ、二〇〇三年）と客がコメントしている。

ただし、二〇〇二年一二月一二日から二〇〇三年七月一日までは管理人が赤ペンで返事を書いている。返事は短く、回答数も少ない。大会の開催など客に対して呼びかけるものはいっさいない。苦情に対して《直しました》《異常ありませんでした》と書き込むだけである。客の声に耳を傾けるというノート本来の機能が形骸化していく様子が手にとるようにわかる。

コミュニケーション・ノートが廃れている理由には、さまざまな要因が考えられる。たとえば二〇〇三年六月一五日、他の二店舗ではゲーム大会（一方は対戦型格闘ゲーム、他方は音楽ゲーム）が開催され盛り上がっていたが、［ＰＤ］だけは何もイベントが企画されていない。コミュニケーション・ノートにも大会の開催など客に対して呼びかけるものはいっさいなく、「要望・苦情」に対する店の応答も少ない。このような営業努力の違いなども背景にはあるだろう。また、［ＰＤ］が大学から一番近い場所にあるにもかかわらず人気がないのは、地元住民によれば他の二店舗は大学と駅を結ぶ通学路上にあるのに対して［ＰＤ］は別の通りに立地しており、大学生の通行量が比較的少ないことが理由の一つとして挙げられる。つまり、立地条件が悪く客が少ないうえ、店側の営業怠慢によって常連が定着せず、コミュニケーション・ノートの書き込みが少なくなる。[*7]

つぎのコメントは「純粋にゲームに関する情報」につながるものだ。《十番勝負トーナメントはたいへん面白いこころみだと思いますが、エントリーして、番号のくじを引いた時点で1Ｐ2Ｐが決まってしまうのは、いかがなもんでしょう？　対戦時にジャンケンで決められる方が、まだあきらめもつくと思います。今後の大会でぜひごけんとうをお願いいたします。byジュリッペ》《1Ｐ2Ｐは、ジャンケンで決定する方が良いのですか？　他の方のご意見よろしくお願いします。byＩＳ》《1Ｐ側2Ｐ側なんてこだわる事じゃないと思うけど……風神ステップなど、どちらでも出せるようにならないと。どうしても逆Ｐ側の良いのなら回り込めば、それも戦略の一つではと思うんですけどネー　byＮＥＣ》（ＩＳ、二〇〇〇年）

このコメントは、書き手が客として店に要望を出しているのではなく、プレイヤーとして大会をより良いものにしていこうと提言している。その意味ではより主体性をもったプレイヤーとして積極的に楽しむ姿勢がうかがえる。

3　〃プレイヤー〃

「純粋にゲームに関する情報」とは、攻略法や裏技などテクニックに関する情報の提供と質問、ゲームに対する評価、ゲームの進行状況や新しい技をマスターしたことの報告など、ゲームに関するあらゆる話題を指す。このように純粋にゲームに関する情報を書くとき、人はゲームを楽しむ〃プレイヤー〃として存在する。

《なんかみんな超必二コずつあるっぽいです。（本当か？）クラークと大内のみBCD同時押しで攻撃避けができます。本当です。byはりねずみ》（AS、一九九六年）

テクニックに関する書き込みはコミュニケーション・ノートが担う重要な役割の一つだ。この書き込みからもわかるように、新しいゲームが登場すると、プレイヤーは基本技のほかに〃必殺技〃や裏技、隠れキャラ探しなどを楽しむ。さらに、自分が見つけた技を自分だけが知って満足するのではなく、ノートを通して他人と共有し、〃おしゃべり〃に興じることで、友達づくりという新たな楽しみを得ることができる。高度な技の知識を他人に教えることは優越感にもつながり、一目置かれることで自信を得ることもできる。

《九／一三　また来てしまいました名古屋の人間です。やっぱココ楽しいっすね。渋谷に来ると必ず来てしまいます。今日もNECさん楽しい対戦サンキューっす。いつか大会も出てみたいっすね》
《九／一四（省略）ところで、オーガって強すぎません？　T・Tから始めた俺なんか、オーガの技なんて知らないし（ていうか、ほとんどのキャラしらない!!）Jurioさんなんかオーガ使うらしいけど、今でどうにかたまーに勝てるぐらいなのに……うーん大変。　byNEC》
《九／一四　オーガとはまだあんまり対戦していないので何とも言えませーん。それから名古屋から来ている人は、仕事か何かで東京によく来るんですかね？　まさか鉄拳のために？　まあでも、いろんな人と対戦するのが鉄拳の最高の楽しみ方でしょうから、距離なんて関係ないですね。ぜひ大会にご参加を！　byジュリッペ》
《九／一七　オーガって、そんなに強くないですよ。返し技がないキャラは苦しいかもしれないけどね！　合わせづきのダメージも四〇から二五に下がっているし、たいした新技も追加されなかったんで……まあようはなれでしょう。最初はガードできなかった攻撃もだんだんガード出来る様になるだろうし……クナイがけをガードしてくれると私は助かるんだけど……。病み上がりで頭がヘロヘロの池尻バレンタインでした》（IS、二〇〇〇年）

ゲームの話題を通して、プレイヤー同士が少しずつ仲良くなっていく様子が伝わってくる。『鉄拳』や『ソウルキャリバー』などの格闘ゲームで、より強い対戦相手を求めて遠征にやってくるプレイヤーがいることも確認できる。大会はプレイヤー同士が知り合う絶好のイベントになるが、コミュニケーション・ノートもまた、テクニックを教え合うなど話題を共有する重要なツールになる。
ここから推測できるのは、客が店にゲームだけを目的にして来店するわけではないということだ。ゲームで遊ぶのならば、家庭用ゲーム機で十分だ。ワンプレイのコストもゲームセンターにくらべて格段に安い。それでもわざわざゲームセンターに足を運ぶのは、〝魅せる〟という要素が重要になるからだ。ゲームセンターでは、対戦型格闘ゲーム、音楽ゲームのプレイヤーの周囲に観客が集まることがある。カイヨワは遊びに「観客」の要素が欠かせないと強調したが、[*8] 実際に〔AMIG〕は、注目を浴びることに喜びを見出していた。

ゲームの「観客」

筐体はステージとなり、プレイヤーは観客に数々の〝技〟を披露する。同様に、コミュニケーション・ノート上でも純粋にゲームに関する情報をやりとりし、時には自分の知識を披露する中で、〝客〟は〝プレイヤー〟としてより主体的にゲームを楽しむ。ゲームセンターは、このような相互作用を通して、互いに交流する社交の場として機能する。

4 〝ゲーム以外の関心をもつ私〟

「ゲーム以外の世間話」は、書き手の近況や関心事、社会の出来事に関する書き込みのことを指す。文字通りゲームとはまったく関係のない話題が中心となる。たとえば、プロ野球やJリーグの勝敗結果や試合内容に対する感想、学校で実施された学期末テストの成績が綴られる。ある書き込みに対して、他人からの反応があり、話題が盛り上がることもあれば、まったく応答がなく、形の上ではただ感想を述べただけにとどまる場合もある。これらはとくにゲームセンターでしか話せない内容というわけではない。このような場合、書き手は〝客〟でも〝プレイヤー〟でもなく、ゲームセンターの枠の外に存在する自分（国民、県民、市民、会社員、生徒）、日常生活をおくる〝私〟として存在する。

《あそぶぞぉ↓!!! 彼氏のことは、とりあえず忘れて……。ゴメンネ》《hideのアルバムほしー！ だれかくれ！……るわけないか》（TF、一九九八／九九年）

右の例は、まったくゲームに関係のない話題だ。ゲームセンターには常連ばかりでなく、たまたま入店し、ノートを見つけ、一言書き添える人もいる。ボーイフレンドに連れられてゲームセンターに来たものの、彼が一人でゲームに熱中しているため、退屈しのぎにノートに一言書くケースもある。

［S］の常連〈としくん〉は、ゲームセンターをより楽しい場にしようと、たんにコミュニケーション・ノートを設置するだけでなく、スポーツネタ専用のノートを設置している。こうしたノートに書かれる内容も、「世間話」に分類できるだろう。

《八／三　私は悲しい。オールスタ前に阪神に連敗したときも、正直言ってヤバイと思ったが、今日はそれ以上！（省略）ＧＬＧ》《八／四　私も悲しい！　オールスター後勝ってねーじゃん、（中略）あぁ阪神が呼んでいる「ヤクルトのために最下位のイス、あたためておきました」って。　by実は野村信者で非常に困ってるＤｒＸ》（S、年次不明）

世間話といっても「スポーツネタ・ノート」は、強制的にスポーツに話題を限定している。そのため、スポーツに興味のない人は参加しにくい。もし、コミュニケーション・ノートがゲームに関する話題だけに限定されていたとしたら、ノートは多様性を失い、無味乾燥なものになりかねない。こうした問題を避けるために、〈としくん〉は「GAME OVER」と題して、さまざまなネタを書き込めるノートも設置している。

日常生活における会話の大半が世間話であるように、コミュニケーション・ノートにおいても話題の基本は世間話である。ただし、厳密に言えば、ゲームに関する情報もゲーマーにとっては世間話の一つである。コミュニケーション・ノートはゲームセンターに設置されているがゆえに、ゲームに関することが話題の中心となりやすい。そのうえで、書き手は純粋にゲームに関することだけではなく、自分たちを取り巻いている環境や出来事について語るようになる。こうした世間話は誰でも書くことができるし、話題のキッカケをつくることも、そこに参加することも容易にできる。そこからゲームの話や仲間づくり、身の上相談など、さまざまな要素をもった記述に発展させることも可能だ。実際にコミュニケーション・ノートは多くの要素が絡み合って進行していく。

《八／三〇　Dear　学校行ってる人　私を見かけて「！」ってカンジの顔しないでくれぇー
from 学校行ってない人》

《八／三〇　Dear　学校へ行ってない人　私も昔（一〇年前）は学校行ってない娘だった。「！」てな顔はしないようにするつもりだが、あ、仲間だ、みたいに思うかも。from　学校（小中高）へ行かずにすごした現大学生（二三）》

《八／三一　ボクチンも学校（中）あんま行かなかったよ。別にイジメられたわけでもなく、不良でもなかったし。ただ自由に勝手気ままにやりたかったのさ!!!　「！」なんて顔されても「ケッ」て思ってりゃいいのさ〜!!!　好き勝手やっちゃえよ!!!　それがうまくやりすごす手かも。　p. s マタンゴ氏のBMテクはすごすぎるッ!!!　by　JIN》

《八／三一　PM二：〇〇　Dear　学校へ行かずに過ごした現大学生（二三）さん&JINさんへ　私は今、中三の「ジュケンセイ」です。返答ありがとーございます。私は最初はイジメられてたんだけど、今はつまんなくなったんで行ってません。高校うかるんだろーか。こんなんで。from　学校行ってない人》（TP、年次不明）

ノートは不登校の話題で盛り上がるのだが、彼らの記述の合間には、この話題には参加せず、ゲームの話を書き込んでいる人もいる。また、ゲームの話題に触れながら、彼女にコメントする人もいる。ノートは同時進行で、さまざまなネタが飛び交う。「学校行ってない人」の書き込みはしばらく続くが、約半年後には「学校に行けるようになった人」になったことを報告している。

人はゲームセンターの枠組みの外に存在する自分、日常生活をおくる〝私〟としての側面が無意識に表れるからこそ、「世間話」に興じる。あるいは、「世間話」を書き込むとき、〝私〟が無意識に表れる。この〝私〟が前面に押し出されたとき、自己と向き合い、時には相談をもちかけ、つらい気持ちを綴るようになる。そして、書き込みを見た人が、それに対してコメントを返す。そのうちに友達の輪が少しずつ形成されていく。

5 〝常連・仲間〟

「仲間づくり、確認」は、ゲームセンターに集まる客同士が友人をつくるために、自己紹介や仲間募集を行うこと、自分が来店したことを書き記し、後からノートに目を通すであろう仲間に伝え合うことで、互いのつながりを確認する行為のことである。誰かのコメントに対して返事を書き、自分をアピールすることもあれば、店内で見かけたプレイヤーの髪形や服装などの特徴を記して《もしかして○○さんですか？》と確認することもある。また、《誰もいないので帰ります》と、あるグループのメンバーに対してメッセージを書き残す。このとき、書き手は〝常連・仲間〟という立場をとっている。

●――自己紹介

ゲームセンターによっては、自己紹介専用のノートを設置しているところもある。たとえば、［S］には「Friend Ship」と題した自己紹介専用ノートがある。ノート一ページを使って、一四項目の内容に分かれている。それぞれの項目は、①リングネーム（ペンネーム）、②趣味、③性別、④生年月日、⑤［S］にいる時間帯、⑥Eメール・HPアドレス、⑦好きなゲーム（ジャンル）、⑧

一言、⑨夢、⑩マイブーム、⑪おすすめゲーム、⑫もっているゲーム機、⑬出身地、⑭その他、となっている。このほかにも、千葉県千葉市にある［JY］には「自己紹介ファイル」が設置されている。[*9] こうした自己紹介ノートの存在は、人びとがゲームをプレイするためだけでなく、友達づくりを望んでいることの証でもあろう。

では、コミュニケーション・ノートにみられる「仲間づくり・確認」はどのようにして行われるのだろうか。その事例をあたってみよう。有楽町駅前にあるゲームセンターのコミュニケーション・ノートには、つぎのような書き込みがあった。

《一二／一　今日は学校帰りです。単位がヤバイらしいです。うーん……ゲームばかりやってるからかしら……卒業とゲームセンターどっちか選べっていわれたら、ゲームセンターとります。そういう奴です、私は。まア、まだ三年生だし。あと一年あるから平気かな。えーと……すぐ近くに車横サンらしき方がいらっしゃるのですが……えーとえーと　チキン野郎だ私……Y・K　P. S.　Y・Kはワケもなく頭の中が病人です。話しかける時は平仮名でお願いします。怖い人じゃないので声かけて下さいね》（店名・年次不明）

〔Y・K〕は他人に直接声を掛けることができないが、コミュニケーション・ノートに自分の心情を書くことで、間接的に仲間を募集することができた。明らかに他者の目を意識して、自分が大学生であること、模範的な学生ではないこと、ゲームが好きなことなどをさりげなく書き、自己紹介をしている。

●――仲間づくり

つぎの例は、見知らぬ相手に対し、自分の趣味や年齢などを具体的に紹介するとともに、相手に関心を向け、質問しているケースだ。

《五／一七　（省略）CoolD様〉みつナイ未プレイなので参加できず、スマンせん。byHI‐R》。

《五／一七　水　二二：三〇　HI‐Rさん心遣い感謝します。……でも機会があれば是非一度プレイを。質問　HI‐Rさん性別よく知りませんから男の方ですね？　ちがっていたらスミマセン。ちなみに私は二六才の男。彼女いない歴二六年です……。何か質問があればどうぞ……ちなみに生まれは大阪、育ちは長崎の対馬、初恋は高一の時です。追伸　出来ればTさんの性別も知りたい。（HI‐RさんもTさんも両方というお約束はなしですよ）CoolDでした》

《五／一八　（省略）女の人かも……。（Tさんは男の人でしょう。HI‐Rさんも!?）P.S.新ノートは大切に使っていきましょー！　チーフのいのひろさんに悪い。表紙の春獄殺が気になるRIEでした》

《五／一八　RIE様CoolD様〉　男ですメイド属性です（爆）人生詰んでます。byHI‐R》

《五／一八 木 二三：一五 HI-Rさん男だったんですね。（失礼？）よっしゃあとはTさんだ（ニヤリ）》
《五／一九 〉RIE殿 オレ、男ッス。 〉CoolD殿 まだまだ若いッス。（でも妙に年寄りじみてる（笑）） どや？ T》
《五／一九（金） 二二：四五 Tさん男だったんですね（クス）でも二六歳の男つかまえてえらい言われようですね。グサリときますよ（思考中）じゃあTさんて何歳なんだ～（絶たい）でも年齢はごまかしてはいませんよ。ちなみに一九七四年一月一四日生まれの寅年で山羊座、新射手座です。好きな色は黒、紺系統、趣味、特技別になし、好きな音楽心がおちつけるヤツ（主にクラッシック）。チェッカーズ（とくにROOM）の歌。食べ物に関しては好き嫌いはなし。とまあこんな所です。質問あれば女性優先で聞きます。それではCoolDでした》（M、年次不明）

ノートへの参加者は、互いに相手について何もわからないからこそ、自己紹介を交えながら、相手の情報を引き出している。ある人物の書き込みを読んで、〈女性かな、男性かな、文字がていねいだから女性かも。美人だろうか〉と、期待を膨らませることもある。変体少女文字などは、その呼び名に「少女」と付いているように主に女性が書くものとされている。[*10] だから、丸みを帯びた文字を見れば女性の書き込みであると思い込んでしまうこともあるだろう。しかし、男性でも小さい丸文字をびっしりと書き込む人がいるし、[*11] 女性でも乱暴にペンを滑らせる人がいる。

また、ていねいで優しく穏やかな口調で、女性らしさを醸し出す書き込みをする男性もいれば、「僕」「俺」と書き、男っぽさを演出している女性もいる。そのため、直接相手に確認するまでは、相手がどのような人なのかまったくわからない。仲間づくりは手探りで、慎重に行われる。

《六／一三 （省略） ちなみに、かなり前になりますが、牙流さんをガタケでちらっと見かけましたよ！ だまってたけど実はいうと名前から見て最初は男の方だと思っていたのですが、まちがってましたね。すみません。いつになったら会えるのかわかりませんが、会えることを祈って！ by 留美奈》

《六／二二 （中略） 次は日よう日（二五日）にきます。たぶん四時頃!!（中略） by 牙流一樹

ちなみに、僕、男だろうと女だろうと、どっちにおもわれてもいいんです……。服装がアレだからね……おばさんによくトイレであやしまれます》（TP、二〇〇〇年）

上記の例のように、書き込みから相手が男性か女性かなどは、なかなか判別しにくい。こうした中で、プレイヤーたちは勘違いやすれ違いを繰り返しながら、友人を獲得していく。ここで重要なのは、ゲームセンターが年齢や性別、所属（会社員、フリーター、学生）の壁を越えて、いろいろな人と出会う場を提供しているということだ。とくに中高生など学年別に仕切られ、ほかの世代と知り合うチャンスもない人にとっては、ゲームセンターは社会勉強の場にもなり得る。学校などある特定の組織の中に居場所がなくても、多様な価値観をもった大人や子どもに出会うことができる。[*12]

また、友人をつくる方法としては自己紹介のほかに、《一緒にゲームをプレイしたい》と誘いの文句を書き込むこともある。

《九／二　ジュリッペさん今度タキ対戦して下さい。てらお》《九／二　『てら』さんって、むっちゃ強い人じゃないですか。どうぞよろしく（タキは、もっか練習、研究中ですが、私でよければ、ぜひ今度対戦しましょう）。byジュリッペ》《そんなことないって》（IS、二〇〇〇年）[*13]

●――確認行為

こうして知り合いが増えていくと、次第にゲームをプレイするためではなく、友人に会うためにゲームセンターに足を運ぶようになる。

《一〇／一四　今日は雨というのもあってか誰も書いていない。寂しい……UME》
《一〇／一五　UMEさんが来ないよ～。昨日来ていたのになぜ今日はまだ来ないのだァ？　うェ～ん。帰っちゃうね。LNA》
《一〇／一五　なんでもかんていだんを見てたんだい。UME》
《一〇／一五　LNAくん、そーいう時はゲームをしながら気長に待っていましょうね。店員S》
《一〇／一七　たった今、帰ってまいりました！　羽衣です！　でっかいにもつをもったまま、おじゃましております！　ゲームのない生活はつらかったです（笑）でもなんだかんだいってもけっこう楽しかったです！　（とくに八ッ橋工場!!）今日は、ゲームを一回やって帰ります。それでは……電玉リスナー羽衣》

《一〇／一七　羽衣さん　おかえり〜（省略）ＵＭＥ》《一〇／一七　羽衣さんお帰りなさい。八ッ橋工場と云うと、京都かな？　私も中学の時、京都だったが旅館のカベぶちこわした事しかおぼえてないなァ〜（立たされたね。朝の四時まで）ＬＮＡ》《一〇／一八　羽衣さんお帰りなさい。本当は面と向かい合ってお礼をいいたかったのですが、時間が合わなくて。お土産おいしくいただきました。どうもありがとうございます。Ｉのバイトを代表して……（省略）だいだい色ペン先生》（Ｉ、一九九七年）

もし、ゲームセンターが一人遊びの世界で成り立ち、人びとがゲームをプレイするためだけに来店しているのであれば、知り合いがいなくてもいっこうにかまわないはずだ。しかし、多くの人は誰か友人がゲームセンターにいることを期待して来店する。だから、来店するとすぐに顔見知りを探し、誰もいないことがわかると、寂しさを感じる。

そして、そのまま帰宅せず、来店したという足跡をコミュニケーション・ノートに残すことで、自分の存在をアピールする。それは、自分自身のためでもあり、後からやってくるかもしれない友人のためでもある。

ゲームセンターは会社や学校などの組織と違い、個々人の自由の場として機能する。誰がいつ来るかはわからないし、束縛もできない。必ず会えるという保証はない。だから、たとえゲームセンターで友人と会えなかったとしても、コメントを残すことで、「私は確かに、ここに来ましたよ。あなたを気にかけていますよ」というアピールになる。コメントを残しておけば、誰かが返事を書いてくれるかもしれない。つぎに来店したときに、誰かが自分のことを気にかけてくれていると、確認し、安心することができる。

〈羽衣〉は修学旅行帰りに真っ先にゲームセンターに足を運び、店員にお土産を渡し、常連客に自分の存在をアピールする。羽衣の〝帰宅〟を仲間たちは温かい言葉で出迎える。一部の人びとにとっては、ゲームセンターが居場所として機能していると言えよう。しかし、常連客ばかりでノート設置コーナーを占拠し、内々の書き込みばかりが綴られることで、初めて訪れる客にとって仲間の輪に入りづらい状況が生まれることも事実だ。そこに疑問を投げかける人もいる。

●――コミュニケーション・ノート上に生まれる閉塞感

《八／一九　このノート見て一言。『同じ人ばっかりじゃん!!』コミュニケーションノートでしょ？　なんか、話の内容もよくわかんない。格ゲーしないから。多分、誰かがこのノート見ても書くことないよう。多勢の格ゲーできない客の代表として書かせて頂きました。P. S. でもみんな絵うまいっす。ではでは。冷房ききすぎぃー。by new face》（M、年次不明）

新参者がコミュニケーション・ノートに書き込みにくくなる問題はどこのノートにもみられる。

コミュニケーション・ノートは見知らぬ他人を媒介し、つなげる役割を果たすが、いったんグループが形成されると、閉塞感を生むこともある。閉塞感によって新参者が参加しにくい状況を解決するために、ゲーム別にノートを作成するケースもある。こうすれば同じ趣味をもつプレイヤー同士であれば、ノートに書き込みやすくなるからだ。

しかし、ノートの種類を増やしても、グループがいったんできあがると、ほかの人が入りづらくなるのは変わらない。社交的な人間であれば問題はないのだが、もともとは、引っ込み思案な客同士のコミュニケーションを円滑にするためにノートが設置されているのであって、ゲームセンターに集まる若者が社交的な人間ばかりとは言えない。*14 こうした問題を克服できるかどうかは、ノートの管理人や書き手の中に問題に対して意識的な人がいるかどうかにかかわってくる。

八月二〇日には、管理人兼店員のチーフである〔いのひろ〕が《新規さんが入りにくい所だというのは分かるが、別に話を合わせなくてもいいですよ。自分の好きなネタふってみて。同好の士がいるかもしれませんので》と、書いている。〔new face〕の書き込みに、ほかの人はどう反応したのか見てみよう。

《八／二〇 〉このノート　なるほど、こりゃ入る余地がないように見えるわな。でもけっこうフリートークなんで（ノート初めての心得事を守ってくれれば）何だって書いてもOKでっせ。意外にもこういうのが好きっていう人が出ると思うんで。うん、そんなところ。オイラ？　オイラは全然OK!!　つーかチーフのいのひろ殿がそう書いてたウカツ……byT》

《八／二〇　※New faceさん》うーたしかに。格ゲーネタ多いけど、個人的にはDDRネタもおっけ……というかほしいんですが……。DDRとかBM&●DXネタとかならのれますですよー　赤人》

《八／二二　新顔さん》いわんとしてる事はわからないでもないですが、別に知り合い同志でノートを回してるわけではないですし、格ゲーの話が多いのだと思います。そんな事いわないで他のゲームの話をふってみればいいかがですか？　絶対といっていいほど、レスかえってくると思いますよ。レスおましています。らいあ¢—Z♡》

右記のコメントを見るかぎり、比較的、開かれたノートと言えよう。しかし、注意が必要なのは、〔new face〕が《書かせて頂きました》と謙虚に発言し、《でもみんな絵うまいっす》と相手を立てることを忘れず、《ではでは》と軽いタッチで文章を締めくくっているという点だ。〔new face〕は明らかに他者の視線を意識しながら文章を書いている。もし、これが相手の心情に配慮せず、相手を断定的に否定するような書き込みであったならば、常連客の態度も一変したことだろう。そうしたことを考慮すると、コミュニケーション・ノートの利用者には、リテラシー、コミュニケーション・スキルが求められていると言えよう。

6 〝素顔〟

●——身の上相談、心情の吐露の事例

「身の上相談、心情の吐露」は、ゲームセンターの仲間や不特定多数に対して、抱えている悩みを相談したり、寂しさや苦しい心情を吐露する内容を指す。特定の誰かを直接指名し、明らかにノート上か、あるいは面と向かってコメントを返してくれることを期待するような書き込みがある一方、不特定多数に向けた独白、日記のような形をとることもある。このとき書き手は〝素顔〟を露呈する。もちろん、演技じみた書き込みもあり、どこまでが〝素顔〟なのか判断が難しい部分もあるが、自分の心情を巧みに表現していると捉えることもできるだろう。

《一一／二五　みどりです。今日は学校で村八分（?）にされました。これか?　この青い髪がだめなのか!　ってかんじッス。金パツのときはまだ仲良かったのに……。人を外見で判断するのはやめましょう。（以下ゲームについての記述。省略）byみどり》《一一／二七　みどり。頭色落ちしてみどり色になった。はずかしい。さいきんDDRダメだな。調子悪い。学校にちょっとムカツキ。む～～　byみどり》（BJ、一九九九年）

《五／一二　イエーイ、今日一番のり!!　そりゃ午前中からいれば一番だろうな。今日は学校休み。ひさしぶりにねるかとか思ってたら、いえに一人でいたらさみしくなってきたので、マイハニーに会いにきました。でもゲーニッツにぼろぼろにされた。ごめんよ。まだまだ修業がたらんよ。本当。　BY椎名》（TF、一九九九年）

これらの書き込みに共通するのは、寂しさや、憤り、苦しみを示唆する表現がなされているにもかかわらず、〝ゲームをプレイしている〟ことについて触れている点だ。忘れてはならないのが、コミュニケーション・ノートはゲームセンターに置いてあるということである。基本的にはゲームをプレイするために来店しているのだ。そのうえで、ノートを見つけ、実際に手にとり、思い思いの気持ちを綴っている。

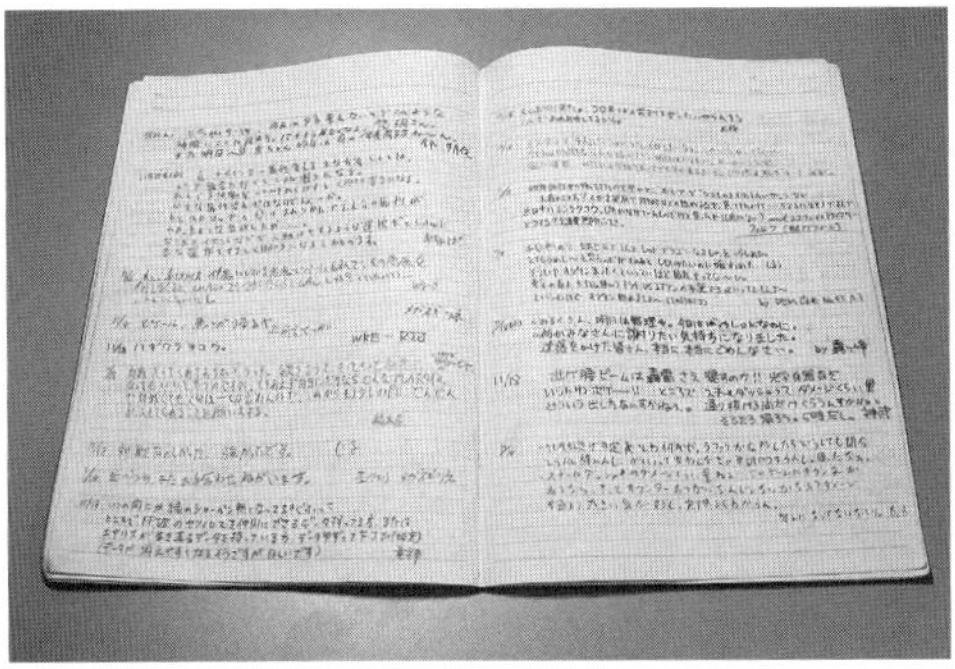

コミュニケーション・ノート

　そこで、もっとも重要であると思われるのは、ゲームがもつ「癒し」の効果だ。つぎの書き込みを見てみよう。《一七日　今日サービス券で一ゲームタダでDDRできた。シングルね。サービス券ためておくと、いいんだね。多分、やっぱゲームって、ストレス解消なるね。嫌な事忘れさせてくれる。今、友達からメールきてた。北海道のねって、もうもどってきたけど、今度、千葉で働くんだけどね。友達一緒に行こうってさそわれてるけど、郵便局の年末年始のバイト落ちたら行くつもり。でも、一回裏切られてるし、絶交メールきてさー。石巻の友達はいいんだけど、北海道にいた友達はちょっとなー。絶交メールよこされて、泣いたけどね。（省略）ＡＡＡ》（H、年次不明）

●──ゲームの癒し機能

〈ＡＡＡ〉が《やっぱゲームって、ストレス解消なるね。嫌な事忘れさせてくれる》と述べている点に注目したい。香山リカはゲームに「癒し」の機能があると仮説し、「たとえ学校ではあまりうまくいっていない子どもも、ゲームの中ではある世界に取り込まれ、そこで何かを成し遂げるという強い実感を得ることができる」と論じ、「彼らにとって、その『強い参加体験』は生きる上での命綱のようなもの」と語る。[*15]

香山によれば、ゲームをプレイすることによって、心理的には「受容と参加」のプロセスを踏む。香山は「抑うつ的な心境で顔を洗うのもおっくうなときでさえ、手強い敵との対戦ややっかいな謎解きが待っているとわかっていながら、ゲームならなんとかできそうな気持ちにな」ると自身の経験を述べ、「ゲームにはこちらがどんな状況であってもいつも同じように迎えてくれるある種の『やさしさ』がある」と論じる。「現実の状況や能力、地位とはいっさい関係なく」、自分を一人のプレイヤーとして受容してくれるゲームは「心が弱ったり傷ついたりしているときは、まずはその段階で『自分が守られている』という安堵感を持つことができる」。その受容感覚を経てゲームに没頭することで「強い参加の感覚」を得る。[*16]

学校や職場、家庭において、疎外感や空虚感を感じていたとしても、ゲームの世界が与えてくれる受容感覚と参加感覚によって、自分が肯定されているという感覚を得ることができる。香山の主張の背景にあるのは、離人神経症や統合失調症（分裂病）の患者が日常生活ではつねに緊張状態にあり、身動きがとれないのに対し、ゲームの世界では自由に行動していたからだ。しかし、香山は、ゲームにおける情動が人間の心や脳に影響を与えないと考えるのは不自然とし、その影響が良い方向、悪い方向のどちらに変化を促すのか不明だと述べる。[*17]

これに対し、西村清和は「癒し」の効果を認めつつも、ビデオゲームの悪影響論と香山の〝肯定論〟の主張がともに、「現実のシミュレーションとしての虚構の物語世界を、その物語の主人公として生きる体験だという認識を共有している」と指摘し、両論を退けている。ビデオゲームは、『「ゲーム」』の趣向を楽しむ遊びであって、『ストーリー』を生きる経験とはちがう」という。[*18]「癒す」はもともと自動詞の「癒える」が他動詞として使われたものだ。[*19] 近年の「癒し」ブームなどでみられる事例では、「嫌なことを忘れさせ、気持ちが軽くなる」ぐらいの意として用いられている。「癒し」という言葉の使われ方も曖昧であり、ストレス解消を意味するのか、治癒・治療を意味するのか明確ではないが、少なくともゲームをプレイしただけで、現実社会で抱えるさまざまな問題が解決するわけではない。[*20]

問題を解決するためには、いずれ自己や他者、あるいは問題そのものに向き合う必要がある。ゲームで癒されたと感じることができても、問題自体が消えてなくなるわけではない。結局、堂々めぐりとなる。もちろん、すぐに向き合えば何でも解決し、苦しまなくて済むというのは安易な考え方で、一方的に傷つけられ、途方に暮れることも人生にはある。心の傷を癒すためには、時の流れが必要なこともあるだろう。

ゲームをプレイしたときの癒しとは、一時的なものだとしても、ゲームをプレイし没頭している間だけは、脳裏から離れない嫌なことを忘れられる体験と考えるべきだ。もし、治療効果があるとするならば、ゲームは問題に向き合い痛みに耐えるために時間と余裕を与え、治療に対する準備を整えてくれるものだろう。精神疾患の患者がゲームの世界で自由に振る舞えるのは、井上俊のゲーム論を参照するならば、ゲームの世界があいまいな日常的現実から区別された仮構の世界であり、明確で一義的なルールに支配されているからだ。この世界は、多かれ少なかれ現実とは違った仕方で構造化されており、[*21]遊びのメタ・コミュニケーションの微妙な調整などが不必要である。[*22]

西村によれば、「遊び手とは、かけがえのない『個』として、他に対向してひとつの役割と責任をになっている実存ではなく、遊びのルールによってきめられた鬼ごっこの鬼や子のように、つねに他と交代可能な『項』として、実存のきつさをまぬがれている」。そして、遊び手は「自在でかろやかな存在を享受することができる」からこそ、遊びが「癒し」となるし、「そこからあらためて企ての主体の再構築へ向かうとき、それは治療ともなるだろう」と結ぶ。[*23]

香山がビデオゲームに癒し機能を見出そうとしたのに対して、西村は遊びに癒しの機能を見出した。しかし、ゲームと遊びの世界におけるインタラクション性や自在性が「癒し」に関連しているだけでなく、香山の議論で見落としてはならないのは、香山自身が子どもたちと同じ目線で、彼らと同じ興味や関心を共有し、寄り添い、共感を寄せている構造である。

香山は、学校に行けず、友人もいなくて家族ともうまくいかないうえ、日常的にイライラしている子どもに「ふつうに問診しようとしても、もちろん答えてくれるわけもなく、どこから接触をはかってよいかと途方に暮れてしま」うという。香山は、両親から「これでもファミコンだけは何時間でもやっているんですよ」と聞いても、ゲームの悪影響を確信するのではなく、ゲームが子どもたちの「閉ざされた心」に入り込んでいることに驚き、「その子どもの心と外の世界をつなげるテレビゲームという細い糸にすがるようにして、必死に話しかけをしてみる」。うつむいた子どもが「得意のテレビゲームの話」になると安心した顔を見せるという。香山は、テレビゲームを介して子どもたちと「なんとか〝出会って〟き」た。[*24]

ゲームは出会いのきっかけとして機能したが、子どもたちが心を開いたのはゲーム自体だけではなく、子どもたちの興味の対象であるゲームを頭から否定しない香山の姿勢に対してである。子どもたちにとって香山は、医者というだけでなく、同じ趣味を共有する数少ない大人の遊び相手でもあった。

強迫神経症と診断された「シロウ」の治療を前任の精神科医から受け継いだ香山は、気まずい雰囲気だったのがふとしたきっかけで、互いに同じソフトをプレイしていることを知り、「まるで以前から友だちだったように」ゲームの話で盛り上がる。

シロウはゲームが巧くても周囲の人びとからほめられた経験をもたない。香山からゲームが巧いことを感心されると「まず意外そうな顔をして、それから照れ臭そうに」笑顔を見せたという。香山はゲームが上手であることは、スポーツで優勝し、試験で満点をとることと「まったく同じ価値を持つように思える」が、「現実の社会の中では、算数満点の子はすべての人からほめられ」「シロウがいくらゲームでがんばっても」評価されることはないという。「『ゲームばかりやって』と大人から怒られるのが関の山」である。[*25]

シロウの強迫症状は、ある日を境に急激に改善されていくが、単純にゲームに熱中すれば症状が改善されていったわけではなく、改善されていくまでには強迫症状が悪化することもあった。それでも、香山はシロウとゲームをしながら、忍耐強く待ち続けた。父親の転勤で引っ越すことになったシロウの治療を、他の精神科医に引き継ぎ、二人の関係は医者と患者ではなくなるが、時折、電話を掛けてきてシロウは「自分の存在を知らせてき」たという。香山は、ゲームの名前が口にされるだけで、互いに同じゲームをクリアするのに苦労した体験が「一瞬にして伝わる」と述べ、「そうやって確認し合う関係」が「なにかかけがえのない関係」であったと強調する。[*26]

以上の語りから読み取れるのは、香山がゲームを介して彼らと同じ目線に立ち、彼らが没頭する遊びを否定することなく、時には心から感心し、ありのままの相手を受け入れていることだ。ゲームの受容感覚と参加感覚によって、精神疾患の患者がゲームにだけは何の症状も呈せずにプレイできたとしても、現実の社会へと一歩踏み出す後押しをしたのは、子どもたちにとっての他者である香山である。

●——書くことの効用

ルールに支配されてはいるものの「実存のきつさ」を免がれ、自在で軽やかな存在を享受できる世界で自己が抱える心理的な負荷を軽減させ、同じ趣味をもつ他者と出会い、交流を重ねることで、自我を再構築させていく。ゲームはそのきっかけとなるが、コミュニケーション・ノートはその契機を促進し手助けしてくれる。

フロイトやユングは自身が精神病的な状態に陥ったとき、実在の人物、想像上の人物といった第三者を想定して「書く」ことで回復したが、永井撤は森田療法とも重ね合わせてフロイト、ユングの治療法の共通点を見出し、心理治療的な意義が「第三者を想定した形で書いているところに」あると論じる。[*27]

ペネベーカーは「書く」行為によって、PTSDなどを克服できることを実証している。思考や感情、行動を自ら抑制すること(能動的抑制)は生理的な負荷、ストレスを増大させ、身体的・生理的障害を引き起こす。これに対して向き合うことは、重要な経験について積極的に思考し、発話し、情動を自分で認めることを意味する。抑制していた経験を語り、筆記することによって、その経験は言語化される。それによって理解を深め、トラウマ経験は過去のものとなるのだ。[*28]

幼少の頃から両親に虐待を受け、学校ではいじめの対象となった〈ジュン〉(二五歳・見習い占い師、一九九九年四月八日)は、現実の社会で自尊心を傷つけられていた。《自分の存在を消したい》とコミュニケーション・ノートに吐露することもあった。しかし、そうした現実世界から離れ、平等の世界を構築して遊ぶゲーム[*29]は、〈ジュン〉に一方的で理不尽な暴力は決してふるわなかった。コミュニケーション・ノートによって「救われた」という〈ジュン〉は、友人ができて明るくなり、自己主張ができるようになったと喜ぶ。「着の身着のまま書いていて、もう、それ自体が人との架け橋になっている」。そこにはもう他人の顔色ばかりうかがい、うつむいている姿はなかった。コミュニケーション・ノートを通して少しずつではあるが、自尊心を獲得していったのだ。

渡辺潤によれば、書くことは本質的に孤独な行為であるが、所属集団から離れて独りになることで自己の存在を実感し、他者との関係、所属集団、社会を見つめ直す余地をつくり出す。[*30] ゲームセンターは家庭や職場、学校といった強制的な性格をもつ集団から隔離された自由な場所だ。その性格に加え、コミュニケーション・ノートは書く行為を通じて身のまわりの環境や自己の存在を見つめ直す絶好の機会を与える。しかも公開を前提としたコミュニケーション・ノートは他者からの反応をもらいながら、自分と向き合うことができる。

これまで示してきたように、コミュニケーション・ノートに自分の気持ちを吐露することで、〝素顔〟が表れる。そこには、〝客〟でも〝プレイヤー〟でも〝ゲーム以外の関心をもつ私〟でも〝常連〟でもなく、〝素顔〟の自分という立場で存在する。もちろん、そこには虚飾性に満ちた書き込みをする場合もある。来店する人びとはゲーマーばかりではない。たまたま足を踏み入れた人もいるし、友人に連れられて入店した人もいる。ゲームにはとくに触れず、書き手は、まるで日記を書いているかのような形で心情を吐露している事例もある。

こうした書き込みは、誰に相談するわけでもなく、独白的な内容で日記形式に近い。日記は自己との対話であり、自己批判や自己弁護が含まれる。日記であれば他人に読まれることを意識しないと思われがちだが、実際には他人に読まれることを意識している。[*31] 依田新は日記を書く青少年（男女）の心理について、「かれらは自分自身の弱さを意識して、それを他人の目からかくそうと努力しながらも、同時に、『聴き手』を求めている。かれらは自己に対して真実を求めながら、また同時に真実の暴露を恐れている」と論じる。[*32]

さらに渡辺によれば、若者に限らず日記がもつ特性として、あるがままの自己ではなく、あるべき姿、あるまじき姿など、きわめて虚飾の多い自己の像を好んで描き出す。正直な自己に対峙する瞬間が、かえって正直ではない自己を強く自覚させるものだ。[*33] ましてや、公開を前提としたコミュニケーション・ノートでは、虚飾は当然であろう。遠藤由美が論じるように、記憶をたぐり寄せて記述する日記は、真実を書こうと心がけたとしても、物語の読み替えが起こる。日記は綴る、読み返すといった循環的行為を通じて、異なる自己を発見し、新たな自己をつむぎだすかけがえのない場、時間、行為そのものである。[*34]

コミュニケーション・ノートは他者を意識しながらも、時には思いの丈を綴り自己と向き合い、新たな自己を発見し、物語を読み替え、自我を再構築する契機となる。他者の好意的な反応は自己肯定感ともなる。すなわち、書くことは自分自身を「癒す」行為につながるが、公開を前提としたコミュニケーション・ノートでは共感的な他者の存在が欠かせない。

●——自己解放の場としてのゲームセンター

本章では、ゲームセンターに置かれた一冊のノートを介して若者たちが互いに交流し、小さな社会を形成していく様子を明らかにした。書き手は、「店に対する要望、苦情」＝〝客〟、「純粋にゲームに関する情報」＝〝プレイヤー〟、「ゲーム以外の世間話」＝〝ゲーム以外の関心を持つ私〟、「仲間づくり、確認」＝〝常連・仲間〟、「身の上相談、心情の吐露」＝〝素顔〟と、記述する内容によって、立場が変化していることを中心に論じ、そこに集まる若者の背景を探った。

かつて寮生活を送りながら学校に通っていた〈ＢＡＣ〉（二三歳・ＣＧグラフィッカー、二〇〇一年七月六日、東京都新宿区）は、寮でも学校でも孤立していたという。当時、〈ＢＡＣ〉に居心地の良い場を提供してくれたのは、ゲームセンターだった。コミュニケーション・ノートを介して気の合う友人をつくり、格闘ゲームの技について意見を交わす。次第に友人と会うためにゲームセンターへと足を運んだ。「最初はたんにゲームやりたくてきていたんですけど、ゲームセンターにきている人たちと話すこともなければ、えらい寂しいヤツというか、えらい暗い人生だったでしょうね」。その後、〈ＢＡＣ〉はゲーム業界に就職し、ソフト開発に携わるようになる。かつての夢をかなえたのだが、「クリエイティブなものを作ろうとしている自分と、会社の指示通りにある程度機械的に仕事をやっている自分」の間で揺れ動いていた。また、ゲーム業界は活躍できる寿命が短いため、将来に不安を覚えることがあるという。「ゲーセンでは『ＢＡＣ』っていう人間をつくらないと、消化できないんですよ。ある程度、素になって何でも言える環境を自分で用意していないと、とてもじゃないけど支えられないですよ」。

コミュニケーション・ノートは世代と時間を越えて人びとをつなげる役割を担っていたが、そこは日常生活における支配的なイデオロギーを異化する場でもあった。すなわち、家庭、学校、職場の抑圧的なイデオロギーの中で、つねに他者をモニタリングしながら相手の望む自分であろうと、自己を抑制し続ける若者にとって、一つの自己解放の場としてゲームセンターは機能している。

註

＊1　些末なこととして扱われていると述べた根拠は、以前、筆者が桐谷克己AOU事務局長にコミュニケーション・ノートの研究、調査の有無を質問した際（東京都千代田区のAOU事務局、二〇〇一年六月一一日）、そうした文献がいっさいないと前置きし、「あんなものを調べて何になるのかわからない。うち（AOU）でも調査するつもりはない」と語ったことから推測した。

＊2　『月刊アルカディア』（二〇〇〇年一一月）第一巻第六号、六九頁。

＊3　常連客〔としくん〕の証言を参考にしている。前章も参照。

＊4　総合研究開発機構編（一九八三）『若者と都市』学陽書房、一〇五―一〇七頁。

＊5　山根一眞（一九八六）『変体少女文字の研究』講談社、七五頁。

＊6　ゲームはそれぞれ難易度が設定されていて、敵の強さや弾の着弾などの判定を厳しくしたりやさしくして、レベルを変えることができる。難易度を高く設定すれば、上級者にとってはスリリングなものとなり楽しめるが、初心者はすぐにゲーム・オーバーとなり敷居が高くなる。逆に難易度を低く設定すると、初心者にも楽しめるようになるが、上級者には簡単すぎてすぐにクリアできてしまうため、すぐに飽きてしまう。難易度の設定によって、客の来店者数に影響がでるため、店にとっては客層を見極めることが重要になる。だからこそ、店にとってもノートが重宝されるのだ。ただし、初心者が多く、難易度を低く設定しても、ワンコインでのプレイ時間が長くなりすぎると、回転率が下がりインカムが望めなくなってしまうため、慎重な経営戦略が必要とされる。

＊7　［ＰＤ］のコミュニケーション・ノートを眺めると他の二店舗とくらべて書き込み自体が少ないとわかるが、それ以上にイラストがほとんどないことに気づかされる。「コミュニケーションノート№23」（二〇〇二年八月一七日〜二〇〇三年九月四日）の書き込みを調べると、八／一三（一）、一七（一）、二〇（二）、吉日（一）、二三（一）、二四

（三）、二五（三）、二六（一）、三〇（一）、九／二（一）、四（一）と、約一カ月の間で短いコメントが一六あるだけで夏休み期間にもかかわらず少ない（日付と書き込みの数は、月／日（書き込み数）の形式で示す）。逆に夏休みで大学生がいないことも考慮し、六月を調べてみると六／二（一）、四（一）、五（一）、八（四）、一三（一）、一四（一）、一五（一）、一六（一）、一八（一）、二二（二）、二五（一）、二七（一）となっており、短いコメントが一六でやはり書き込み自体が少ない（書き込み量の多寡は筆者の主観的な感想であるが、一日に二〜三頁進むことは稀ではなく一見して活気が伝わってくるコミュニケーション・ノートもある）。ノートは二〇〇二年八月一七日から二〇〇三年九月四日まで約一年間にわたり使用されているが、あと半分ぐらい残っていた。イラストは六点だけであった。

*8 前掲 Caillois（1958＝一九九〇）『遊びと人間』、八二頁。

*9 自己紹介の項目はつぎの通り。ペンネーム／スコアネーム／年齢／性別／血液型／職業／住んでいる町／好きなゲーム／好きな色／好きな芸能人／好きなスポーツ／好きな音楽／好きなキャラクター／好きなマンガ／好きな花／好きな言葉／好きな食べ物／自己紹介・PR。

*10 山根によれば、変体少女文字は、一九七二年頃に萌芽し、一九七四年に誕生、一九七八年に急速に普及した。前掲山根（一九八六）、八八、九二頁。

*11 大塚英志は、ある少女漫画家の家に届いた少年からのファンレターのうち、一〇人に二、三人は変体少女文字を使用していると論じる。大塚英志（一九九七）『少女民族学―世紀末の神話をつむぐ「巫女の末裔」』光文社文庫。山根の調査でも、変体少女文字を書く男子は、全国の中高生三〇二一人中、中学で一〇パーセント、高校で一八・六パーセントとなっていた。前掲山根（一九八六）、二〇二頁。

*12 もちろん、そうした人びとの中には反面教師となり得る人もいる。ノートに落書きし、ほかの客とケンカをはじめる人も少なからず存在するからだ。そうした人びとを「あらし」と呼ぶが、落書きに関しては第5章で扱う。

*13 〔てらお〕が謙遜して書き込んでいる。

*14 「JK」（千葉県柏市、二〇〇〇年一一月四日）のY店長は、客の要望で一〇年以上前（一九九〇年頃）からコミュニケーション・ノートを置きはじめた。店には漫画家を目指す若者などが集まるようになり、Y店長は次第にこうし

た青少年に居場所を提供することを心がけるようになった。「子どもたちを見ていると、遊びで来ていて仲良くなってもお互いに干渉しない部分がある。だから、打ち解けて話せるんだけど、他の話ができない子は多い。ノートが置いてある隅で溜まっている子たちを見ると、暗いイメージあるし、一般の人が引いちゃう部分ある。だから、どうかなと思うこともあるよ。でも、昔からノートがあるし、内気でこういう所で喋れない子がいるから、あえて置いてる。ここに来る子たちが仲良くなってほしいと思うからね。子どもたち通ってくれるからさ、楽しくやってほしい。バイトも常連の子には優しく話しかけるようにしてる。口に出して聞いたりできない子ばかりだから。そんな子たちでも、ノートというワンクッションをおけば話せるようになるんですよ。子どもたちを見ているとそう感じる。お店に対する愚痴でも直接店員には言えないけど、ノートを通してなら言えるとかね」。

＊15 前掲香山（一九九六）『テレビゲームと癒し』、七三頁。

＊16 同前香山（一九九六）、一八八―一九二頁。

＊17 同前香山（一九九六）、一七八頁。

＊18 西村清和（一九九九）『電脳遊戯の少年少女たち』講談社、一三六頁。

＊19 『毎日新聞』（二〇〇一年一二月一八日夕刊）で鷲田清一は、癒しブームについてこう語る。「もともと『癒える』って自動詞でしょ。それが、いつの間にか『癒やす』『癒やされる』なんて他動詞になった。傷が癒えるのは時間がかかる。自然にかさぶたができて、ふさがるのを待つしかない。心の傷なら、ああだこうだと妥協を繰り返してね」。

＊20 〔AMIG〕は、嫌な体験、つらい体験をしたとき「ゲームだったらゲームでぇ、それだけにはまって忘れさせるっていうほうが多い」と述べ、「それで、こう終わって、やっぱゲームをやった後って、ゲームのことで頭がいっぱいになるじゃないですか。だから、それで忘れて、何かそういうこと（つらい体験）がピョコンって出てきたら（思い出されたら）『あううん』（もだえる）って感じ」と語る（カッコ内筆者）。

＊21 前掲井上（一九七七）『遊びの社会学』、四、七頁。

＊22 前掲西村（一九九九）、一四二―一四三頁。

＊23 同前西村（一九九九）、一四二―一四三頁。

＊24　前掲香山（一九九六）、八六―八九頁。

＊25　吉井博明は、テレビゲームの影響を親と子がどのように認知しているか調査している。テレビゲームをやることで、「親にしかられること」が増えたと回答した者は二三パーセントで、変わらないと答えた者は五八パーセント、減ったと答えた者は一六パーセントだった。逆に「子どもをしかること」が増えたと回答した親は三八パーセントで、変わらないが五〇パーセント、減ったが四パーセントだった。「子どもをしかることが増えた」と回答した親は、子どものテレビゲーム遊びが週四日以上になると、過半数（五二パーセント）に達した。前掲吉井（一九八七）『テレビゲームと子ども達』、二二―二三頁。

＊26　前掲香山（一九九六）、一二〇―一三二、一五五―一六四頁。

＊27　永井撤（二〇〇〇）「心理治療と日記」川浦康至編『現代のエスプリ　日記コミュニケーション』至文堂、一五一頁。

＊28　Pennebaker, J. W. (1997) *Opening Up: The Healing Power of Expressing Emotions*, The Guilford Press.＝（二〇〇〇）余語真夫監訳『オープニングアップ―秘密の告白と心身の健康』北大路書房。

＊29　前掲作田（一九六八）「遊びの社会的機能」、五二頁。前掲井上（一九七七）、三一―一〇頁。

＊30　渡辺潤（一九八九）『メディアのミクロ社会学』筑摩書房、一五四―一五五頁。

＊31　依田新（一九五〇）『青年の心理』培風館。依田新（二〇〇〇）「青年の心理―日記」川浦康至編『現代のエスプリ　日記コミュニケーション』至文堂。川浦康至・大野久・相川充・三浦麻子（二〇〇〇）「座談会　日記コミュニケーション」川浦康至編『現代のエスプリ　日記コミュニケーション』至文堂。

＊32　同前依田（二〇〇〇）、九九頁。

＊33　前掲渡辺（一九八九）、一五七頁。

＊34　遠藤由美（二〇〇〇）「過去記憶と日記、そして自己」川浦康至編『現代のエスプリ　日記コミュニケーション』至文堂、九六頁。

第4章 イラスト・ノート

1

キャラクター志向

●——イラスト表現の発展

　コミュニケーション・ノートには、各自のコメントとともにイラストが添えられることもある。人気のあるゲームのキャラクター（以下、ゲーム・キャラと略記）をはじめ、マンガ、アニメのキャラクター（以下、アニメ・キャラと略記）[*1]、自作のオリジナル・キャラクターのイラストが描かれている。店舗によってはコミュニケーション・ノートのほかにイラスト専用のノートを置くこともあり、それらを「イラスト（・）ノート」と名付けることが多い。[*2]

　書き手は、イラスト好きの中高生、大学生、コミック・マーケット（以下、コミケと略記）の人気作家、プロのイラストレーターなどが確認できる。[*3] なかには、イラストを描くだけでは飽き足らず、独自の発展形態をみせることもある。たとえば、「JB」（山形県山形市）に置かれたイラスト・ノートでは、格闘を題材にした自作マンガが何十作にもわたり「連載」されている。さらに、

［I］（東京都豊島区）や［K］（千葉県市原市）では、イラスト好きの常連が集まって作成したマンガの同人誌がコミュニケーション・ノートとともに店舗内に置かれている。

このような状況から、ゲームセンターに集まる若者たちは産業が提供する商品を受動的に消費するだけでなく、主体的な実践を通して社会を形成していることがうかがえる。店にとっては客の声を吸い上げるというサービス業における一つの戦略でもあったコミュニケーション・ノートの意味を、ゲーマーが読み替え、客同士のコミュニケーション・ツールへと変化させていった。さらに、本来ゲームをプレイする場において、文字だけでなくイラストを書き込み、自己表現する過程で仲間を募り、同人誌という作品を共に作り上げ、それを公開する場へと変容させたように思われる。

本章では、こうしたゲームセンターに集う若者たちの事例を通して、イラスト・ノートにおいてイラストがどのように機能しているのかを検討し、若者のコミュニケーションの一端を呈示することを試みる。

●——アニメ、マンガ、ゲームのジャンル越境

コミュニケーション・ノートに描かれるイラストは、ほとんどキャラクター（以下、キャラと略記）であるが、ゲーム・キャラだけでなく、ゲームとは直接関係ないように思われるアニメ・キャラなども描かれる。これはイラストを分析する前に、避けて通れない問題として考察する必要があるだろう。なぜなら、ゲームとアニメ、マンガは基本的にジャンルが異なり、ゲーム以外のキャラがゲームセンターに設置されたノートに描かれる点に矛盾が生じるように思われ

るからだ。

同種の矛盾はメディアにも如実に現れている。たとえば、業務用ゲーム雑誌『月刊アルカディア』には、コスチューム・プレイ（以下、コスプレと略記）の投稿写真コーナーがある。[*4] ここでもゲーム専門誌にゲーム・キャラだけではなく、アニメ・キャラがモデルの対象となっている。投稿規定には、「ジャンル不問です。あなたの自慢のコスプレ写真をお送りください」（二〇〇〇年一一月）とある。紙面に掲載されている写真は全部で七枚あり、そのうちアニメ・キャラは三枚が使われている。

アニメ・キャラのコスプレならば、『アニメディア』などのアニメ雑誌に投稿するのが「普通」ではないのかと疑問がわいてくるが、同編集部はこうした矛盾点に気づいている節がある。投稿規定の別バージョンとして「基本的にはアーケードゲームが中心ですが、あなたの自慢のコスプレ写真ならジャンル不問」（二〇〇三年二月）と、業務用ゲームに登場するキャラが一応、強調されるようになっている。

これは、どこの編集部でもみられるように、業務用ゲーム専門誌として他誌との差異化を意識した編集方針の基本姿勢にすぎないのであろうが、意図的にジャンルの越境がなされている点に留意したい。

しかし、こうした越境にも一定の枠があり、「アニメ」「マンガ」「ゲーム」といったジャンルをひとまとめにして、一つの大きなジャンルを形作る傾向もみられる。たとえば、月刊誌の『Find Out ふぁいんどあうと』には、副題として「アニメ・コミック・ゲームファンの為の個人情報交換誌」と記されている。[*5] 同誌は、読者が投稿したイラスト、写真、文章を中心に扱い、同人誌や同人グッズの交換、サークル活動の仲間募集、同人即売会のイベント情報などで誌面が構成されている。表紙は投稿イラストから抜擢されており、誌面にはアニメやゲーム・キャラで埋め尽くされている。また、同誌にも「コスプレ写真館」と題したコーナーが設けられ、アニメやゲームのキャラに扮しポーズを決めた人びとの写真が掲載されている。

イラスト・ノート

これらの事例が示しているのは、異なるメディアで活躍するキャラがジャンルを越境すると同時に、一つのカテゴリーで括られているということだ。また、『アルカディア』には、コスプレ写真だけでなくイラストやフィギュアを紹介する投稿企画もあり、キャラはじつに多様な媒体を用いて表現されている。つまり、同一のメディアに違うジャンルのキャラが出現するとともに、同一のキャラが異なるメディアで現れているのだ。

日本でキャラが脚光を浴びるのは、手塚治虫のマンガ『鉄腕アトム』がアニメ化された一九六三年とされる。[*6] バンダイキャラクター研究所によれば、同作品は最高視聴率四〇パーセントを稼ぎ、翌年には八〇〇アイテムを超えるグッズが販売されたという。[*7] 当時の産業における販売戦略は、雑誌に連載されたマンガがアニメ化され、文房具など関連グッズが商品化される流れがあった。九〇年代に入りメディア・ミックスが台頭すると、消費者はさまざまな媒体を通して、ある作品やキャラに接触することになる。

メディア・ミックスとは、「広告等においてその効果をより高めるため、多様化したメディアを複数個組み合わせて同一の商品・サービスの広告活動を行うこと」[*8]である。ゲームやアニメ業界ならば、マンガ、テレビ、映画、ビデオ、CD、ゲームといったメディアを活用し、ある作品やキャラクターグッズなどの商品を〝同時多発的〟に販売促進する戦略を指す。

アニメ業界におけるメディア・ミックス戦略で大きな成功をおさめたのは、一九九五年にテレビ東京系で放送された『新世紀エヴァンゲリオン』（通称、エヴァ）だと言われる。[*9]同作品は、アニメの製作会社GAINAXがキングレコードと手を組み、スポンサーとして角川書店とセガ・エンタープライゼスがバックアップした形で展開され、ビデオ、CD、書籍、ゲームなどさまざまな「エヴァ・グッズ」が商品化され人気を博した。

もっとも、鉄腕アトムがヒットした時代のように、もともとマンガやアニメは作品に登場するキャラを商品化して利益をねらう戦略がとりやすかったとも言えるだろう。そのことは、受け手の志向性にも大きな影響を与えたように思われる。

たとえば、ゲームセンターに足繁く通う〔繰凪猫（くりなぎ・まお）〕（一八歳・専門学校生、二〇〇一年六月三日）は、絵を描くこと、アニメやマンガ、音楽鑑賞を趣味とし、音楽は、アニメ・ソングとゲームのサントラを好んで聴いている。ゲーマー、とくにイラストの書き手にはアニメやマンガを志向する傾向がみられる。こうしてみると、アニメ、マンガ、ゲームの間には重要な共通項があるように思われる。結果的に言ってしまえば、そこには「構築される世界観」が重要な役割を果たしている。

●──世界観を構築するという共通性

週刊誌に連載されたマンガはたびたびアニメ化されているが、アニメやマンガの舞台もまたゲームに移植されている。『機動戦士ガンダム』『ジョジョの奇妙な冒険』『ガルフォース』『はじめの一歩』『ドラゴンボール』など、じつに数多くのマンガ、アニメがパソコン・家庭用・業務用ゲームとして商品化されている。

逆にゲームのヒット作がマンガ・アニメ化されるケースもある。筆頭に挙げられるのは、社会現象となったファミコン用ソフト『ドラゴンクエスト』だ。同ソフトは『週刊少年ジャンプ』や『月刊少年ガンガン』などで連載、アニメ化も実現している。他にも一部例を挙げると『ファイナルファンタジー』のアニメがテレビ東京系列で放映され、『スーパーマリオブラザーズ』がアニメ版として映画化されている。

もちろん移植といってもアニメのコマ送り通りにゲームが進行するわけではないし、逆にそうしてしまったならばプレイという主体的な行為の面白さは消失してしまうだろう。同様に、ゲームの進行通りにアニメ化できるわけでもない。ゲームは最終目的を達成するために試行錯誤を重ねる遊びであるがゆえに、プレイヤーによってエンディングへと至る過程は無限とも言えるからだ。それにもかかわらず移植可能なのは、アニメ、マンガとゲームの各作品に固有の世界観が構築されているからだ。
アニメやマンガには必ずストーリーがある。サッカーやボクシングなどのスポーツ、ドラゴンや魔法使いが登場するファンタジー、学校や会社での人間ドラマなど、それぞれジャンル分けされ、舞台が設定される。さらに、友情や成功、純愛といったテーマが設けられ、少年の成長物語やサラリーマンの昇進物語、有名人のサクセス・ストーリーが描かれる。時代、世代、地域、性別など詳細な設定のうえに構築される世界観があるからこそ、視聴者・読者は抵抗感なく物語の中に入っていける。
大塚英志は、こうした世界観を「大きな物語」と呼び、一回分のドラマを「小さな物語」と定義する。「アニメ番組で描かれた表向きのドラマは、〈世界観〉という全体から見た時、この大きな世界の中で任意の一人の人間を主人公に選び、その彼の周囲に起きた一定期間内の出来事を切り取っただけのものに過ぎなくなる」が、そこに移植の可能性が生まれる。なぜなら「主人公を別の人間に置きかえるだけで、そこには無数のドラマが理論的には存在し得ることにもなる」からだ。[*10]
それは、ゲームにおいても同様である。プレイヤーはたんに敵機を撃ち落とし、パズルを組み合わせ、ダンスを披露[*11]するわけではない。そこには必ず、ある世界が構築されている。[*12]地球を侵略しようとする宇宙人から人類を守る、さらわれたお姫さまを助ける旅に出る、世界一の格闘家になる……。こうした物語がゲームの世界をよりリアルにする。[*13]
一見、何の世界観もないように思われる音楽ゲームでさえ、ガレージやコンサート会場、ディスコのお立ち台、祭りの櫓といった舞台が想定され、プレイヤーはその世界観に酔いしれる。ある世界を作り上げ、そこである物語を共有するメディアだからこそ、ゲームとアニメは互いに移植が可能となる。そして、アニメの視聴者やマンガの読者、ゲームのプレイヤーは、ジャンルを超えて、構築された世界に没頭できるようになる。[*14]

そして、こうした世界に自己を投影し、遊んでいることをより鮮明に視覚化させた現象がコスプレであろう。幕張メッセで開かれる国内最大のゲームの祭典「東京ゲームショウ」(主催コンピュータエンターテインメント協会)には、『ガンダム』『NARUTO』『これが私の御主人様』といったアニメ・キャラ、『KOF』『ファイナルファンタジー』『真・三國無双』などのゲーム・キャラのコスプレをした人びとが集う。[*15]カメラの前で人びとは、自分が扮するキャラの動きを真似てポーズを決める。会場は、こうした〝コスプレイヤー〟たちが自分の衣装や感性、ポーズを披露する自己表現の場となっている。

また、プリクラ・コーナーに貸衣装を用意しているゲームセンターも数多く見受けられ、コスプレイヤーでなくとも客は制服やドレス、かつらなどを着用し、コスプレを楽しめるようになっている。このような状況からみえてくるのは、「キャラクター志向」だ。アニメ・ファン、ゲーマー、コスプレイヤーのいずれもキャラという共通するアイコンに関心を寄せている。

●――キャラクター・アイコン

[SE](東京都秋葉原、二〇〇三年一〇月一七日)の一階にはクレーン・ゲームが並ぶ。マシンは全部で二九台。そのうち九台、約三分の一の景品がフィギュアだ。『聖闘士星矢』『ドラゴンボール』

『機動戦士ガンダム』『セーラームーン』『エヴァンゲリオン』『ラブひな』……。アニメ・キャラが所狭しと展示されている。とくにエヴァの登場人物、「惣流・アスカ・ラングレー」「綾波レイ」は、男性客に人気があり、約一〇分間で四人がプレイしていった。なお、綾波のフィギュアは猫耳、水着、エプロン姿、アスカは体操着姿だ。ゲーム・キャラでは、カプコンの格闘ゲーム・キャラ二体がフィギュアになっていた。このようにゲームセンターには、アニメ・キャラ、ゲーム・キャラを問わず、キャラクター・アイコンが溢れ返っている。

クレーン・ゲーム景品のフィギュア

同店舗三階の格闘ゲームフロアに設置されているコミュニケーション・ノートには、こう記されていた。《二〇〇三／九／三〇　キャラクター萌えの為　最近　月華の剣士を始めましたがなんつうか、システム的に肌に合わないのデス。残念。響とか小次郎とかとてもイイんですがネ。by海原》。

大意はつぎの通りだ。《登場するキャラクターがとってもかわいい（素敵な）ので、『月華の剣士』というゲームをプレイし始めた。でも、このゲームのシステム（操作性）に自分は馴染めず、没頭してプレイできない。残念だ》。（海原）は、ゲームをプレイしはじめた理由に、キャラの好みを挙げている。そして文章の脇には、着物姿の女性が大きく描かれている。キャラ、イラスト、ゲームの関係が、あるプレイヤーにとっていかに重要で、重なり合っているかがうかがえる。

人びとはテレビ、映画、本といったメディアを通してアニメやマンガのストーリーを楽しみ、キャラを愛好する。それは、受け手の「覗く」という行為によって支えられる。[16] つまり、テレビや本というメディアの特性として、見るものは一方的にメッセージを受信する受け手として存在する。それに対してゲームは、受け手が主体的に参加できるメディアである。[17]

〔海原〕はアイコンに魅力を感じ、ゲームをプレイした。そこからみえてくるものは、人は受け手として受動的な存在に甘んじていられないということだ。子どもたちは、『ウルトラマン』や『仮面ライダー』など勧善懲悪ヒーローものの番組を熱心に見た後、ヒーロー「ごっこ」を楽しむ。自分が受け取ったメッセージを今度は、ロール・プレイすることで主体的に遊ぶ。

ロール・プレイとは、役割（role）を演じる（play）ことを意味する。ロール・プレイング・ゲームといえば、役割を演じるゲーム全般を指す。アニメ・ファンも「ごっこ」遊びと同じように、大好きなアニメや漫画の世界がゲーム化されることで、憧れのキャラを操作し、その世界に参加することができる。

コスプレも事情は同じであろう。つまり、大好きなアニメ・ゲーム・キャラの格好を真似、ポーズを決めて役になりきるロール・プレイを通して、主体的にある世界を体験する。[18] こうして考えてみると、イラストを描くという行為も説明がつく。イラストも大好きなアニメやゲームのキャラを自分の思い描くポーズで、表現することができる。たんにキャラ情報を受け取るだけでなく、描くという主体的な行為を通して、人は想像的にある世界を体験し、自己を表現していく。

ゲームセンターに設置されたコミュニケーション・ノートには、誰が強制するわけでもなく自然にイラストが描かれるようになった。そして、コミュニケーション・ノートと併設という形でイラスト専用ノートが置かれるようになる。しかも、それは全国の至る所で目にすることができる。その背景には、ここまで論じてきたゲームとアニメ、マンガに内包される共通の要素が相互に作用していた。

2 イラスト・コミュニケーション

同人サークルの構造

［K］にはコミュニケーション・ノート、イラスト・ノートのほかに赤い表紙のファイル「オリジナル　オンリー　サークル　企画・対談ノート」（以下、サークル・ノートと略記）がある。サークル・ノートは、同人誌を制作しているいくつかのサークルが連絡を取り合い、ペーパー[*19]を配布するためのイラスト・ノートである。

『手長猫日記』『C.moluccensis』『BIRD／SITY』『RED ALERT』といったさまざまなペーパーを各サークルのメンバーに宛て、ファイルしている。ペーパーはＢ４の紙を半分に折り、イラスト約三点と文章で構成、同人活動の近況報告を中心に、「ゲスト」を招いて原稿を寄せてもらうなど紙面に工夫が凝らされている。

〔K〕のサークル・ノートは、〔繰凪〕が中学時代の同級生〔AOYOME〕とともにサークルを立ち上げる際、メンバーを募集し連絡をやり取りするため、二〇〇〇年に設置した。当時、同級生や他校の生徒など九人が参加している。[*20] 作品は〔繰凪〕によれば、独自に考えた世界、キャラで物語を構成する「オリジナル」、メジャー誌ですでに発表されている作品を利用してパロディーに仕立てる「版権物」の二種類がある。また、ある特定の作品やテーマだけを扱う場合は「オンリー」(もう少し融通をきかせた場合は「中心」)と呼び、版権物を含めた雑多な作品を扱う場合を「よろず」と言う。

〔繰凪〕と〔AOYOME〕が主宰するのは、「オリジナル・オンリー・サークル」、つまり自分で自由に物語を考えて小説や漫画を作る同人サークルである。また、「サークル」は複数でグループをつくる場合に用いられるが、一人で活動する場合は「個人サークル」と呼ぶ。サークルの仲間で作品を持ち寄り、冊子にまとめたものを「本」と言う。同サークルは本を出したことがなく、各メンバーがペーパーを作成し、配布する「個人サークル」活動にとどまっている。

個人で活動している場合にもサークルと呼ぶところに、〔K〕における同人活動の人間関係のあり方が表現されているように思われる。サークル・ノートには先に挙げた四点のペーパーが数部添付されていたが、いずれも「○○さまへ」といったように個人宛てに用意されており、同じサークル内だけでなく、ほかのサークルのメンバーとも交流し合っている。つまり、「個人」といっても他者を前提とした循環の輪の中にあり、決して一人だけで活動しているわけではない。それは「ゲスト制度」に特徴的であろう。ゲスト制度とは、自分が作成するペーパーに、ほかの書き手から寄稿してもらうことで交流を行うシステムと、ひとまず定義する。

各ペーパーを見てみると、〔繰凪〕（手長猫日記）、〔火無威アンリ〕（BIRD／SITY）、〔峰岸あまね〕（C.moluccensis）が個人で、〔不居稀征也〕と〔M&M〕（RED ALERT）が共同で制作している。[*21]

この中でゲストを招いているのが、〔繰凪〕（四人）と〔峰岸〕（一人）だ。〔峰岸〕のゲスト〔如月茶わん〕はペーパーの中で《ゲストに呼んでいただき本当にありがとうございます！》と、〔繰凪〕のゲストである〔火無威〕は《ゲスらしていただいたマオ様にかんしゃ！デス》と各自コメントするが、こうした交流が仲間意識の確認となっているように思われる。〔峰岸〕のペーパー配布先は一三人、その中の一人がゲストとして招かれている。

自分のペーパーを作成する際に、以前ゲストとして招待してくれたホストに原稿を依頼することもあれば、ペーパー購読希望者など新たに知り合った〔個人〕サークルのメンバーをゲストに迎え、交際範囲を広げていくこともあるようだ。ゲスト（客）を迎え入れるペーパーがホーム（家）であると解釈するならば、そこは社交の場とも言える。つまり、ペーパーは自己表現の場であると同時に、他者に作品を公開するツールでもあり、また良好な人間関係を構築する場でもある。

そして、このペーパーを掲示し配布させる役割を担っているのがイラスト・ノート、サークル・ノートなのだ。ただし、サークル・ノートには《サークルメンバー以外の方はご遠慮下さい》とあり、基本的にその役割も仲間内に限られている。それに対して、誰もが自由に閲覧し書き込むことができるイラスト・ノートは、より開かれたツールとして見知らぬ人にサークルの存在を知らせもするし、何よりもイラストを描きたいと望む人にとっての公開の場、ギャラリーとしての役割を担った。

このようなイラスト・ノートのギャラリー機能は［K］だけでなく、全国のイラスト・ノート設置店でも観察できる特徴である[*22]。イラスト・ノートは、同じ趣味をもつ人びとを取り持ち、ゲームセンターの枠を越えた活動へと展開させるメディアとなり、素人によるミニ・コミュニケーションの実践の場として機能していた。

●——自己投影としてのイラスト

では、実際にイラスト・ノートにおけるコミュニケーションは、どのようにして行われているのか。イラスト・ノートはイラストが主であるが、そこには文章も一緒に綴られる。以下この点に着目し、〈繰凪〉と〈だいゴ〉の事例を参照しながら、イラストと文章の関係、イラスト・ノートにおけるコミュニケーションを考察する。

〈繰凪〉は幼稚園の頃から「お絵描き」が好きだった。小学校五年生のときに漫画を描き始め、学校でも家でも時間があればいつもペンを握っていた。授業中もイラストばかり描いていたと言う。中学校三年生のときに読書文芸部に入部し、本格的に活動するようになる。同人を知ったのもその頃だった。中学三年という中途半端な時期に入部したのは、イラスト好きのクラスの友人に誘われたからだった。〈繰凪〉は、それまで読書文芸部を文学サークルだと思い込んでいたが、実際は漫画研究会だと知りすぐに入部を決めた。

〈繰凪〉がゲームセンターに通うようになったのも、ちょうど中学三年の時期だった。友人に誘われ足を運んでみると、店内に机とイスがあり、机上にはコミュニケーション・ノートが置かれていた。その日は、友人とノートを「覗き」、ゲームを楽しんですごした。数カ月後には、〈繰凪〉自身もノートに参加していた。「なんかもう、ゲーセン行くのが日課にはいっちゃってるような感じ」。いつの間にかゲームセンターは居場所となっていた。

当時（一九九七年）は、ゲームに関する情報や店員への要望が主な書き込みを占めていた。その頃の店長は客の要望、苦情にていねいに応えている。サークルメンバーの一人、〈桜だいゴ（さくら・だいご）〉（二七歳・アルバイト、二〇〇〇年四月七日[*23]）は、「ノートにはじめは好きなゲームの情報交換を書いていたのが、そのうち『明日の何時にここにいるから』と、約束事を書くようになりました。あと、みんなの好きな食べ物について『どこどこの何々がおいしいよ』とか」と当時を振り返る。

〈繰凪〉や〈だいゴ〉は［K］に入店するとノートを広げ、仲間の書き込みをチェック、自らも文章やイラストを描いてすごした。ノートを広げている以外はゲームに熱中し、店内に友人がいれば、ゲームやアニメなどのおしゃべりに興じた。

〈繰凪〉は言う。「ゲームセンターに行って、誰も人が来なくて暇な日とかは、その日のうちに一言ぐらいずついっぱい書いて、二ページぐらい埋めちゃったこともあります。だけど、ゲーセンに来ている人たちのコミュニケーション・ノートなので、当初はゲームの感想を書いていました。最近は結構、『誰もいない、ヒマだー』とか、ゲーム以外のことも書いてるんですけど、なるべく私情はもち込まないようにしています」。

「店に対する要望、苦情」から「純粋にゲームに関する情報」「ゲーム以外の世間話」へと発展し、「仲間づくり、確認」行為へと展開していく典型的な展開パターンが［K］でも確認できる。〔繰凪〕は「なるべく私情はもち込まないようにしています」と語る。この私情とは「身の上相談、心情の吐露」に相当するのだが、「なるべく」「ようにしています」と言うことからもわかるように、〔繰凪〕は「私情をもち込まないように」意識的に努力している。

だが、その〔繰凪〕でさえも「誰もいない、ヒマだー」と、気付いたら一人で二ページを埋めていた。そこに具体的な私情がもち込まれていなかったとしても、意識せず、まるで寂しさを埋めるかのように言葉を綴るのだ。〔だいゴ〕はイラスト・ノートに絵を描き、つぎのような文章を添えていた。

《最近高校生見てると自分も行っときゃよかったかな、って感じ。今からでも行こうかな……だいゴ》（セーラー服姿の女子高生の絵が描いてある）。

《大阪の友だちが、泣きながら電話をしてきました。失恋したみたいで、私をたよって電話してきてくれたのに、一緒に泣いてあげるコトぐらいしかできませんでした。でもそういう友だちがいるのを実感して、逆にこっちが元気をもらってしまいました。彼女とはたくさんケンカもしたけど、親友って呼べる大切な人です！　早く元気な声が聞きたいな。　だいゴ》（少し悲しい目をした少女が描かれている）。

《『うさぎはさびしいと死んじゃうんだよ』　一人はさびしいけど……ここの人達……私のコト

嫌いみたいだし……だからさいきんひきぎみなのかな？　まっいいや皆わすれたころにいなくなりますよ……この世からね……どうせ死ねない人だけどね……けっきょく弱いものはどうしようもないんですよね……しょせん……　桜》（膝を抱えて寂しそうな顔をした少女の絵が描かれている）。

イラスト・ノートの〔だいゴ〕自身の気持ちを吐露した書き込みには、どれも少女の絵が描かれているが、この少女は〔だいゴ〕の気持ちを表していることに注意したい。たとえば、〔だいゴ〕は後に《なんか今より学生の方が忙しかったかも。淋しい》と記すが、通学していないため日中は友人と会えず、退屈と寂しさを抱えていることは容易に察しがつく。《一人はさびしい》と綴った文章には、言葉そのままに膝を抱え寂しそうな表情を顔に浮べた少女が描かれている。大阪に住む親友からの電話は喜びでもあったが、その反面、いつでも会えるわけではない〝距離〟を実感せざるを得ない悲しみでもあっただろう。悲しい目をした少女のイラストが〔だいゴ〕の心情を映しているようにも感じられる。

また、セーラー服を着た少女を描くことで、〔だいゴ〕自身がセーラー服を着て学校に通っている姿を夢想しているとも読み取れる。その意味で、少女は〔だいゴ〕の「分身」であるとも考えられる。つまり、自分の気持ちをイラストのキャラを通して表現しているのだ。それは、文字だけの拙い情報を補助する役割をイラストが担っているということでもあるし、前節で論じたようにイラストを描くことである世界を体験しようとする行為とも似ている。

●——イラストの諸機能

〔だいゴ〕は高校一年生のときに中退した。父親が経営する会社の千葉の事務所で手伝いをしているうちに出席日数が足りなくなり、留年が決まったからだった。学校は嫌いではなかった。勉強は熱心でなかったが、友人と会うのは楽しかったという。父親は山形に本社を構え、千葉県、東京都に支社をもっていた。

中退後も、〔だいゴ〕は千葉の事務所の電話番を続けた。両親は〔だいゴ〕が小学校二年生のときに離婚した。山形で仕事をする父親とは距離があったが、母親と〔だいゴ〕は別居後も父親としばしば会っていた。「仕事が忙しくて、帰って来られず……。離婚したのは仕方がないんです。私はお父さん子だったんで、あんまり恨んではないですね」。

〔繰凪〕も小学四年生のときに両親が離婚している。じつの父親とは一度も再会していない。母親は三年後に再婚した。新しい父親は優しい人で、〔繰凪〕を温かく見守っていたようだった。同人誌に熱中している娘のために、会社のパソコンで「繰凪猫」とネームが入った「シールを作ってくれた」こともある。

〔繰凪〕と〔だいゴ〕は、二人とも両親を憎んでいなかった。それぞれ自分の人生を受け入れている。二人に共通するのは、他人に自分の考えを強要しないという点だ。〔繰凪〕は母親の再婚を反対せずに受け入れ、〔だいゴ〕は仕事に没頭する父親の姿勢を否定しない。しかし、〔だいゴ〕が両親の離婚に傷ついているのは、花束を手にしたうさぎの絵のあとに《まーくんとパパに♡　大好きだった家族。もう一度戻りたいな。だいゴ》と書いていることからも明らかである。

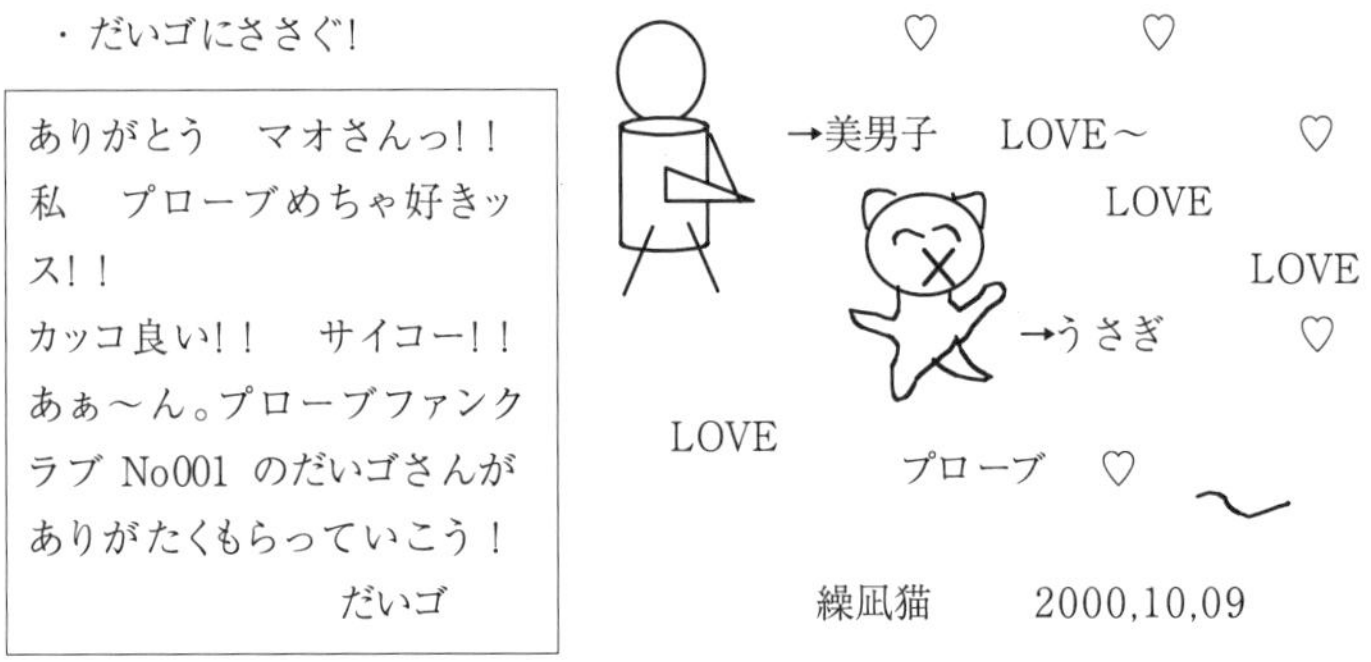
・だいゴにささぐ!
ありがとう　マオさんっ！！

私　プローブめちゃ好きッス！！

カッコ良い！！　サイコー！！

あぁ～ん。プローブファンクラブ No001 のだいゴさんがありがたくもらっていこう！

だいゴ
→美男子　LOVE～
LOVE
LOVE
→うさぎ
LOVE
プローブ
繰凪猫　2000,10,09

図5 〔繰凪〕のメッセージと〔だいゴ〕の返事のイメージ
注：この絵は実際のイラストを参考にイメージ図として筆者が作成した。

〔だいゴ〕が《一人はさびしい》と吐露したとき、〔繰凪〕だけがすぐに応答していたが、コメントは《だいゴにささぐ！》だけ。あとは華やかなイラストで飾っていた（図5）。そこから、二人に共通する〝やさしさ〟がどのようなものか伝わってくる。もしかしたら、二人の間では何かしら会話があったのかもしれないが、少なくとも〔だいゴ〕のコメントが書かれている時点では、なぜ落ち込んでいるのか具体的には示されていないし、〔繰凪〕もあえて問わない。

相手が落ち込んでいるのを「目の前」にして、〔繰凪〕がとった行動は、《だいゴにささぐ！》と能動的な動詞を強調して用い、《うさぎはさびしいと死んじゃう》と表現した〔だいゴ〕に重ね合わせてうさぎのキャラを描き、「LOVE」「♡」の記号を散りばめることで、彼女を励まそうとした。《ここの人達……私のコト嫌いみたいだし》。そう綴る〔だいゴ〕に対し、〔繰凪〕は「私はあなたを愛しているよ」と直接に書くのではなく「愛」を「LOVE」「♡」に置き換えることでさりげなく、そして明るく表現した。これらの事例からは相手との距離にワンクッションおき、その場の雰囲気を変える二つの効果がイラストに備わっていることが理解できる。
〔繰凪〕は《死ぬ》《弱い》《しょせん》という〔だいゴ〕の言葉尻を指摘して叱責やアドバイス、自分勝手な思い込みで慰めの言葉をかけようとしない。また、《ささぐ！》と強調しながらも、〔だいゴ〕に対する思いや相手の良さを言葉で力説しない。ここには明らかに両者の間に適度な距離がおかれている。もし、相手の言葉を全面的に受けとめて、言葉を返していたならば、相手の暗い雰囲気までも引きずってしまいかねないだろう。

逆に相手の緊張をほぐそうと「大したことではないよ」「気にしすぎだよ」とやさしい言葉をかけたとしても、あの人は「冷たい」「私のことをわかってくれない」と誤解を招くことも考えられる。とくに対面状況で顔の表情や声のトーンなど多くの情報をやり取りする相互行為ではなく、文字という限られた情報で行われるコミュニケーションでは、そうした「ズレ」が生じやすい。*24 また、ズレは書き手と読み手のリテラシーによっても大きく左右される。そのズレを少しでも回避する手段としてイラストは有効に機能する。

距離をとりつつ、キャラに表情を書き込むなどして自分の伝えたいことを補助するイラストは、ズレの問題を緩和させるし、可愛らしいうさぎに《♡》を散りばめれば、雰囲気を一転させ明るくさせることもできる。

3 やさしい人間関係

●――やさしさの構造

そして、こうしたイラスト・ノート上のコミュニケーション手法は、〔繰凪〕や〔だいゴ〕らの日頃の人間関係のあり方にも接点が見出せる。たとえば、〔だいゴ〕は泣きながら電話してきた友人の言葉に、自分の見解を加えることなく《一緒に泣いてあげるコトぐらいしかでき》なかったが、そこには両親に対してと同じように、自分の考えを強要せず、相手を否定しないという一貫した態度が現れている。

つまり、必要以上に踏み込まず、一定の距離をおき、互いの関係を構築していくのだ。そこに否定的な要素を抽出するならば、《失恋したみたいで》という言いまわしからも、〔だいゴ〕がどこまで相手の現状を理解して話を聴いていたのか疑問をもつし、〔だいゴ〕に対する〔繰凪〕の姿勢も何を悩んでいるのか具体的に聞かない点では、相手の内面に深くかかわろうとしない姿として目に映る。

たとえば、同人活動を通して形成される輪の中では、援助交際をして高価なバッグなどを購入する女性もいたが、〔だいゴ〕はその友人の行為を知りつつも「首を突っ込みたくない」と言う。

「〈援助交際を〉やりたいならやればいい。感心はしないですけど、とめても無駄なんで言わないです。『もうやめなよー』って、とめたこともあるんですけど、曖昧な返事をされました」。

曖昧にされることについて〈だいゴ〉は「いつもそうなんで、とくに何も感じない」と話す。〈繰凪〉も、たとえ親友が援助交際していても「そういうのはさ、やってるその人が考えることだと思うんで、何回かは『やめたほうがいいよ』と忠告して、それでも自分がいいんだと思ってやってるんだったら、こっちは何も言えない」と語る。この言葉には、あきらめの感情と若者の友人関係における距離の難しさが表れている。その困難さゆえに二人の「やさしさ」は自己保身の要素も入り込む。それを具体的に示すものとして、日付もペンネームも記されていないつぎの書き込みは参考になる。

《この前、だまってたのは、やめたいって言っても、結局、でもがんばれって言われるのがわかってたから、言いませんでした。でも、嫌だでも、ムカつくでもいいから、言ってみろって言われて、言ったら、やっぱり、がんばってやれって言われて、だから、言わないっていったのにと思って、ムカつきました。本を読んだり、映画を見たりしたら、いつも、どうだった？ときいてきて、よかったというと、どうよかったかなんて、人に言いたくありません。そうゆうことを人にちゃんとしゃべれないといけないと言われたけど、別に、言わなくても、それを見て、自分が感じたことは、自分にはわかってるんだから、それでいいと思います。（以下省略）》

《だまってたのは、やめたいって言っても、結局、でもがんばれって言われるのがわかってたから》という表現からみえてくるものは、相手が書き手の気持ちを受けとめていないということだ。人は自分の気持ちが受けとめられないと思うとき、弱音も本心も語らなくなる。つまり、自己保身が生じる。そして《本を読んだり、映画を見たりしたら、いつも、どうだった？　ときいてきて、よかったというと、どうよかったか》と質問され、《そうゆうことを人にちゃんとしゃべれないといけない》と言われる。断定的なものの言い方からは、この相手が書き手との人間関係を築くために、あせっているかのような印象を受ける。相手を知ろうとする気持ちが空回りし、結果として反発を生む悪循環の構造がここにはっきりと現れている。

　鷲田清一は、聴くとは「語る、諭すという、他者にはたらきかける行為ではなく、論じる、主張するという、他者を前にして自己表出の行為でもなく、〈聴く〉という、他者のことばを受けとる行為、受けとめる行為」と論じる。[*25]右記の書き込みの相手は、聴くという受けとめる行為なのではなく質問することで相手の言葉を促す働きかけをしているに過ぎない。さらに鷲田は「聴くことはかならずしもすべてのことばをきちんと受けとめ、こころに蓄えるということではない。あまりにきちんと聴き、一言一言に対応されると、かえって胸が詰まってしまうときがある」と指摘し、受け流すこと、聞き流すことの重要性を確認している。[*26]

〔だいゴ〕は友人に相談されたとき、相手の現状を理解しようとしたのではなく、同じ時間を共有し共感したのだと考えられないだろうか。そして〔繰凪〕は、〔だいゴ〕の内面、気持ちに「はたらきかける」のではなく、「受けとめ」ようとしたのではなかろうか。もし、〈繰凪〉が必要以上に相手の言葉を受けとめようとしていたならば、とても窮屈で遊びがなく、鷲田が言うようにかえって相手の胸を詰まらせてしまうことにもなりかねない。

〈だいゴ〉の吐露に対し、〈繰凪〉はうさぎ＝〈だいゴ〉のキャラを描き、華やかな記号を散りばめることで、その問題を回避した。それはまた、相手の反論、反発を避ける自己保身であると同時に、他者と共感し合うためのイラスト・ノートのコミュニケーションにおける重要なリテラシーの一つでもあった。イラストは書き手の気持ちを補助し、相手と自分との間にワンクッションおいた関係をつくり出すが、その適度な距離は、他者に対する憤りや怒りを緩和させ、悲しみをさりげなく表現し、喜びをダイレクトに伝える。イラストと文章で構成されるイラスト・ノートは、そうしたコミュニケーションを可能にさせた。

●——人間関係の困難さと自己肯定の社会的資源

本章では産業が提供するゲームをプレイするだけでなく、コミュニケーション・ノートやイラスト・ノートを通してゲームセンター空間を主体的な場に変容する若者たちの実践に焦点を当てた。ゲームは受け手が主体的に参加できるメディアであるが、そこで構築される世界観はキャラを通してジャンルの越境を可能とさせた。ゲームセンターに集う若者たちは、イラスト・ノートを利用する中で、描く行為を通じて主体的に自己を表現し、作品を公開する中で同人活動を展開、独自の集団を形成させていった。

そこで見落としてはならない重要な要素はイラストの存在だ。［K］に置かれたイラスト・ノートをミクロな視点で観察した結果、イラストは書き手の気持ちを媒介する「分身」として機能し、文字情報を補助する役割を果たしていた。補助機能には、ズレを修正するだけでなく、相手と距離をおき、雰囲気を変える「転調」機能が見出された。そうした機能を有効に活用し、コミュニケーションを図る手法は、イラスト・ノートにおけるリテラシーである。

そのような戦略を用いる背景には、若者たちの人間関係の困難さがある。中西新太郎は、若者が自己肯定の証しを求めるため、相手に理解され得る自己のハードルを互いに低くすると論じる。そうした関係の中では、相手を否定することも困難になるし、些細なことでも傷つく。中西は「子どもたちのつきあいの文化につらぬかれている首尾一貫した『論理』は、ただ、それぞれの出会いが自己の存在価値を自分にとって感じさせ、認めさせてくれるかどうかを軸にし、たがいにたいしてそれを問うこと以外にはない」と強調する。[*27]

その背景には、家族関係や友人関係、学校や社会環境も挙げられるだろうが、もともと現代社会には「聴く＝受けとめる」行為がおろそかにされがちで、自己肯定の社会的資源が不足しているからだと考えることもできる。少なくとも本章で取り上げた若者たちは、そうした社会的資源が不足した環境の中で、試行錯誤しながら、独自の戦略を展開させていた。

註

＊1　マンガは紙媒体で表現され、アニメは動画であるため、厳密には区別する必要があるが、キャラクターの枠組みで用いる場合、本書では便宜的にアニメ・キャラで統一する。

＊2　主に大学ノートが利用されているが、ルーズリーフやスケッチブック、クリアファイルが使われるケースもある。ノートではなくファイルを用いた場合には「イラストファイル」(宮城県仙台市、二〇〇三年一一月二三日)と名付けることもあれば、店舗名を取り入れて、「ゲームメート・イラストファイルノート」(新潟県新潟市、二〇〇一年八月二四日)とする店舗もあるが、ほとんどはイラスト・ノートで通っている。なお、全国のゲームセンターでは「イラストノート」と表記されているが、本書では「イラスト・ノート」と記す。

＊3　実態を数値で把握していないが、イラストには自己紹介が書かれることがあり、そこから書き手の社会的属性を知ることができる。また、筆者が直接取材した書き手の一人、〔BAC〕(二三歳・会社員)はプロのCGグラフィッカーである。彼が本拠地としているゲームセンターでは、コミケの作家やプロの作家、イラストレーターが多いと証言する(東京都新宿区、二〇〇一年七月六日)。

＊4　『月刊アルカディア』(二〇〇〇年一一月)第一巻第六号、(二〇〇一年七月)第二巻第七号、(二〇〇三年二月)第四巻第二号、(二〇〇四年二月)第五巻第二号を主に参照した。なお、コスプレとはゲームやアニメ・キャラなどのコスチュームを身にまといポーズを決める「プレイ」を指す。

＊5　『ふぁいんどあうと』(二〇〇四年一月)第九巻第一号。

＊6　秋山孝(二〇〇二)『キャラクター・コミュニケーション入門』角川書店、四三頁。

＊7　香山リカ・バンダイキャラクター研究所(二〇〇一)『87％の日本人がキャラクターを好きな理由』Gakken、一八八頁。

＊8　北村日出夫（一九九三）「メディア・ミックス」森岡清美・塩原勉・本間康平編『新社会学辞典』有斐閣。
＊9　伊藤誠之介（一九九七）「ゲームはアニメを補完したのか？　『エヴァンゲリオン』のゲームビジネス」『別冊宝島三二九号　ゲーム完全攻略読本』宝島社、三〇頁。
＊10　大塚英志（一九八九）『物語消費論』新曜社、一〇―二四頁。東浩紀は、九〇年代のアニメを愛好する消費者の変化について触れ、「原作の物語とは無関係に、その断片であるイラストや設定だけが単独で消費され、その断片に向けて消費者が自分で勝手に感情移入を強めていく、という別のタイプの消費行動が台頭してきた」と指摘し、大塚の「大きな物語」＝システムに対して、「大きな非物語」＝データベースのモデルを提案する。

東によると、メディア・ミックスでは「何が原作でだれが原作者であるかはきわめて曖昧になるし、消費者もその存在をほとんど意識することがな」くなり、「それら多様な作品や商品をまとめあげるものはキャラクターしかない」と強調する。東浩紀（二〇〇一）『動物化するポストモダン―オタクから見た日本社会』講談社、四七―八三頁。この仮説はたいへん興味深いが、しかし、メディア・ミックスで同時多発的に送り出された商品には、『エヴァ』や『デ・ジ・キャラット』といった名のフレームワークで区別され、消費者がどの商品に触れて購入しても、次第に小さな物語のピースをはめ込んでいくようにして、世界観を構築すると考えることもできる。その意味では大塚の「物語消費」と同じであると考えられるし、データベースから自分の趣向に合った要素を引き出して消費するという東の意見にしても、構成する段階で作家性が入り込むことは否定できないだろう。しかし、ライト・ノベルを愛好するある男性は、作品の内容が面白そうかどうかではなく、表紙のキャラクターの好みで本を買うかどうかを決めることがあると話していた。

九〇年代以降のメディア・ミックス戦略と消費者の嗜好を分析し、物語ではなくキャラクターに重点がおかれるようになったという東の指摘は、アニメやゲームのコアなファンには顕在化してきているとも考えられる。ただし、キャラクターの好みで作品を買うことがあると話した男性の事例においても、小説という物語のメディアが志向されている点は注意が必要である。ヴァーチャル児童ポルノについて考察した原田伸一朗によれば、過激な性表現を売りにした美少女ゲームから、性表現をとくに必要としない物語重視の作品であるライト・ノベルに人気が移行しつつあるという。原田伸一朗（二〇〇六）「ヴァーチャル『児童ポルノ』規制の論理と『萌え』の倫理」『社会情報学研究』第一一巻一号、日本社会情報学会。

＊11　音楽に合わせてステップを踏んで踊る『ダンスダンスレボリューション』、手足を振って踊る『パラパラパラダイス』など音楽ゲーム、通称「音ゲー」を念頭においている。

＊12　ゲーム制作は、まずゲームの目的、ゲームのルール、プレイヤーが操作する主人公、展開するストーリーなどの企画を立てる。事細かに書き込んだ仕様書は、「厚さ一〇センチを超える」という。前掲相田・大墻（一九九七）『NHKスペシャル　新・電子立国4　ビデオゲーム・巨富の攻防』、二六―二七頁。

＊13　たとえば、対戦型格闘ゲームのヒット作『KOF』のウェッブ・サイトには、「メイン」と「キャラ」のストーリーが掲載されている。「メイン」には、ギャングの抗争といったゲーム世界の時代背景、歴史が綴られ、「キャラ」には各登場人物がKOFと呼ばれる大会に参加する経緯や小さな物語が語られている。各キャラには名前、生年月日、身長体重、血液型、趣味、特技など一二の紹介項目がある。

＊14　ファミコンを分析した水越伸は、ゲームが「映画やアニメ、マンガとキャラクターや物語の形態を共有しはじめていることには注目しておく必要がある」と強調し、「『グーニーズ』『ランボー』（映画）、『機動戦士ガンダム』（アニメ）、『北斗の拳』『美味しんぼ』（マンガ）などは、『ファミコン・ゲーム』にストーリーあるいはキャラクターを直接的に、あるいはデフォルメしたかたちで流用されている」と論じる。前掲水越（一九九〇）「エレクトロニック遊具とメディアの生成発展」、三一四頁。また、加藤晴明はビデオゲームの面白さの構図として、「①ディスプレイ画面とのインターアクション次元の面白さ」「②ゲームの物語（とやりとりする）次元の面白さ」「③メディアミックス的なゲーム情報文化次元での面白さ」の三つを挙げる。「メディアミックス的なゲーム情報文化次元での面白さ」の例としてゲーム雑誌・攻略本、フィギュア、キャラクター・グッズ、ゲーム関連の小説・映画・音楽、コスプレを挙げ、「マンガ、アニメなどの日本のサブカルチャーが辿ってきたメディア・ミックス的な情報消費と変わらない構図である」と述べる。加藤晴明（一九九九）「視覚メディア経験としてのビデオゲーム」『中京大学社会学部紀要』一四巻二号、一〇六頁。

＊15 二〇〇四年九月二五日、二〇〇五年九月一七日に取材。
＊16 前掲渡辺（一九八九）『メディアのミクロ社会学』、一二七、一二八、一三六頁。
＊17 なお、渡辺はテレビと視聴者との関係を相互作用の視点で論じており、この場合の「一方的にメッセージを受信する受け手」は、単純にテレビに映し出された「像」に対して見る側からは操作できないという意味に限る。
＊18 ある世界を体験するとは、いわゆる物語に登場人物の一人として参加して、その世界を生きることではない。そうではなく、構築された世界観に想像的に参加し、遊ぶことを意味する。
＊19 サークルが発行する情報紙。サークル同士が交流するためにも用いられる。
＊20 サークル・ノートのメンバー表には繰凪猫、AOYOME、桜だいゴ、瑠璃、封序葛葉、吹雪咲良、不居稀征也、鈴木猶磨の八人が記されている。
＊21 カッコ内の表記は〔発行者〕（ペーパー名）を指す。
＊22 次章［T］の事例を参照されたい。
＊23 ノート上では「桜」「さくら」の両方を用いている。
＊24 こうしたズレに関する詳細は次章で論じる。
＊25 鷲田清一（一九九九）『「聴く」ことの力』TBSブリタニカ、一一頁。
＊26 同前鷲田（一九九九）、七六頁。
＊27 前掲中西（一九九七）『子どもたちのサブカルチャー大研究』、一〇五―一〇六、一〇八、一二一頁

第5章

快適な居場所とするための戦略

1 ゲームセンターのポリティクス

コミュニケーション・ノートは不特定多数に公開されるがゆえに落書きや誹謗中傷が書き込まれ、荒らされることもしばしばある。[*1] しかし、これまでの論考においては落書きや誹謗中傷の増減の要因、それとイラストとの関係について十分に言及することができなかった。本章では、これに着目したい。

たとえばコミュニケーション・ノートの強制力を示すもっとも代表的なものとしては、ノートの表紙に《落書き・誹謗中傷は禁止》と注意書きを記し、書き手の心構えやルールを設定している点が挙げられる。ただし、それでも落書きが消えるわけではない。むしろ、ノート上で喧嘩が始まり、落書きが増え、雰囲気が悪くなり、書き込みが少なくなるケースもみられる。

その一方で、参加者がノートから離れていく傾向にある場合にイラストの転調機能が効果的に働き、その結果、喧嘩や落書きが沈静化し、ルールを遵守した書き込みが増える事例もある。[*2] 若者たちは文章を綴るだけでなく、イラストや落書きを記す中でヘゲモニー（主導権・合意形成）を獲得しつつ、人間関係を形成していくように思われる。

●——グラムシのヘゲモニー概念の応用

グラムシはマルクスの土台—上部構造モデルを批判的に読み解き、上部構造におけるヘゲモニーの重要性を強調した。ヘゲモニーとは、従属集団が優勢な集団の考え方を合意的に受容したものであり、その実体はヘゲモニーが「行使される諸集団の利害と傾向が考慮に入れられることや、ある種の妥協的均衡が形成されること」を前提とする。[*3]

吉見俊哉によれば、ヘゲモニー概念はカルチュラル・スタディーズの理論枠組みに援用され、「権力の問題を一方的な抑圧や操作、動員といった観点からでは捉えることができなくなっている社会において有効であると考えられた」。そこには政治領域における機動戦／陣地戦というグラムシの概念からもわかるように、たんなる権力としてではない戦略を含むポリティクスが介在する。そうしたポリティクスは支配階級だけでなく、従属階級による闘争や運動も考慮に入れることができたのだ。[*4]

しかし、支配集団がヘゲモニーを行使するためには他集団から同意を得なくてはならず、従属集団の同意が「何らかの方法で『自発的』に与えられるもの」[*5]だとしたら、問題であるように思われる。すなわち、支配集団に従属する集団の主体は、自発的に同意していると思い込まされているとも言える。[*6]ストリナチが指摘するように、ヘゲモニーも「支配の一形態という側面をもつ」のである。

さらに「ヘゲモニー概念は、広範囲の社会闘争の分析に適用できるものである」が、「文化のすべての側面を階級闘争」（階級還元論）との関連だけから説明することに問題が生じた。つまり、「どんな種類のポピュラー文化も、原理的には、階級闘争と何らかの機能的関係をもつことを前提にしてしま」い、闘争の枠組みに収まらない社会的要因や現象、影響力を無視するのだ。[*7]たとえば、カルチュラル・スタディーズの七〇年代後半におけるサブカルチャー研究では、「抵抗性が明瞭ではない」ものに対して十分に考慮されなかった。[*8]

しかしながら、権力が一方的なものではなく、合意形成においてなされるというグラムシの発見はきわめて重要であり、[*9]ヘゲモニーが社会の中で「イデオロギーのレベルにとどまらず、あらゆる身体的経験を包摂する日常的な実践レベルの作用として存在している」ものとして、カルチュラル・スタディーズにおいて展開をみせたのは注目に値する。[*10]

こうした議論を踏まえ、本章では、ヘゲモニーをミクロな視点で人びとの力関係や権力、戦略を包括した合意形成概念として用い、ポリティクスを日常的な実践レベルで繰り広げられる合意形成過程における力学、駆け引きとして捉える。そして、業界・店のイデオロギーのレベルにおける規範と客同士で暗黙に了解されている規範を示しつつ、抑圧と抵抗性が明瞭でないポリティクスに着目する。

●——落書き増加の背景

誹謗中傷・落書き対策としてルール設定し、その効力を維持するために店は権力を行使して「削除」を行う。一般的な削除方法としては落書き部分をハサミで切り抜く、マジックで塗りつぶす、修正液で消す、紙を貼り付けて覆い隠すなどが採用されている。

他の事例としてはノートに線を引き、書き込むスペースを制限するケースもある。たとえば、「T」（宮城県仙台市、二〇〇三年一一月二三日）では、十字に線を引きノート一枚を四分割している。落書きが書き込まれると、その部分だけを切り取っている。

ノートの置かれている所

こうした努力にもかかわらず、「T」の場合は落書きが減っていない。その理由の一つにはまず、いくら落書きを削除しても四分割にしたノートがところどころ切り取られているため、見た目の印象は悪いままであったからだと考えられる。さらに重要なのは、立地条件と客層が関係している点だ。「T」は東北地方最大の都市である仙台の繁華街のメインストリート沿いにあり、さまざまな客が出入りする。なかにはコミュニケーション・ノートにおけるリテラシーの備わっていない人物がノートを見つけ、落書きしていくことは容易に想像がつく。

それでも「昔、ノートを楽しみにしているお客さまがいたときはきれいだったんですが」と店長が言うように、常連が定着していた頃は落書きがほとんどなかった。コミュニケーション・ノートが荒れはじめたのは常連が離れ、客層が変化したからだった。

同店舗では、ある時期を境にプリクラ・コーナーに力を入れ、新作ビデオゲームの入荷を見送った。ゲーマーにとっては古いバージョンのゲームばかりでは、魅力が失せてしまう。そのため常連客が離れ、客層の変化が起きた。それにともない、コミュニケーション・ノートの質が低下。自浄作用も働かなくなり、落書きが後を絶たなくなった。

以後、アルバイトの店員がコミュニケーション・ノートを管理しクレームに対する返事や落書きの削除を行っているが、たまに〝行儀のよい〟書き込みが続くだけで、すぐにルール違反の文章や絵が書かれる。このようにコミュニケーション・ノートが荒れる理由の一つに、常連客の存在が大きく左右している。

しかし、こうした時期においてもイラストを目的とした常連客は［T］に足を運び、イラスト・ノートに書き続けていた。管理人は常連客の一人であり、店の許可を得てイラスト・ノートを置いている。同店のイラスト・ノートはファイル形式で、イラストレーターが作品を持ち寄り、ファイルに添付するシステムだ。誰もが鑑賞できるようになっており、希望者にはイラストの配布も行っている。その際《イラスト希望リスト》に自分の名前、日付、希望するイラスト、作者名を記すことが義務づけられている。作者の許可が得られてはじめてイラストを手に入れることができる。

イラスト・ノートはイラストレーター同士の交流の場となり、自分の作品を公開し、アピールする「ギャラリー」の役割を担った。このイラスト・ノートは荒れ放題のコミュニケーション・ノートと並んで設置されているが、落書きがいっさいない。もちろんファイル形式のため物理的に落書きしにくいことも考えられるが、これらの事例から推測できるのは、落書き増減の背景として立地条件、常連客の自浄作用の有無、客層の変化に加えて、イラストの存在が挙げられることだ。以下、それらの背景を順を追って検討する。

●——空間要素

立地条件の影響が現れている注意書きとして、［BJ］（大阪市心斎橋、二〇〇〇年一一月八日）の事例を参照してみよう。《※コミュニケーションノートはゲームを愛するゲーマーの為のノートです。※恋人募集ノートや告白ノート、記念ノート（意味もなく名前を書き連ねる等）、まして〇〇ホテルにあるようなノートではありません。※上記に当てはまる文章や落書き、他の悪口、トラブルの元となる電話番号、その他、常識のない書き込みはすべて削除します》。

［BJ］の店員によれば、注意書きを設けた理由は「店はアメ村も近いし、一源も近くて、普通のお客もくるので落書き、文句、愚痴が増えてきたため」であった。関西圏の娯楽スポットとして心斎橋には多くの人が集まるため、ぶらりと店に立ち寄った客が暇つぶしにコミュニケーション・ノートを汚していくのだ。

同じ心斎橋に店舗を構える別のゲームセンター［M］（大阪市心斎橋、二〇〇〇年一一月九日）では、店内の壁やトイレの落書きがひどく、その対策としてコミュニケーション・ノートを設置している。「コミュニケーション・ノートとありますが、本音は若い子が壁やトイレなどに落書きするので、何か落書きできるものが置いてあれば、集中して時間（を）つぶしてもらえるかなということで始めました。あそこを見てもわかりますように（壁に落書きを消した跡がある）、ノートがなかった頃は壁に落書きとかが多かったんですよ」（店長代理）。

［M］のコミュニケーション・ノートは、一階と二階に置いてある。店長代理は、一階の書き込み内容は「意味のないこと多いですね。暇つぶしに書いているようです。客同士のコミュニケーションまではなっていない。ただ、上（二階）に置いてあるノートはヘビーユーザー、常連が書いてるのでコミュニケーション・ノートになっています」と語る。

このようにコミュニケーション・ノートを設置する場所によっても書き込む客の層が変化するため、落書きの頻度に影響を及ぼすことがわかる。つまり、店舗の立地条件やコミュニケーション・ノートの設置場所といった地理、空間の要素も重要になってくるのだが、それは常連客の存在、たむろする場所によってコミュニケーション・ノートの質が変化するということでもある。

●――自浄作用

では、なぜ常連の存在がそれほどまでに重要なのか。コミュニケーション・ノートに書き込む人びとの間で生成する自浄作用について考察してみよう。［GM］（新潟県新潟市、一九九九年六月一三日）のコミュニケーション・ノートには、表紙に注意書きがあるにもかかわらず、悪意に満ちたメッセージが書かれていた。

《エリのバカー！自分勝手もいいかげんにしろ！　世の中そんなに甘くねえんだよ！　バカー　by WieB1 エリの自分勝手すこしはなおせ！　むかつくんだよ!!!!　by WieB2　p.s. でも、嫌いになったわけじゃないよ》

つぎのページには〔とーる〕から、この罵詈に対するコメントが書かれていた。

《……それはそれとして自由に書きこめていろんな人の書いたのがみれる楽しみは尊重してほしいなと思う。WieB1, 2さんへ。約束（このノートの表紙）②に人の悪口、傷つける内容のものは絶対書いてはダメってあるよ。エリさんがこれ見るかどーかわからないし、見て悪口ととられるか傷つくかわからないけど、もしそうだとしたら WieB1, 2さんが約束②をやぶったことになるし、そうでないとしても（あるいは見ないとしても）本当何だかわからないけど、直接エリさんに言った方が良いのでは……》

〔とーる〕の書き込みに対して〔WieB1〕はこう返した。

《と〜るさんへ　WieB1 より（WieB2 はゆくえ不明）すみませんでした。で、実は話しました。直接合って、結果……元に戻りました。とーるさんはいい人ですね。いろ×2すみませんでした。これからは注意したいと思います》

〔WieB〕は〔とーる〕の諫《いさ》めに対して反発せず、素直に応じた。こうした自浄作用が働くのは、《自由に書きこめていろんな人の書いたのがみれる楽しみは尊重してほしいな》という記述からもわかるように、常連がルールをわきまえており、コミュニケーション・ノートを介して形成される人間関係を尊重し、愛着さえも感じているからであろう。

そして〔WieB〕が反発しなかったのは、〔とーる〕の受容的な態度に感化されたからだと考えられる。もし、ルールだけを全面的に強調し、相手の心情を配慮しなかったのならば、コミュニケーション・ノート上で喧嘩が勃発し、泥沼化する恐れもあっただろう。〔WieB〕の行為を自分とは関係のない振る舞いとして断定的に叱るのではなく、《とーるも時として自分勝手になったりするので》と、自分も同じ過ちを犯す可能性があるものとして、つまり〔WieB〕の行為を〔とーる〕自身の行為として受けとめているために、相手も頑なな心がほぐれ諫言《かんげん》を素直に受けとめることができたと推察がつく。だからこそ〔WieB1〕は《とーるさんはいい人ですね》と綴ったのだ。

この事例が示しているように、自浄作用が働くためには、受容的な態度の人物がコミュニケーション・ノートに参加しているかどうかも大きくかかわっている。さらに、こうした相互作用が機能するためには互いに相手に対する想像力が不可欠であるし、そこにはリテラシーの問題も存在することが読み取れる。つまり、ここには〔とーる〕が〔WieB〕の行為の裏にある心情を汲み取って文章に表現し、その文章から〔WieB1〕が〔とーる〕の気持ちを想像し読み解く相互作用が成り立っているのだ。

●──店員と客のすれ違い

しかし、こうした要素は常連であれば備わっているというものではない。常連と店員によるコミュニケーション・ノート上での喧嘩もある。［PJ］（茨城県土浦市）では、常連の一人である〔タカナシ〕（二八歳、一九九九年四月八日）が、筐体にコインを入れてもスタートしなかったので、店員に説明して投入金額分を返却してもらった。しかし、店員の態度が気に入らず、コミュニケーション・ノートに不満を書き込んだ。すると、それを読んだ店員が反論し、ノート上で喧嘩が勃発した。その一連のやりとりを読んだ客が率直な感想を述べていた。

《二／一の客と店員のやりとり（紙上での）まずいとか思いません？（中略）お金出してるのお客さんでしょ？　機械こわしたとか言うならわかるけどね。カワハラ》

〔カワハラ〕が店員を問題にしているように、店員と客とのやりとりである以上、〔タカナシ〕の記述は誹謗中傷ではない。なぜなら、コミュニケーション・ノートの役割の一つは「店に対する要望、苦情」であり、〔タカナシ〕の書き込みは明らかに苦情にあたるからだ。客の声に耳を傾けるのはサービス業の基本であるし、店員の態度が悪かったとしたら弁解の余地はないだろう。

もっともコミュニケーション・ノートが各地に広まると他店の真似や自らコミュニケーション・ノートに書き込んだ経験のある店員の提案、客の要望によって設置されることもあり、当初の目的が欠落しているケースも多数みかける。なかには純粋に客同士のコミュニケーション・ツールとしてコミュニケーション・ノート設置を許可する店もあり、コミュニケーション・ノートの管理を常連客に一任する経営者もいる。しかし、その場合も経営者のパーソナリティに依存しているため、コミュニケーション・ノート設置に積極的な店長が代わり、店員が辞めてしまうとコミュニケーション・ノートに対する理解が減少し、廃止となる事例もある。

●――店のポリティクス

『月刊アルカディア』(第一巻第六号)の読者投稿欄に寄せられた愛知県に住む男性(二二歳)の投書は、以上の議論を考察するうえで参考になる。

彼が大学四年間に通い続けた店舗は「常連とお店、アルバイトの店員さん、それぞれがコミュニケーションを取り合い、大変居心地のよいお店」だった。しかし、店の経営者が代わり、アルバイト店員も辞めてから店は変わっていく。クレーン・ゲームを大量に仕入れ「何カ月経っても、ビデオゲームの新作は一向に入荷せず」、入っても高難易度に設定されており、「客の数は激減」した。店員はゲームに不案内で、景品にはアダルト・グッズが大量に使用され、「思い出の場所がどんどん変わって行く」のが男性にとってつらい出来事だったと綴る。

コミュニケーション・ノートには常連客によって店の経営に対する批判が書かれ、なかでも男性の友人が綴った「純粋で正直なお店への意見は、批判だけではなく懇願に近いものがあり、私などは彼らの文章を読むたびに胸の奥が痛くなり、やりきれない気持ちにな」ったと吐露する。店員はコミュニケーション・ノートに目を通していなかったが、たまたま文章を見た業者の怒りを買い、コミュニケーション・ノートは撤去された。その「友人はノート撤去のお詫びを告げ、店に通うことを辞め」た。

男性が店員に掛け合うと「こういう商売は横のつながりが大切なんだ（中略）客が店を選ぶ権利があるなら、店も客を選ぶ権利がある」と退けられた。この男性は経営方針に口出しする「常連としての驕り」があったと自らの非を認めつつも「お店側の驕り」も感じ、「楽しむために（客）、営利（店）のためにどちら側に権利があるかではなく、本当に大切なのはお店とお客、双方がどれだけ近づけるかが、大切なような気がします」と結ぶ。

ゲームセンターでのひととき

常連にとってゲームセンターはたんに産業が提供するプレイの場ではなく、コミュニケーション・ノートを介して社会を形成し場の意味を変容させ、結果、仲間と共にすごした愛着のある思い出の場となる。〔とーる〕がルールだけを全面的に強調せず、相手に配慮を示している点で、客同士の力関係は一方的ではなく、ヘゲモニーとしてあると言えるだろう。

同様に店と客の力関係も［PJ］の事例が示すように、どちらか一方に権力があるのではない。ここでは〔タカナシ〕が〔カワハラ〕から支持を得て優勢に立っている。しかし、投稿事例では店・業界の支配的な権力・イデオロギーがあらわになっており、店・業界が営利だけを追求した場合、客が異化したゲームセンターの意味は簡単に揺さぶられている。しかも、この男性は「もう一度『ただの客』になろうと思います。客はいつまでたっても客です」と最後に述べるのだが、業界の権力に対して徹底的に対抗するわけではない。

そして店員が入れ替わるなどして経営方針が変わると、プリクラやクレーンを入れることでビデオゲームの新作が入荷されず、客層の変化が起きて常連が離れていく構図が浮き彫りになる。さらに、この店は客の声に耳を傾けるというサービス業としての姿勢をみせず、明らかに経営怠慢を露呈している点に留意したい。つまり、コミュニケーション・ノートへの書き込みを「店に対する要望、苦情」として受けとめず、問題のすべてを客に押しつけている。

ただし、コミュニケーション・ノートの周囲にたむろする常連客の存在が、場合によっては新参者に心理的な圧迫感を与えることもあり、新規の客を開拓していこうとする店にとって悩みの種になることも否定できない。コミュニケーション・ノートに書き込まれた誹謗中傷・落書きが店の感情を逆撫ですることもあり、その対策としてコミュニケーション・ノートを廃止し、伝言・掲示板に変更する店舗もある。投稿者が述べるように常連客と店との歩み寄りがなければ、両者の関係は成り立たず、苦情や要望は一方的なものとして退けられる可能性も高い。

この投書の事例のように、ある日突然経営者が変わり、歩み寄ることさえ試みない場合、支配的な権力構造が現れる。客層の変化が起きて、たとえばプリクラ目当ての女子中高生が増えたとしても、ビデオゲームによる収入が見込めなくなり、次第にプリクラ専門店へとシフトし、最終的には経営が立ち往生して閉店してしまうケースもある。結局、客の声を吸い上げる努力をせず、業界内部にばかり目配りしている店は先行きが危うくなる。そして、先の［T］や投稿事例と同様に経営方針の転換による客層の変化によってコミュニケーション・ノートが廃れていく傾向が顕在化する。

2 イラストの力

●――盛衰

ここまで落書きの増減の背景として立地条件、客層の変化、常連客の存在と自浄作用の有無、店の経営態度の諸要因を明らかにし、複雑に絡み合うポリティクスが内包されていることを呈示した。さらに、これらがコミュニケーション・ノートの書き込みに如実に現れることを示した。

では、実際にイラストと落書きの増減にはどのような関係が成り立っているのだろうか。ここでは［I］（東京都豊島区、二〇〇二年一一月八日、他）のコミュニケーション・ノートを参照し、イラストが人びとに与える影響について具体的な実例を挙げながら考察する。なお、このコミュニケーション・ノートに参加しているおもな常連は図6に示す。

［I］にはコミュニケーション・ノートだけでなくファイル形式のイラスト・ノートが置かれた。

古参の常連	新参の常連
UME、MOMO、羽衣、みなぱん YUU、バサラ、次元、宮処　他	いたずらバナナ、みずの 陸宮、IZ、HAJIME　他

図６　ノートのおもな参加者

イラストレーターは互いに交流が深まると、仲間同士で同人誌を制作し、ゲーム・キャラクターを主人公とした作品をコミュニケーション・ノート上で募集した。九人の常連が作品を寄せ、九三ページの〝大作〟ができあがった。この同人誌はコミュニケーション・ノート、イラスト・ノートとともに［I］に置かれ、客が手に取って読めるようになっている。

このように［I］のコミュニケーション・ノートは、かつて盛り上がりをみせていた。常連の〈羽衣〉が修学旅行から帰ってきた一九九七年一〇月一七日には、〈羽衣〉自身の書き込みを含め四件、翌日には二ページにわたり七件が書き込まれていた。

しかし、中学時代から通っていたおもなメンバーが大人になり、仕事や引っ越しで店から足が遠退くと、コミュニケーション・ノートが誹謗中傷で荒れてもそれを修正する力を失っていった。二〇〇一年五月には常連の〈UME〉が《ここ最近の進みはなぜこんなにおそいのか？　以前から書き込みしてた人達が当時の状態にないってのが一番の理由なんでしょうね。なんせ、中三だった人がもう社会人だなんてね》と嘆いている。

二〇〇二年のコミュニケーション・ノートは荒れ放題で一ページを落書きで無駄にしているケースが続く。常連の「生き残り」の〈MOMO〉は、《最近のIのノートはひどいもんですね。もう一回最初のルールをよーく読んだ方がいいんでない？》と難色を示す。

ついには店主から《あまりにも内容がひどいのでノートの設置をこの号（一九号）で終了したいのですが、いかがでしょうか？》と提案される。かつての常連が消え、新たな常連が数人書き込んではいたものの、コミュニケーション・ノートの「改善」は進まず殺伐とした印象を見る者に与えた。

●——転　機

転機はつぎの書き込みによって訪れた。《初めまして。いたずらバナナといいます。ここのノート絵がないっスネー。もしかして絵、描いちゃだめっスかあー？》。そこには少女のイラストが描かれていた。この問いかけに対し、コミュニケーション・ノートから離れていた〈UME〉が早速返事を書いている。《六／一四　いたずらバナナさん、絵は全然OKです。ノートに絵がないのは世代交たいってやつです。イラスト帳に入ってる人達がいたころは、このノートも活気があったんですが、最近はいまいちかもしれません》《←じゃ、あんたが書け!!》（誰かのコメントに対しUMEは《「描け」です》と加える）。

コミュニケーション・ノートにイラストが描かれていた時代には、活気があったと〈UME〉は言う。活気が失われた当時のコミュニケーション・ノートには、ゲームスコアなど「純粋にゲームに関する情報」が書き込まれても、一部の人にしか話題を共有できないようなマニアックで自己完結的なメッセージばかりが目立った。常連でない人や常連であっても話題に上っているゲームをプレイしない人にとっては、コミュニケーション・ノートに参加しにくい状況が生まれた。

〔いたずらバナナ〕が〔UME〕のコメントを受け、つぎに描いたイラストは裸の少女だった。

《六／一六　ども、いたずらです。今度「ハリケット02」というイベントに出てみよーかなぁ……。などと考えて描いたカットです。（中略）店員さんもしくはノート管理者さんへ　これくらいのエロネタはダメですか？》。

ここでは〔いたずらバナナ〕がイラストに説明を加えている点に留意したい。これはイラストが他者の目を意識して描かれるからこそ「説明」するのであり、それは落書きとの決定的な違いでもある。

一方、落書きは他人を意識して書かれたとしても、明らかに書き手の自己満足でしかないため、コメントもネームも記述されない。つまり、落書きの書き手は匿名であることを前提条件とするが、自己の存在を隠すことで物理的にも精神的にも傷つけられない距離を保ち心理的な圧迫感を排除することで、自由に振る舞うことを可能とさせるのだ。

〔いたずらバナナ〕が自己のアイデンティティを示すネームを明記した上で《店員さんもしくはノート管理者さんへ》と呼びかけ《これくらいのエロネタはダメですか？》と質問したのは、たんなる自己満足ではなく自分のイラストを公開し、他者の反応を得たいと考えているからである。

〔いたずらバナナ〕の質問に対して〔UME〕はこう答えた。

《六／一七　前ページで書けと言われたから書き子に復活しようかなということで、管理者ってわけではないけれど、最初からのメンバーってことで絵の限度は子供も見るだろうし、下品なのとか悪口とか注意事項を無視した書き込みはやはりダメってことでイラスト帳くらいってことで》《書き子→なら「描き」だろぉーこのボケがぁー!!》

これ以降〔いたずらバナナ〕はイラストを描いておらず、文章だけを綴っている。他者の目を意識しているからこそ管理人に意見を求め、それに従ったのだ。〔いたずらバナナ〕の絵は、かつての活気を取り戻す一筋の光明にみえたが、イラストの書き手が再びコミュニケーション・ノートから消えてしまった。

●――誹謗中傷

この後、〔次元〕[*11]と〔UME〕の間に喧嘩が勃発する。

《六／二二　一応名無しのゴンべさんにしとこう。字を書く絵を描くで何がちがうのかね。人が復帰しようと思った矢先に文句書かれて、けっこうムカツイてるんですけど。君みたいな人達が私をこのノートから退かせたと何故気付かないかな。いいかげんにせぇよ。UME》

《六／二三　ピキーン!!　名無しのゴンべって次元のことです。普段から書いて（or描いて）ないじゃん。退くもなにもないでしょう。中傷文になるのが嫌なので会話はこれで最後にしますが、一言だけ。ゲーム中に人のプレイに口をはさみ、いちいちケチをつける。のみならず画面を隠してPlayの邪魔をする。とかく「モラル」を連呼される貴方に〝それ〟がありますか？　けっこうムカツイてるんですけど。（中略）「このボケぇー」というのは私次元の口癖で悪気はなかったんですが、只今私と〝ケンカ中〟の貴方にとっては感情を逆撫でするものでしかなかったかもしれません。その点では（強調）ごめんなさい》

二人の喧嘩の真っ最中、初参加の〔みずの〕が少女のイラストと文章を半ページ使って書き込んでいる。以後、〔UME〕と〔次元〕の喧嘩は泥沼化せず、沈静化している。

次元が《最後に、UMEさんの御仕事は不規則な生活を強いられる大変なものですが、くれぐれも体には気いつけて頑張りやー》と、綴った言葉が〔UME〕の高ぶる感情を静めたのかもしれない。しかし、コミュニケーション・ノート上で起こる喧嘩の事例を観察すると、いくら文字を綴っても誤解が誤解を生む例は少なくない。たとえば［I］では、数人を巻き込んで感情的な激しい議論が交わされ、最終的に傷心した常連が一人店を去っている。

経緯はつぎのようなものだった。常連の〔バサラ〕がマスコミに対する私見を述べたところに〔中野〕が反論し喧嘩となった。途中、常連の〔みなぱん〕〔UME〕などが意見をはさむが、二人の喧嘩は加熱するばかりだった。さらに、〔バサラ〕は新参者である〔クリス〕が書き込んだ無関係なコメントを自分に対しての中傷であると勘違いし、最終的には「バサラVS中野」が「バサラVS中野&クリス」の構図となった。

〔バサラ〕の勘違いは〔中野〕と〔クリス〕に加えて、仲裁を買って出た〔えむやん〕が指摘しているが、誤解は解けなかった。〔クリス〕は議論にいっさい首を突っ込んでいなかったのだが、〔えむやん〕が指摘するように〔バサラ〕は〔中野〕と〔クリス〕を同一人物であると勘違いしていた。

矛先が自分に向けられていることを知った〔クリス〕は《ちょっとまったー。何故俺!?（笑）》《何かよくわからん（涙）頼む、もう一度良く読んで下さい》と綴っていたが誤解は解けず、〔バサラ〕が店を去った後、《何故こうなったのかね……（涙）……俺は悲しいよ。結果、俺が追い出したみたいな感じ。（中略）俺、いつ中傷なんて書いた?》と心情を吐露した。

文字は時空間を越えるが、声や顔の表情といった要素が削られており、伝達内容は書き手の表現力、読み手の読解力に大きく左右される。つまり、誤解の要素が多分に含まれている。これは対面状況においても同様であるが、文字だけのコミュニケーションとなるとなおさら誤解の確率はアップする。そのことを踏まえると、〔ＵＭＥ〕と〔次元〕の喧嘩が収まった理由の一つに〔みずの〕のイラストが少なからず影響を及ぼしていることが予測できる。すなわち、「転調」によってコミュニケーション・ノート上の雰囲気を一変させたのである。

●――活性化

《六／二三　はじめまして「みずの」です。スプラッターハウスをクリアしたよ〜。でも、まかいむらクリアできない……。あれはたぶんクリアできないなー。でもがんばるぞー。※絵はとくにいみないです》

〔みずの〕は、互いに罵り合い喧嘩が白熱しているページで〝ほんわか〟としたイメージの少女の絵と文章を書く。一九八〇年代に登場した『スプラッターハウス』（ナムコ、一九八八年）、『魔界村』（カプコン、一九八五年）を二〇〇二年にプレイし、クリアできないと嘆くところに〝ボケ・ズレ〟たキャラクターを匂わせる。喧嘩には参加せず、あえて無視するところにも〔みずの〕の個性を際立たせた。

コミュニケーション・ノートは、〔みずの〕を中心に再び活性化しはじめた。〔いたずらバナナ〕は、〔みずの〕がプレイするゲームに対して、《古！　古すぎっスヨ！》とコメントを入れ、〔みずの〕は《いたずらバナナさん、古いゲームは今でもいろいろやっておりますヨ》と返事する。イラストを持参し、コミュニケーション・ノートに貼った〔ＩＺ〕の《ムダなスペースゴメン》という書き込みに、《ぜんぜんムダじゃないよＩＺさーん》と応える。

《七／二〇（土）初めてみずのさんの書き込みを見た時から思ってたんですが、みずのさんは絵が上手ですね！（中略）これからもいろんなイラストを見るのを楽しみにしています。陸宮》

《七／二七　久しぶりのカキコだぁ〜。離れてる間に新しい人and前からの人が増えてますね〜。それはそうとして、『みずの』さんですか？　絵、うまいですね〜。あなたのおかげでノートが華やかになって見てて楽しいです。（中略）ＹＵＵ》

《なにか絵をうまく書くポイントおしえてくださいい!!　byＨＡＪＩＭＥ》

〔YUU〕や〔陸宮〕が綴ったように〔みずの〕が描いたイラストによって、コミュニケーション・ノートの雰囲気は格段に明るくなった。そして〔HAJIME〕や〔IZ〕が参加し、〔YUU〕が《久しぶり》に書き込むようになる。最初、文章だけ綴っていた〔陸宮〕も、〔みずの〕に触発されて《超久々》にイラストを描いている。

この後、九月二日には昔の常連だった〔みなぱん〕が二年ぶりに登場し、《そろそろ同人再開しよーかねー》と記した。同月一三日には〔MOMO〕が、さらに〔羽衣〕が一一月二日に《すごくお久しぶり》に参加した。〔UME〕と〔次元〕も互いに言葉こそ交わさないが、何事もなかったかのように書き込んでいる。次第に書き手が増加し、荒れ果てていたコミュニケーション・ノートに潤いをもたせたのは、〔みずの〕が描いたイラストの力であった。

3 合意形成の戦略

●――相互作用の過程への視点

前節では落書きや誹謗中傷に対してイラストの転調機能が効果的に働き、喧嘩が沈静化し、他者の反応を誘発する具体的な事例を呈示した。しかし、イラストの効果だけですべてを論じられるわけではない。

たとえば［C］（千葉県市原市、二〇〇五年二月一一日）では人物イラストにヒゲを加えるなどのいたずらがなされており、イラストの転調機能による効果が及ばないこともある。〔いたずらバナナ〕の最初の書き込みがあったA＝二〇〇二年六月一三日から一一月八日の約五カ月間にイラストは三六点（〔みずの〕二五点）あったが、その後、B＝二〇〇三年四月二日までの約五カ月間でイラストは一〇点に減少していた。Bのうち七点は小さくキャラクターが描かれているだけで、まともなイラストは〔みずの〕の三点だけだった。結局、書き手が増えたにもかかわらず、イラストが継続的に描かれたわけではなく、途切れてしまっている。

《おひさしぶりです。そして、あけましておめでとう……って、もう二月ですか!! 年末からいそがしかったからなー》と〔みずの〕は綴るが、忙しくなってキーパーソンが来店しなくなったことも一つの要因として挙げられる。

ただし、イラストはないものの文章自体は継続的に書き込まれており、イラストの転調機能による効果が否定できるわけでもない。〔みずの〕のイラストを除けばA＝一一点、B＝七点でイラストの書き込みに関しても大差はないからだ。同店ではコミュニケーション・ノートとイラスト・ノートの両方が設置されているため、文章とイラストの棲み分けができやすい環境にあることも考慮に入れる必要があるだろう。これらの事例を明確にするためには、コミュニケーション・ノートを介して人びとが相互作用を行っている点を踏まえ、参加者同士の中で生じるポリティクスに目を向ける必要がある。

〈みずの〉はイラストを用いて周囲の合意を得ることに成功し、イラスト・ノートが設置されているにもかかわらず、コミュニケーション・ノートに描くことを許されたが、その一方で、〈いたずらバナナ〉はコミュニケーション・ノートへの書き込みを禁止された。〈いたずらバナナ〉が描いたイラストは女性の裸体であり、注意書きにみられる落書きの定義に従えば「卑猥な絵」に相当し、他者から「落書き」と見なされるべきものだ。その点で、〈UME〉の禁止命令は当然であったと思われる。

しかし、落書きに相当すると見なされたこのイラストは削除されたわけでもなく、〈UME〉によって頭ごなしに否定されたわけでもなかった。それどころかイラスト・ノートならば描く許可がおりてさえいる。しかも別の常連〈YUU〉からは《絵描きさんですか。もしかして、同人誌とか出してます？　それともプロ？》とコメントされているように、すべての人に落書きと見なされているわけでもない。

〈いたずらバナナ〉にしてみても、自分のイラストが落書きだとは思っていないだろう。それは自己のアイデンティティを示すネームを記し、実際に他者の合意を求めている点からも明らかだ。それを考慮するならば、落書きとイラストの区分は規定されたルールとは別の所にあると考えざるを得ない。その証拠に、〈みずの〉は十分に合意を得た後にソックスだけ身につけた裸の少女のイラストを描いているが、削除も非難もされていない。[*12]

また〈UME〉が禁止命令を発動する際に、その権限が自分にあることを《管理者ってわけではないけれど、最初からのメンバーってことで》と周囲への同意を取り付けている点に注意を払う必要がある。この命令は結果的に成功したが、別の常連である〈次元〉から暗に管理権限に対して異を唱えられており、それが中傷と解釈され喧嘩にまで発展している。

つまり、イラストと落書きの区分の過程には、ある絵に対してもつ他者の解釈と強制力がともない、客同士の力関係や戦略を踏まえた合意形成のための駆け引きが重要であると理解できる。そこで生じるポリティクスは固定された関係ではなく、人びとの相互作用の過程に存在することに留意したい。

●──シンボリック相互作用

ブルーマーはミードの「身振りの会話（conversation of gestures）」と「有意味シンボルの使用（use of significant symbols）」の概念を援用し、それぞれ「非シンボリック相互作用」と「シンボリック相互作用」と名付けた。シンボリック相互作用とは他者の行為の解釈を含んだものであり、非シンボリック相互作用とは他者の行為を解釈することなく直接に反応するときに生じるものである。[*13]

ミードは、ジェスチャーを他の個体の反応にとっての刺激である社会的行動の開始と見なし、最初の個体に対する刺激に反応し、自身の行動を変えさせ、別の行動を始める刺激になると指摘した。さらに、「ジェスチャーが、その背後にある観念を意味しており、それが他の個人における同じ観念を引き起こすとき、われわれは有意味なシンボルをもつ」と論じ、それを言語（有意味ジェスチャー）と呼ぶ。有意味ジェスチャーは所与の社会的行動に参加している他の個人たちに、それに対する態度を呼び起こし、他の個人の態度を意識できるようにさせ、引き続く行為を適応可能にする。[*14]

たとえば、〔みずの〕が描いたイラストは《絵はとくにいみないです》と添えているように、それ自体になんら意味をもたせていない。だが、その行為を社会的行動の開始時点とするならば、イラストの転調機能も働き〔UME〕と〔次元〕は高ぶる感情を沈静化させ、喧嘩を収めるという行為を選択させたと考えられる。

さらにキャラクター志向の傾向を有する人びとの間では、〔みずの〕のイラストが共通の関心の対象として認知され意味あるものとしてあらたな態度を呼び起こす。そして〔陸宮〕ら自身が〔みずの〕の態度を取得したうえで好意的なコメントやイラストを記して自らの行為を適応させていった場合、そのイラストは有意味シンボルとなり、場合によっては分身機能を担わせることも可能となる。

ミードは、あるシンボルの含意との関連で行為を統御し、その含意を他者と自分自身に指示できるジェスチャーを獲得することが人間の知性における特徴的な事柄だと強調するが、[*15] たとえば高校を中退した少女がコミュニケーション・ノートに寂しい表情をしたセーラー服姿の女子を描き《自分も行っときゃよかったかな》と綴った事例では、イラストの含意は「高校に通いたい」であり、少女はその含意を他者と自分自身に指示できるイラストと言葉を獲得したと考えられる。筆者は、イラストに自分の気持ちを投影する行為を分身機能と定義したが、シンボリック相互作用で理論づけるとこのように解釈できる。

ブルーマーは、人間の相互作用がシンボルの使用、解釈、他者の行為の意味の推定によって媒介されていることに着目し、シンボリック相互作用論を展開する。この理論はつぎの三つの前提に立脚したものだ。
①「人間は、ものごとが自分に対して持つ意味にのっとって、そのものごとに対して行為する」、②「このようなものごとの意味は、個人がその仲間と一緒に参加する社会的相互作用から導き出され、発生する」、③「このような意味は、個人が、自分の出会ったものごとに対処するなかで、その個人が用いる解釈の過程によってあつかわれたり、修正されたりする」。
このような活動の単位は個人だけでなく、家族、会社、国家なども含まれる。人間集団とは、「他者に対して何をするべきかを定義し、他方では他者の定義を解釈するということからなりたつ、ひとつの巨大な過程なのである」。そして、この過程を通して人びとは「互いの活動を適合させ、自分自身の個人的行動を形成していく」[*16]。

〔いたずらバナナ〕は最初に当たり障りのない少女の絵を描きイラスト掲載の許可を得て、ついで裸の少女を描いたうえで管理者へ再度質問し、禁止されると以降は文章だけでコミュニケーション・ノートに参加するようになる。つまり、他者との相互作用によってコミュニケーション・ノートに対する意味を解釈し、変容させながら自分の活動を集団に適合させていく。〔みずの〕はこうしたコミュニケーション・ノートの「経歴」を参考にして、その意味を解釈したからこそ、誰にも許可をとらずにイラストを描いたのだ。

この一連のやりとりでは、相互作用のレベルにポリティクスのレベルが分かちがたく内包されており、常連と新参者といった力関係、さらには合意を得るための戦略が立てられていると読み取れる。イラスト自体を禁止されたわけではなかったにもかかわらず、〔いたずらバナナ〕が描かなか

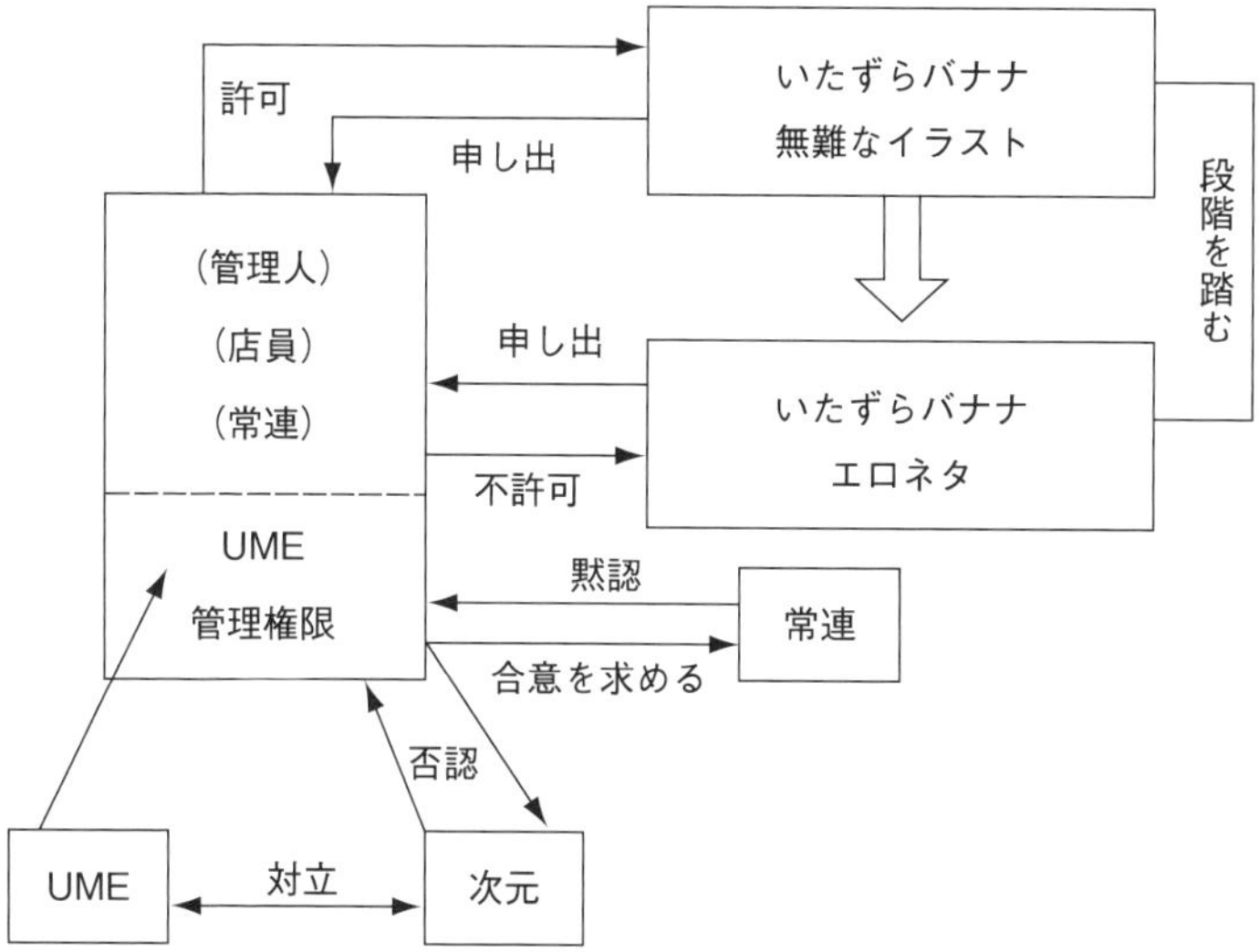

図7　合意戦略

った理由は、《エロネタ》の披露を望んでいたからであろう。最初からエロネタの許可を求めずに段階を踏んだのは、他者の同意を得るための戦略だったと考えられる（図7）。参加者は集団内の規範に適合させていくがゆえに、そこに優勢な集団の考え方を合意的に受容するヘゲモニーが介在する余地が生じるのである。

また、コミュニケーション・ノートを介した集団に受け入れられるためにポリティカルな行為に及んだとしても、他者にどう受け取られるかは社会的相互作用の過程でさまざまに変化する。ゆえに、〔クリス〕のように自分が意図しない解釈をされて誤解を生むこともあるし、〔次元〕のように中傷文と解釈されて喧嘩に発展することもある。ブルーマーが指摘するように行為の構成はつねに成功するわけではなく、対象を見落とし、指示するものの意味を誤解し、判断を誤り、尻込みすることもあるのだ。

行為に際して指示するものごとには、自己の欲求や感情、目的、他者の行為や期待、欲求、集団の規範、自分の置かれた状況、自身に対する認識や記憶などがあり、これらを考慮に入れつつ解釈と定義の過程を経て行為に及ぶ。[*17] 立地条件、客層、常連の存在とパーソナリティ、注意書きやイラストがもたらす心理的な効果といった外部要因はある状況を構成するが、行為者は解釈と定義の二重過程において、指示内容ごとに主体的に行為を導く。

イラストが非シンボリック相互作用として機能したときでも、見た者全員に好意的な反応を呼び起こすのではなく、どのような反応を引き出すかはさまざまな要素が複雑に絡み合う。〔みずの〕が描いた女性のイラストに対して〔みなぱん〕は《かわいいですー》と書き込んでいるが、キャラクター志向の人であればこそ対象として自己に指示できたのであり、好意的に受け取ることもできたのではなかろうか。たまたま入店したような一般客にとってイラストは対象にさえならないかもしれないし、どう解釈されるかもわからない。《きもちわるい》と書かれ、雰囲気が悪化することも十分あり得る。イラストは他者の反応を引き出す刺激となるが、個人の解釈の過程で意味を変化させていく。

こうした事例は相互作用のレベルで働いているが、《きもちわるい》と発言する側には、他者をたとえば「おたく」と見下して自分を優位な位置に置こうとするポリティクスが見え隠れする。また、壁の落書きに悩まされた［M］では、コミュニケーション・ノート上の「落書き」を「客同士のコミュニケーション」に至らないものとして容認していたが、同店のコミュニケーション・ノートが壁の落書き対策として用いられている点を踏まえれば、社会的相互作用のレベルにポリティクスが入り込んでいることがわかる。イラストと落書きの区分は、解釈と定義の過程で生じるポリティクスのせめぎ合いの中で一時的に決定づけられ再解釈され、流動的である。

●――合意形成の背後にあるもの

以上、相互作用のレベルにポリティクスが介在するメカニズムについて論じた。ただし、ここで注意が必要なのは、コミュニケーション・ノート上でのコミュニケーションは「私的な楽しみのための道具＝メディア」による「コンサマトリー（非実利的・非道具的・遊戯的・享受的・自足的）」なメディア・コミュニケーションの一つでもある点だ。[*18] ゆえに、コミュニケーション・ノート上の参加者はつねにポリティカルな行為に及ぶわけではない。たとえば、退屈や寂しさを紛らわすために、黙々と「純粋にゲームに関する情報」を綴ったとして、そこになんらかの駆け引きがあるとは考えにくい。

では、常連たちのポリティクスは、どのような条件で引き出され、何を目的とされるのであろうか。

［SN］（東京都新宿区、二〇〇一年六月一七日）では、ゲームのタイトル別に計一一種類のコミュニケーション・ノートが置かれ、多くの同人誌の有名作家などが集った。常連たちは、悪質な「あらし」や有名人の描くイラストほしさにコミュニケーション・ノートを盗む人に対しては、他のコミュニケーション・ノートの管理者や店員と協力してネットワークを築き、犯人を捕まえることも

あった。その際、「ソウルキャリバー・ノート」に集う常連たちは、まずコミュニケーション・ノート上で対策会議を開き、参加者たちの意見を募った。

《四／六　あーこの人こっちのノートに来ちゃったのかぁ……。あーあ……つーかこの人がこーゆーゲリラみたいな事するキッカケってボクのせいなのだよね。（中略）ノートを楽しんでる方々ホントゴメンなさい（中略）怪傑よっちゃん侍》

《四／六　みなさんへ　しばらくの間キャリバーノートを設置するのをやめますか？　たぶんこれからも書きつづけていくと思いますよ。「なんでも書いていいよノート」からこりずに書いている人ですから》

《四／六　よっちゃん侍さんへ　そうですこれもあなたのせいです。せきにんとってください。おねがいします　byサムフェー》

《四／六　イタズラをふせぐのはムズかしいと思うので、いっそ思いきってやめた方がいいかも》

《四／七　サムフェーさんへ……イラズラ書きをされたのは別によっちゃん侍さんのせいではありません。イタズラをする本人の問題です。せきにんをとれというのは少々間違っていると思います。byノート設置者より》

管理人は喧嘩に発展しそうな書き込みを牽制しながら、別のコミュニケーション・ノートの管理人や店員と協力体制をとっていく。

《四／一〇　ゑー始めまして、いつも地下でひそかにうごめく「ブロンクス」ファンです。実は「ブロンクスノートvol. 8」がなくなりました。あくまでウワサですが盗まれたよう。そこで、ノートを見かけた方、持ってくのを見かけた方がいましたら地下のノートに一筆かいてもらえませんでしょうか？（中略）落書きやノートを切る心ない方達と闘ってきましたが無くなるとは……（中略）ねぎなぎ　どこにでもモラルのないイタズラ書きする人って多くて困りますね》

《四／一一　2Fのノートにへんな事書く人の特徴などを知ってる人は2F店員までもしくは店員の赤ペン先生までお願いします。SN店員》

そして、対策会議を開いた四月六日から一二日後に犯人を突き止める。《四／一八　みなさんノートラクガキ犯が捕まったようです。店員さんに感謝!!　byナツメ》。

ソウルキャリバー・ノートを管理する常連の一人、〔BAC〕（二三歳・会社員〔CGグラフィッカー〕、二〇〇一年七月六日）は、かつて地方から上京して寮に入り、専門学校でデザインを学んでいた。学校では三人ほど話をする友人がいたものの、デザイナーとして切磋琢磨し、客観的に批判できる人間関係を維持するため、馴れ合いを避け、孤立した生活を送っていたという。その反面、ゲームセンターでは社交的に振る舞い、対戦型格闘ゲームやコミュニケーション・ノートを介して友人の輪を広げていた。
ある日のことだった。ゲーム筐体を囲む人びとで混雑した店舗の中で、高校の制服を着た一人の少女がつまらなそうな顔をして立っていた。〈BAC〉はその少女が「ほっとけなかった」という。少女に声を掛け、ゲームに誘い「このゲームやってるんだったら、ノートに少しでも名前書いてよ」と言ってみた。そのときの心境を〈BAC〉はこう語る。「少なくてもゲームセンターにいる間の自分とだけは、友達でもいいんじゃないかなって」。
以来、少女は〈LASA〉というネームでイラストも書き込む常連客の一人になっていった。

《一〇／一四　さんばん。歌います。……ウソです。ジークばっかり使ってる馬鹿者。で、アイヴィー使ってみたらこれがまた。下手クソ。初心者なのでどーぞイジメないでください。キャリバーやってなきゃきっとスゴイことになっていた。ありがとう　LASA》

〈BAC〉によれば、不登校だった彼女は、ゲームセンターの仲間に後押しされて、次第に学校に行くようになり、友人を店に連れてくるまでになったという。

《聞いたぞLASAさん……学校行きなさい。こちとら朝からいろんな所をぐるぐるとかけずり回ってるというのに君はのうのうとSNに登校しないように（中略）BAC》
《BACさんに用無しでいらないと捨てられました……もう僕は……by　LASA》

《まず一言　こらLASA！　いつそんなこといったって？　そいでもってちゃんと学校行かんかい。by　BAC》

小集団を形成し、仲間内のやりとりが多くなり、新参者が入り込みにくい状況にも〔BAC〕をはじめ常連たちは注意を払う。

《一一／五　なんかオイラのはいる余地がない……。なんか悲しい（ん？　他のノートにも書いたような……）まだまだ修行が足りないなぁ（ナンの？）。一人つっ込みもむなしいだけ……今日は友人宅に泊めてもらおう……。悲しい影をおとすTANUKIでした》

《一一／六　TANUKIさんへ……なーに暗くなってんですか。元気にやろうよ、全く……余地がないって気分わかる気がするなあ（中略）機会があったらちょっくら話しましょう。BAC》

《一一／六　TANUKIさんへ　そういわずに書いてやって下さいな。キャリバーやりながらこのノート読んでくとけっこう楽しいですよ　by　デジ》

〔BAC〕は言う。「学校で友達つくらないようにしていたし、はっきり言って強がりだから、本当はつくりたかったんだと思いますよ。じゃないと、寂しくて仕方ない」「絶対に学校で友達つくらなくても、SNにそういう人達がいたっていうのはね、気持ち的にすごい楽だったんですよ。なんか……」。〈ＢＡＣ〉にとってゲームセンターは仲間と交流するかけがえのない場となっていた。だからこそ〈ＢＡＣ〉は、ときにコミュニケーション・ノートの管理人に徹し、常連だけでなく新参者の書き込みに対しても温かいコメントを付け、ノートを汚す行為、とくに参加者を傷つける行為に対して徹底的に対処した。

《今日はここにひどいことがかいてあったので消しました。その文章を見た人間として一言いわせてもらいます。あんなことかくくらいの暇人ですから、きっと友達は一人もいないんでしょうね。このノートはあなたのような人にとやかくいわれるためにあるのではありません。少なくとも私にはこのノートにかいてくれる人たちとのつながりでもあるわけですから。そう思うのに勝手ですがよごさないでください》

〈ＢＡＣ〉はコミュニケーション・ノート上にネームを記すとき、「ＢＡＣ」「ばく」「莫」を用いる。ゲームセンターでアルバイトをしていた高校時代に、「髪を後ろに留めて下げてる店員の意味」で「ＢＡＣＫ」と名乗っていた。それはアルバイトを禁じていた学校にばれないように本名を伏せるためだった。ゲーム大会に参加するときには、三文字の制限があったため、「Ｋ」を取って「ＢＡＣ」を使った。「バクっていう動物いるじゃないですか。夢を食べるっていう意味を考えれば、人のやりたいことを潰すっていう意味じゃないですか。俺は気にしないで、誰かの行動を妨害しているってこと、あらためて考えることあるんですよ」。〈ＢＡＣ〉には「あまり、思い出したくない」過去があった。

高校受験で「ちょっとすさんでた時期」に、コミュニケーション・ノートに「いい加減な文章」を匿名で「書き殴っ」たことがある。その後、ゲームをプレイしていると、しばらくして背後から女性のすすり泣く声が聞こえてきた。〈ＢＡＣ〉と同じぐらいの少女だった。泣いている少女のそばで、コミュニケーション・ノートを一緒に見ていた友人らしき女の子が少女を慰めていた。〈ＢＡＣ〉はゲームをプレイしていても、後ろの声が気になり「もうわけわかんない」ほど動揺したという。

書き殴った言葉は「『このノートに書いてる奴らは暗い奴だ』みたいな、本当に中傷書きですよ。今だって、やっちゃいけないことだったなーって思ってます。遊び半分で書いた文章っていうのは、それだけ、どんだけ人に影響与えるかっていう。たとえ一人だとしてもね。すごいかわいそうだって」「悪いなと思ってもすぐに謝れなかったんですよ。そういうのはやっぱり今でもちょっと、悔しいって言ったらあれだけど、謝りたかったなというのが今でもあるし、そういうのをもうやらないための『ばく』なんですよ」。

混雑した店内で一人たたずんでいる少女を見たとき、かつて自分の背後ですすり泣いていた少女と〈ＢＡＣ〉の心の中で重なった。だから「ほっとけなかった」。「少なくとも、この子（ＬＡＳＡ）に話しかけたっていうので、俺はある程度救われました」（カッコ内筆者）。

●——快適な居場所とするための戦略

本章では、落書き増減の背景を探る中で、立地条件や店の戦略による客層の変化、常連客の存在と自浄作用、イラスト効果といった諸要因を見出し、コミュニケーション・ノート上での社会的相互作用から導き出される合意形成過程を明らかにした。落書き・誹謗中傷に対するイラストの効果は、人々の相互作用の中で個人の指示と解釈の過程に入り込むゆえに、イラストの諸機能がもたらす効果は誰にでも同じ影響を及ぼすのではなかった。落書きとイラストの境界線は必ずしも明確ではなく、管理者による権力の行使もすでに記述された内容の経過によって判断が異なる。たとえば、〔WieB〕の中傷文が削除されていないのは、〔と一る〕との相互作用の結果、〔WieB〕が謝罪しているからであると考えられ、もし落書きの発見時点で誰も反応していなかったり、あるいは落書きが増加し喧嘩に発展していれば、コミュニケーション・ノート設置の廃止などなんらかの処置がとられることもある。

こうした場には業界、店、常連、一般客といった力関係が内在しており、相互作用のレベルにポリティクスが介在する。権力は一方的なものではなく、たとえば〔I〕の店員がコミュニケーション・ノートを単独で廃止せず、参加者に撤去を提案したように、ヘゲモニーが重要となる。それは参加者が店にとっては「客」として存在しているからであり、一方的な強制や怠慢は客離れを引き起こす。他方で人びとは店の権力に徹底的に対抗するわけではなく、書き込む行為自体が暇つぶしでしかない場合もある。

〔MOMO〕はコミュニケーション・ノート撤去提案に対して《最近のルール無用のかき込みぶり

には怒りどころか悲しさまでわきます》と吐露し、《日常の悩みとか、学校や就職のことまで書く人がいた》のは《きちんと最初のルールをまもってこそ》だったと綴る。《私を含め、全員が反省せねばならないことです。後から来た人に、このノートのかき込みについてそれとなく教えてあげることもできたのではないか（中略）長いこと、コミュニケーションの場を作って下すったのに、あんなものしか書けないんだったらお店も経費使ってまですることじゃないしね》と店に対する配慮をみせ、参加者に反省を促す。

ゲームセンターに集う人びとは、ときに「店に対する要望、苦情」をコミュニケーション・ノートに書き込み、コントローラーの不具合を店員に伝え、「純粋にゲームに関する情報」を綴りながら他者と情報を共有し、「ゲーム以外の世間話」をして交流する。そして、次第に友人をつくり、互いに仲間であることを確認し合い（「仲間づくり、確認」）、日常の悩みを相談し、苦しみを吐露する（「身の上相談、心情の吐露」）。

〔とーる〕や〔MOMO〕、〔BAC〕のようにコミュニケーション・ノートを介して形成される人間関係を尊重し、愛着さえも感じている人びとにとって、コミュニケーション・ノートはかけがえのないコミュニケーション・ツールとなる。だからこそ、常連はルールをも尊重し、そこから逸脱する他者に対して反省を促すのだ。つまり、常連にとってゲームセンターは、居場所として機能する。これらのことを踏まえるならば、人びとの「合意形成」とは、自分がかかわる集団の人びとを尊重しながら、自己が他者に受け入れられようとするための行為であり、場合によっては、その重要なツールであるコミュニケーション・ノートを存続する目的で行われるものでもある。

ポリティクスが生じる場面は、落書きや誹謗中傷が書き込まれ、コミュニケーション・ノート上の規範を侵犯し、参加者の尊厳を著しく傷つけたときに顕著となる。逆に、自分の記述が、その集団の規範を逸脱せず、参加者を尊重しようとする気づかいの中にポリティカルな態度が採用される。

書き込むこと自体が目的となるコンサマトリーなコミュニケーションに入り込むポリティクスとは、自己承認を求め、他者を受け入れる過程に生じる選択肢の一つである。つまり、相互作用のレベルにポリティクスが介在するのは、他者の反応を期待し、コミュニケーション・ノートを介した人間関係を尊重する人びとに顕著であり、客のポリティクスは「対抗」というよりも、ゲームセンター空間を快適な居場所とするための戦略であったのだ。

註

＊1　本書では、ひとまず落書きを各店舗のコミュニケーション・ノートに記された注意書きから定義し、「誹謗中傷や他人が書いたイラストに無断で筆を入れる行為、卑わいな絵、絵が下手なのではなく明らかに書き殴った〝いたずら書き〟、大きな字で『バカ』などと書きノート一枚を無駄にするもの、電話番号を記入しボーイ・フレンドやガール・フレンドを募集する書き込み」などを念頭におく。

＊2　［ZI］（山形県米沢市、二〇〇三年七月八日）は、マジックで横線を四本引き、ノート一枚を四分割にする。店員は「ノートに線を引いたのは、スペースをとっておかないと、落書きを描く人がいるからです。自分のスペースがこ

こまでとわかれば落書きはなくなりますからね」と話す。ところがノートを見るかぎり、線を引いただけでは落書きはなくなっていない。観察した印象ではあるが、落書きが消えるときはイラストが描かれていた。また、2節で検討する［I］の事例も参照。

*3 Gramsci, A.（1975）*Quaderni del carcere, Edizione critical dell' Istituto Gramsci a cura di Valentino Gerratana*, Torino, Einaudi.＝（一九九九）上村忠男編訳『知識人と権力』みすず書房、五三―五五頁。Gramsci, A. (1987) Opere di Antonio Gramsci 1913-1926.＝(1988) Forgacs, D. *A Gramsci Reader*, Lawrence & Wishart.＝（一九九五）東京グラムシ研究会監訳『グラムシ・リーダー』御茶の水書房、二四四頁。

*4 吉見俊哉（二〇〇三）『カルチュラル・ターン、文化の政治学へ』人文書院、一二一―一二五頁。

*5 前掲 Gramsci (1987＝一九九五)、三一八頁。

*6 今村仁司（一九九三）『アルチュセールの思想』講談社、三六頁。

*7 前掲 Strinati (1995＝二〇〇三)『ポピュラー文化論を学ぶ人のために』、二一一―二一四頁。

*8 前掲吉見（二〇〇三）、一一二―一一三頁。

*9 ヘゲモニーの「能動的・実践的関与」を強調し、支配的イデオロギー概念の「受動的な従属とはまったく異なる」とする指摘もある。Forgacs, D. (1988): *A Gramsci Reader*, Lawrence & Wishart.＝（一九九五）東京グラムシ研究会監訳『グラムシ・リーダー』御茶の水書房。

*10 前掲吉見（二〇〇三）、一二四頁。

*11 ネームの読み方不明、ある常連がそう呼ぶ。本書では〔次元〕と記述する。

*12 〔いたずらバナナ〕も最初の書き込みから一六カ月後に、かつて禁じられた絵と同じ類のイラストを描いているが、今度は禁止されていない。

*13 Blumer, H. (1969) *Symbolic Interactionism: Perspective and Method*, Prentice-Hall.＝（一九九一）後藤将之訳『シンボリック相互作用論―パースペクティヴと方法』勁草書房、一〇―一一頁。Blumer, H. (1936) *Social Attitudes and Nonsymbolic Interaction*, Journal of Educational Sociology 9, pp. 512-523.

＊14　Mead, G. H. (1934) *Mind, Self, and Society, from the Standpoint of a Social Behaviorist*, The University of Chicago Press.＝（一九九五）河村望訳『精神・自我・社会』人間の科学社、五九―六四頁。

＊15　同前Mead（1934＝一九九五）、一五一―一五二頁。

＊16　前掲Blumer（1969＝一九九一）、一〇二、二、六―一二、一四四頁。

＊17　同前Blumer（1969＝一九九一）、二四、八二―八三頁。

＊18　加藤晴明は電話空間やCMC（Computer-Mediated Communication）空間におけるコンサマトリーなコミュニケーションに注目している。前掲加藤（二〇〇一）『メディア文化の社会学』、一一、一一〇頁。なお、コンサマトリーなコミュニケーションとは、連絡事項を伝えるような目的をもったものではなく、おしゃべり自体を楽しむような行為を意味する。

第6章 伝言・掲示板

1 メディアとしての落書き

伝言・掲示板

各地のゲームセンターのコミュニケーション・ツールにはコミュニケーション・ノートやイラスト・ノートだけでなく、掲示板や伝言板がある。掲示板や伝言板はコミュニケーション・ノートと併設されることもあれば、ノートに落書きや誹謗中傷が書かれ、経営者の反感を買い、その結果ノートが廃止され、代替措置として伝言・掲示板が設置されるケースもある。そこでは店の客に対する圧倒的な権力構造が顕在化し、ポリティクスが生じているように思われる。

本章では伝言・掲示板に着目し、コミュニケーションの様相を呈示しつつ、落書きをめぐるポリティクスを考察する。

赤井正二によれば、駅に設置された伝言板が若者の表現の場として注目されたのは一九七〇年代前半のことだった。[*1] 一九九〇年代になるとポケベルや携帯電話、インターネットに取って代わった。

そのためか管見した限りでは伝言・掲示板に関する研究はきわめて少なく、その大半は駅に設置された伝言板の調査である。[*2]

駅の伝言板は「日常的な場面での緊急時という比較的固定したコンテクストのなかで行われるコミュニケーションであり、かつ駅という公共性の高い場所に設置され一定の管理の下にあるという意味で制度的コミュニケーションでもあるという特質をもつ」。[*3] 駅の伝言板は一九九六年以降につぎつぎと姿を消していくが、その理由としてポケベル・携帯電話といった新しい情報メディアの登場だけでなく、一定の管理下にある制度化されたメディアであるがゆえに、落書きを理由に非難され、撤去されていったという経緯がある。[*4]

しかし赤井と二宮昭は、各調査の結果から駅の伝言板に書かれる内容が必ずしも「いたずら書き」と断定できないことを指摘する。書き込み内容は、赤井によれば「待ち合わせ・機能的メッセージ」「待ち合わせ・表現的メッセージ」「掲示板的メッセージ」「挨拶メッセージ」「対話」「つぶやき」「その他」の七つに分類できる。[*5] また、二宮は「何らかの情報を伝達するもの」「他者への働きかけをおこなうもの」「発信者の感情や考えの自己表出」「社会的関係に関するもの」「意味不明・その他」の五つに大別した。[*6]

詳細は述べないが両者の分類表記は異なるものの、内容はほとんど共通していることを指摘しておきたい。つまり、駅での待ち合わせに利用するメッセージが伝言板における「正当」な書き込みであるとするならば、挨拶や自己表出といった「正当」でない書き込みが伝言板には記されていたのだ。二宮は「待ち合わせという枠にとらわれない情報の伝達や、他者への働きかけなどが行われているわけだが（中略）『仲間との接触・談話の場』として伝言板を利用しているといえるのでないだろうか」と論じる。[*7]

「仲間との接触・談話の場」を示したものとして、別冊宝島編集部によるつぎの資料は参考になる。かつてJR代々木駅にある伝言板「らくがきコーナー」には、マンガ・アニメを愛好する若者が集まり、毎朝張られるB全大の紙にさまざまな絵が書かれた。「ヘタな絵をど真ん中に大きく描いたりすると、絵の上に『却下！』と描かれ」たという。編集部の取材に応えた常連の一人は、「みんなで作品を完成させようという共通意志があ」り、「この紙もひとつのムラ」であるとし、「ここに集まる人は誰かとのコミュニケーションを求めてるんです」と語った。[*8] つまり、伝言板に書かれたものは、落書きというよりも作品として扱われ、常連は伝言板を介して仲良くなり、コミュニティに似た集団を形成していったと言えるだろう。

また、赤井の分類における「その他」は落書きであるが、その比率は一二・七パーセントであった。[*9] つまり、マスコミ報道を通じて非難されるほど、伝言板に落書きは書かれていなかったことになる。ともかく伝言・掲示板の研究を概観すると、落書きがキーワードの一つとして挙げられることに留意したい。[*10]

●——対抗文化としての落書き

落書きとは、「門・壁など、書いてはいけない場所にいたずら書きをすること」で、落書（らくしょ）も含まれる（『広辞苑』）。書かれる場所・媒体としては岩、壁、紙、口承、トイレ、机などがあり、機能としては誹謗中傷、密告・告訴、暴露、抗議、勢力争い、士気の高揚、広告・プロパガンダ、自己表出・表現などがある。さらに匿名、公開、責任放棄、自由、自発といった特徴が挙げられる。[*11]

紀田順一郎によれば、落書（らくしょ）は、詩という形式を保った諷刺であり、①時事の一局面を対象とし、②形式上遊戯性を尊重し、③匿名性を保つことが求められ、支配階級や対峙する権力に対する形式・ユーモアをともなった対抗手段であった。もっとも古い落書の記録は日本書紀にあるが、識字率が低い時代においては貴族、僧侶、武士、帰農した武士階級などがおもな書き手であった。つまり、天皇家や貴族、僧侶の権力争いや代官の不正を領主に告げ、領主などの支配階級に抗議し、農民一揆の士気を高める際に落書が利用されたが、書き手は読み書き能力を有し、生活に余裕のある人びとの手段であった。

紀田は、徳川幕府にくらべ、明治三〇年代以降の天皇制絶対主義は嘲笑をおそれ、風刺的ユーモアを理解する能力と度量に欠けた非マニュエリスム（自分を嘲笑できぬ権力）であるとし、明治期に「諷刺の相手に対するゆとり」と「形式を使いこなす教養」を失うと、落書は衰退の一途をたどったと論じた。[*12]

一方、落書きは、トイレの壁などで見られるように、ユーモアをきかせたものや韻を踏んだ詩形式もあれば、卑わいな文字や絵、ユーモアを欠いた誹謗中傷が混在しており、落書よりも幅広い意味で用いられる。[*13] ライズナーによれば、ある種の落書きは政治に対する抵抗運動として機能し、政府や企業などメッセージの送り手が描く世界に対する批判行為として機能する側面をもつ。その意味で落書きは抑圧に対する反抗であった。

さらに彼は「本物」と「インチキ」な落書きを区別し、「立派な落書き」とは「奇抜さ」や「ひねった工夫」「冷笑的な皮肉の感触」があり「言葉の洒落まで含まれているもの」であると論じた。[*14]その点で落書との共通点を見出せる。つまり両者はユーモアと遊戯性をそなえ、抑圧からの解放を基盤とした対抗文化であると捉えられよう。

反抗には「不良」といった意味が付されがちであるが、もともと落書きという言葉自体は否定的なニュアンスが含まれている。[*15]公共物に許可もなく文字や絵を書く行為は汚損であり、加害者として扱われる。

しかし、本村凌二によれば紀元一世紀のポンペイでは、公共の壁や家の塀に手書きの選挙ポスターやイベントの開催告知といった公的なメッセージをはじめ、愛の告白や誹謗中傷、性に関するものなど私的なメッセージが日常的な行為として書かれていた。公共広場では初等教育が行われ、「民衆の多くが多少の読み書き能力を身につけていた」と思われ、書き手はおもに男性であるが女性も存在し、子どもから大人までが綴っていた。[*16]つまり、壁は「書いてはいけない場所」ではなく、伝言・掲示板のようなメディアとして機能していたのである。[*17]そこに書かれた文字や絵は、否定的なニュアンスを含む落書きと呼べるのであろうか。

●――レイベリング理論と落書き

中村隆志は、紙の大量生産・印刷技術が発達し、ポンペイの壁における公共のコミュニケーションが変容した結果、「現在では建物の壁に何か記載すること自体、社会的慣習から外れた行為と」され、「ひいては共同体内の道徳慣習全体に対する反抗の意味が付与」されたと指摘する。[*18] つまり、ある状況下で正当な記述と認知されても別の文脈では落書きと見なされるのであり、換言すれば、人びとが共有する相互作用を逸脱、侵犯、破壊するとき、落書きとされるのだ。[*19]

このような場合、反抗のつもりで書いたわけではないのに、他者から「反抗＝落書き」であるとラベリングされてしまうことも起こり得る。たとえば、落書きは「反抗」を示す内容も確かに存在するが、学校の机の落書き調査では「反抗」を理由に挙げた回答者は八六〇人中、三人だけであった。[*20]

新田啓子は、ジェントリフィケーションが進行するアメリカの各地域で調査したウォルシュの研究を紹介し、「ちょうど第一期クリントン政権の後期、貧困層への『配慮』を前面に、中産階級的な『公序良俗』政策が進められていた頃」に、グラフィティ文化が「九四〜九六年にかけ、一気に社会問題化され」たと指摘する。[*21]

ベッカーによれば「社会集団は、これを犯せば逸脱となるような規則をもうけ、それを特定の人びとに適用し、彼らにアウトサイダーのレッテルを貼ることによって、逸脱を生みだすのである。（中略）逸脱とは、他の何にもまして、ある人間の行為に対する他者による反応の結果である」。[*22] 今尾佳生はベッカーの逸脱理論を援用し、落書きの問題が記述された内容や記述された場所にあるのではなく、文脈にこそあると強調する。[*23] 落書きは人びとの相互作用のなかで意味付けされ、反抗や逸脱、正当なメッセージ（絵）といったように振り分けられるが、アメリカで公序良俗政策が進められたという特定状況の文脈において落書きが社会問題化したように、そこにはポリティクス、権力が介在しているように思われる。[*24]

本書の研究対象であるゲームセンターの伝言・掲示板は、駅の伝言板と同じく制度化されたメディアであるが、いくつかのルールに従えば比較的書き込み内容の許容範囲は広いという特徴がある。[*25]さらに、内容の如何にかかわらず書かれた時点で落書きとされることはない、という点で公共物に対してなされる落書きとは異なる。それらを踏まえたうえで、以下、落書きをめぐるゲームセンターの伝言・掲示板のポリティクスを明らかにする。

2 伝言・掲示板のポリティクス

伝言・掲示板の用途

ゲームセンターには客に対する広報、告知、募集などの目的のために、掲示板が設けられている。ビデオゲームの新作ポスターを張り、ゲーム大会の日程告知と参加者募集を行い、その大会の結果を表にして知らせ、店内での禁止事項の告知や忘れ物の「お知らせ」などに掲示板は用いられ、店と客を仲介する役割を担った。コミュニケーション・ノートが「店に対する要望、苦情」から始まったのも、客同士のコミュニケーションというよりも、まず店と客との関係が重視されていたからだ。

『広辞苑』によると「掲示」の意は「人目につくところに掲げ示すこと」で、「掲示板」は「文書・ポスターなどを掲示するための板」を指す。これに対し「伝言」は「ことづて」の意で、「伝言板」は「駅など人の多く出入りする所に設け、ことづてを記せるようにした板」のことをいう。掲示板の多くが店から客への一方行的なコミュニケーションなのに対し、伝言板は誰かのことづてに返事を出すことが可能だ。言うならば、伝言板は客と店、あるいは客同士の双方向的なコミュニケーションを促すツールである。

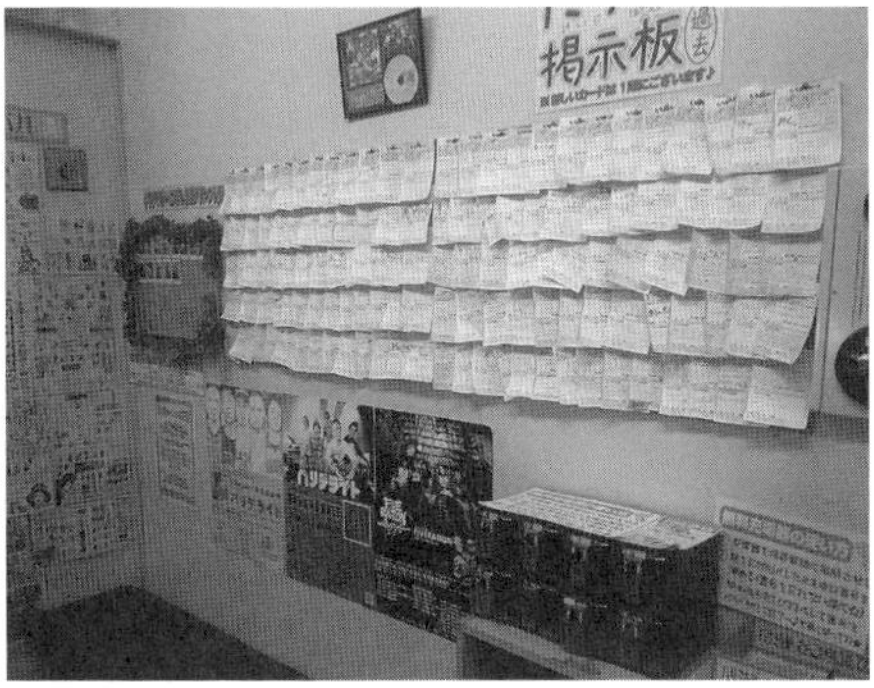

伝言・掲示板

掲示板は伝言板やコミュニケーション・ノートと併設され、互いの長所を補い合う形で用いられているケースが少なくない。［B］（千葉県柏市、二〇〇〇年一一月四日）には、コミュニケーション・ノートと掲示板の両方がある。《コントローラーの調子が悪い》《ゲームをクリアした》《試験に合格した》など、私的なことはコミュニケーション・ノートが受け持ち、大会のトーナメント表やイベント情報など公的なことは掲示板が担った。また、［FM］（埼玉県川越市、二〇〇三年一一月二三日）では、コミュニケーション・ノートのほかに、スコアを書き込む白板「ハイスコア掲示板」とコルクボードの「ゲームリクエスト／故障、不具合、設定」掲示板がある。ハイスコア掲示板には、日付、ハンドルネーム、スコア、コメントを書き込む欄が設けられ、ゲーマーたちの競争心をかき立てている。

「J」（広島市、二〇〇二年三月二八日）は、伝言板と掲示板の両方の機能を生かして「らくがき掲示板」を設置している。コルク素材のボードに告知などが掲示されると同時に、客の書いたイラストや文章が並ぶ。利用者は用意された用紙とペンでイラストや伝言を書き、「らくがき箱」に投函する。定期的に店員がらくがき箱の中をチェックし、誹謗中傷の用紙を取り除いたうえで、掲示するシステムだ。このように「掲示」と「伝言」の両方の機能を兼ね備えたメッセージボードもある。

「L」（千葉市、二〇〇一年五月一二日）でも、「J」と同じようなシステムが採用されている。ただし、こちらは、掲示板の機能を削除し、伝言板としてのみ用いている。「L」は一九九九年一〇月一日、コミュニケーション・ノートを廃止し、伝言板を設置した。[*26] 用紙には店への「ご要望」か「伝言板」に丸を付ける欄があり、「伝言板」に印が付けられている場合だけ掲示している。メッセージは一カ月間掲示された後、「メッセージカード集」に収められる。そうすることで以前のメッセージは、読みたい人がいつでも閲覧できるようになっている。

「L」の店員は、伝言板を設置した背景をつぎのように説明する。「ゲーセンには一人で来る方が多いですね。何人かで来なくてはならない場ではないんで、客同士のつながりを補助する場を提供することで、商売上でもメリットあります。仲間意識とか、休憩とるとか、集まりの場として、仲良くなってくれれば、またここに来てくれます」。「L」では、ゲームセンターを「集まりの場」として提供することを心がけている。

●——コミュニケーション・ノートから伝言・掲示板へのポリティクス

しかし、その集まりの場に客が通うようになり常連となると、店との間に軋轢が生じる。常連がコミュニケーション・ノートを設置した机のまわりにたむろし、一般客に不安感を与え、ノートに参加しにくい雰囲気をつくるからだ。また、常連同士で喧嘩が始まることもあれば、「あらし」が落書きでノートを汚すこともある。たとえば〔FM〕では、常連同士の喧嘩に店員も交えて問題が深刻化し約一年間、コミュニケーション・ノートの設置を停止した。

こうした問題に対処するのは店だけではない。常連による話し合いによって運営方針を決定していくケースもある。行きつけのゲームセンターが二〇店舗あるという〔AZO-HELL〕（一九歳・アルバイト（副店長）、二〇〇一年七月六日、東京都新宿区）は、ノートが荒れた店舗の常連たちと話し合いの場を設け、対策や方針を決めていくという。「自分の意見はこうだ」と、話題からかけ離れた内容を書き込み、ときには喧嘩腰で議論を誘発する「自称ゴーマニスト」たちを隔離するために「問題児処理用ノート」を設置し、自分たちが参加するコミュニケーション・ノートから「問題児」を一掃したこともある。店にコミュニケーション・ノートを没収されるのを防ぐ苦肉の策だった。

その一方で、話し合いの結果、ノート廃止を決定した店舗もあった。「ノート置いたらお客さまの反応が悪い」と店員から言われ「ノート賛成派と反対派で食事会したんですよ。友人から電話がかかってきて、ファミレスで三、四時間ほど話し合いました」。おもな議題は「ノート書いてる常連がゲームしてるのか」「一般の客が来られなくなる雰囲気ができる」の二点だった。「ノートが置いてあるスペースに他の人が来ると『何だこいつ、何か文句あんのか！』。知ってる人がいると『ヤッホー』と挨拶する。そういう『オーラ出してる』と言われて、げんなりしました。で、話し合った結果、ノート置くの反対だと妥協しました。うちらのコミュニケーションのためにノートがあると言ったら『そういうオーラ放ってるようじゃダメ』と。確かに常連しかわからないネタばかり書き込んでた」。

ここで留意したいのは、話題を無視して主張ばかりする問題児を排除したのは、〔AZO-HELL〕ら「良識」ある常連にとっては正当な行為のようにみえるのだが、他方で内部と外部を分ける垣根を積み上げ、仲間にだけ通用する話題を共有しているという事実だ。この事例ではどちらかに問題があるのではなく、集団内の相互作用を逸脱したときに「問題」とされ、権力が行使されており、さらにその権力行使を可能とするために集団内の同意が必要とされている。つまり、そこにヘゲモニーが存在しているのだ。

〔AZO-HELL〕の行きつけの店のひとつ［S］では、常連の〔としくん〕がコミュニケーション・ノートの管理人を務める。〔としくん〕は毎週テーマを設けて、意見を募るコミュニケーション・ノートを運営していた。そんなある日、客の一人〔白竜〕から《ゲーセンに来てゲームをやらない奴　ノートとか書きに来るだけな奴とか》をテーマに取り上げる要望が書き込まれた。それに対し、〔としくん〕は自分への誹謗中傷と受けとめ《ゲーセンに来てノートばかり書いてる奴だと思われたことの不快》を顕わにした。議論は長短含めて約二〇の書き込みがあり、一一ページに及んだ。

《ただゲームセンターに来て、あなた否皆さんは友達いますか？　ゲームしてる方に声かけて「お上手ですね」とか声をかけられますか？》〔としくん〕。

《皆さんは、ウィンドウショッピングは嫌いですか？「東急ハンズ」などのお店に行ったら一〇〇％何かしら買って帰りますか？（中略）それと同じで「ゲーセンに来たから、ゲームをしなくちゃいけない」という決まりはないですよね？　僕は、この店でしか書き込みをしてないけど、少なくとも［S］は、ノートだけ書きに来る客も歓迎してくれてますよ。たぶん》〔シルバー〕。

《ここに来たら、ゲームを必ずやって下さい!!　とは言いません。が、やっていただけたらとてもうれしいであります》〔店員〕。

《ノートの為だけに来ると言うのもかなり変わってると思う。ノートを置いてるのはあくまで店側の好意なのであって義務ではないのでそれに付け込んでるだけの人間は問題だと思う》〔うるふ〕。

《やるやらないは個人が決める事ですから、他人がどうこう口をはさむのもちっとおかしいのでは》〔ソリッド〕。

《はなからゲームする気が無くて他人の設置したノートでお友達ごっこがしたいだけなら他所でやって欲しい。ここはゲーセンであってゲームを見るなり、やるなりゲームが目的の場所なのだから。別に実害は無いから今までは黙認してたが四／三〇の文[*27]を見てちょっとカン違いもはなはだしい》〔店員〕。

《やりたいゲームがないのに〝やれ〟みたいな強制的になると、客も来なくなると思います。客が来ない↓収入出来ない↓営業停止or倒産みたいな》〔Ayu〕。

《店員さんの立場になって考えていませんでした。すいません》〔ソリッド〕。


一週間が経ち、〔としくん〕はテーマを変えるが、議論は収束しなかった。


《やっぱり、ゲームしないいと。わざわざ机まで置いて下さったお店です。本当に嬉しいですし。あろもあんまり最近してないので、反省しました》〔あろえもん〕。

《どうして一番やってない人が答えないで別のテーマにしちゃうかな～？》〔白竜〕。《↑しっかり読んでますか？　四／二七に答えてます!!》〔としくん〕。

《白竜さんは、この店で友達できましたか？（中略）この店で友達を作ることが出来たのは、［S］のみなさんがノートを設置してくれたからだと思っています。とても感謝しています。ありがとうございます。今日は、何かしらゲームしてから帰ります》〔シルバー〕。

《シルバーさんへ、理解していただいて幸いです。これからもみなさんと楽しいノートにしていって下さい》〔店〕。

《ノートを置かせて下さる［S］さまには日々感謝×2で胸がいっぱいです。（中略）ノートほんらいの目的は、ゲームして、よりゲームを楽しくする為に、ゲーム友達を作る為にです》〔としくん〕。

当初、「必ずしもゲームを強制的にする必要はない」という論調が、店員の一喝によってほとんどの参加者が感謝の意を表し「来店したらなるべくゲームをしよう」に変化している。〔シルバー〕は最初の書き込みの時点で《もしも、「ゲームを必ずしなきゃいけないゲーセン」があったら、僕は、その店には、二〇〇%行きません》と断言していたが、店員の一言で、態度を軟化させている。この事例から、ヘゲモニーが支配的イデオロギーと変わらず「支配の一形態」であることが見て取れる。一見すると確かに参加者の合意を取り付けているようだが、巧妙かつ強力な権力で「自発的」に同意を誘い込んでいると言えるだろう。

ただし〔うるふ〕の書き込みは、店員と筆跡がきわめて似ており、同一人物であるとも考えられる。とするならば、ヘゲモニーを獲得するためにネームを変えて議論に参加しているとも言えよう。〔Ayu〕が「客が来ない→営業停止」という図式を用いたように、客は一方的な従属集団ではなく、ある意味で切り札のカード＝権力を握っている。

こうしたヘゲモニーを認めるならば店への追随は、常連たちからしてみれば〔AZO-HELL〕が言うようにコミュニケーション・ノートが没収されるのを防ぐための戦略転換であったとも推察される。切り札はゲームをプレイする客として存在しなければ効力を失うからだ。もし、ゲームプレイの必要性を無視する方向で議論が発展していたならば、コミュニケーション・ノートは廃止されていただろう。

店にとっては、ノート自体を廃止することも一つの手だが、［L］は店内の一角が一部の人びとのたまり場になることで生じる諸問題に対し、伝言板を設けることで対処した。「掲示板（伝言板）にすることで机をなくしましたから、短い時間でメッセージを読めるようになりました。ノートだとその場で書かなくてはいけませんから、常連が長時間居続ける。そうすると、普通の人が見られないことがあります。カードなら、家などに持って帰って、書き込んでから店に持ち込めます」（店員）。

●——伝言・掲示板のコミュニケーション構造

では、コミュニケーション・ノートと伝言板では、どう違うのだろうか。まず、コミュニケーション・ノートは一度書かれると文字として記録される（図8）。そのため、誹謗中傷や落書きなど公的な場に相応しくないと思われる書き込みも残ってしまう。鉛筆ならば消しゴムで消すこともできるが、ボールペンでは修正液で消し、ハサミで切り取らなくてはならない。必然的に見栄えが悪くなる。

また、管理人がチェックして削除するまでには、タイムラグが生じる。そのため、落書きが続き、喧嘩が始まり、利用者の気分を害することもまれではない。落書きを発見し、削除する間に、その落書きに対するレスポンスがいくつも書き込まれてしまうからだ。一人、二人ならまだしも発見が遅れ、参加者同士の間に喧嘩が勃発すると、落書き自体を削除してもノートに影を落とす。

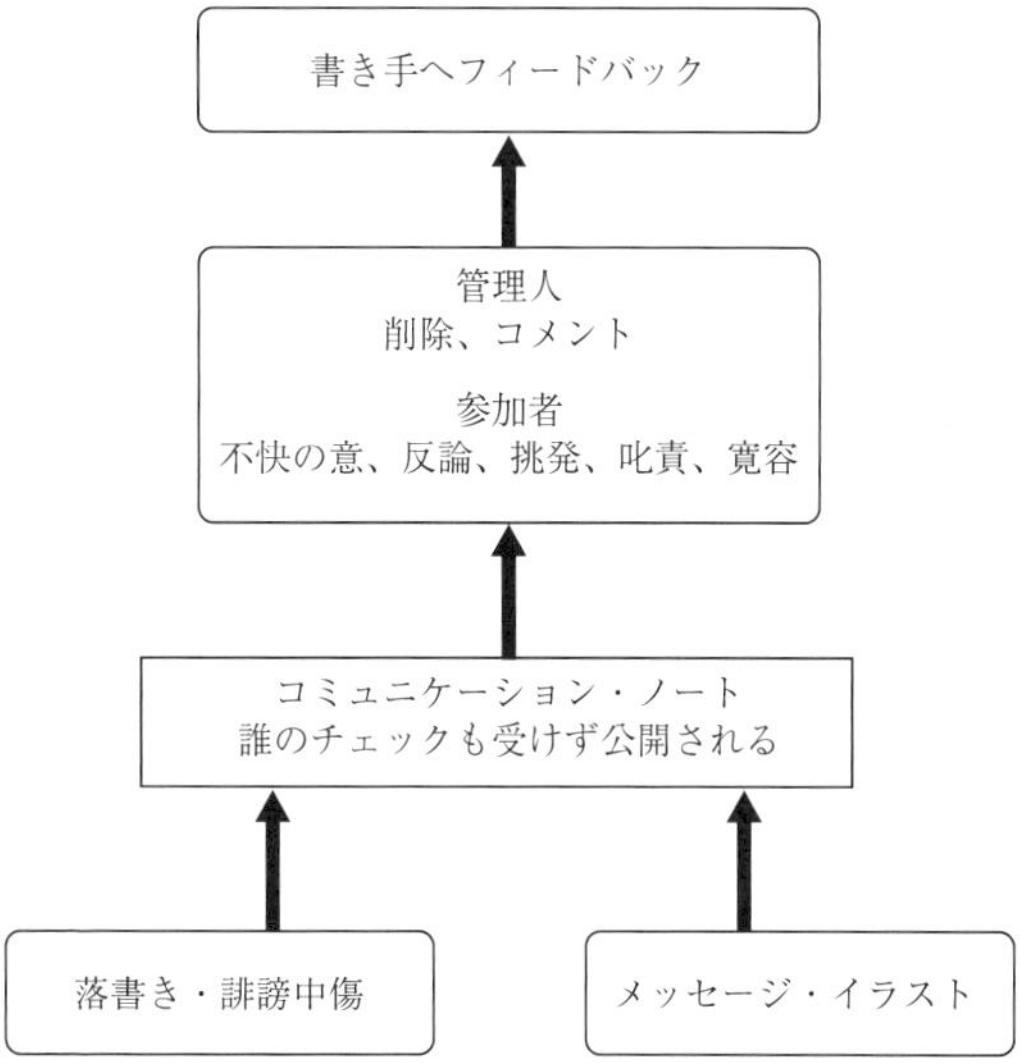

図8　コミュニケーション・ノートのメッセージの伝達構造

しかし、コミュニケーション・ノートの場合は、タイムラグがあるゆえに、参加者による自浄作用が働くことがしばしばある。店舗にもよるがコミュニケーション・ノートは多くの場合、机とイスが用意され、ある一定の場所が与えられる。イスに座りじっくりと他人の書き込みに目を通し、イラストや文章を書くことができる。そして、コミュニケーション・ノートを介して、見知らぬ他者とコミュニケートし友人を獲得していく。そこは個人にとっても居場所となるし、グループのたまり場ともなるのだ。

それに対して、伝言板は投函箱に入れられたメッセージ内容を管理人があらかじめチェックし、落書きなどを取り除くことができる。あらしや喧嘩を生みそうな書き込みなど、それ自体の存在を消す

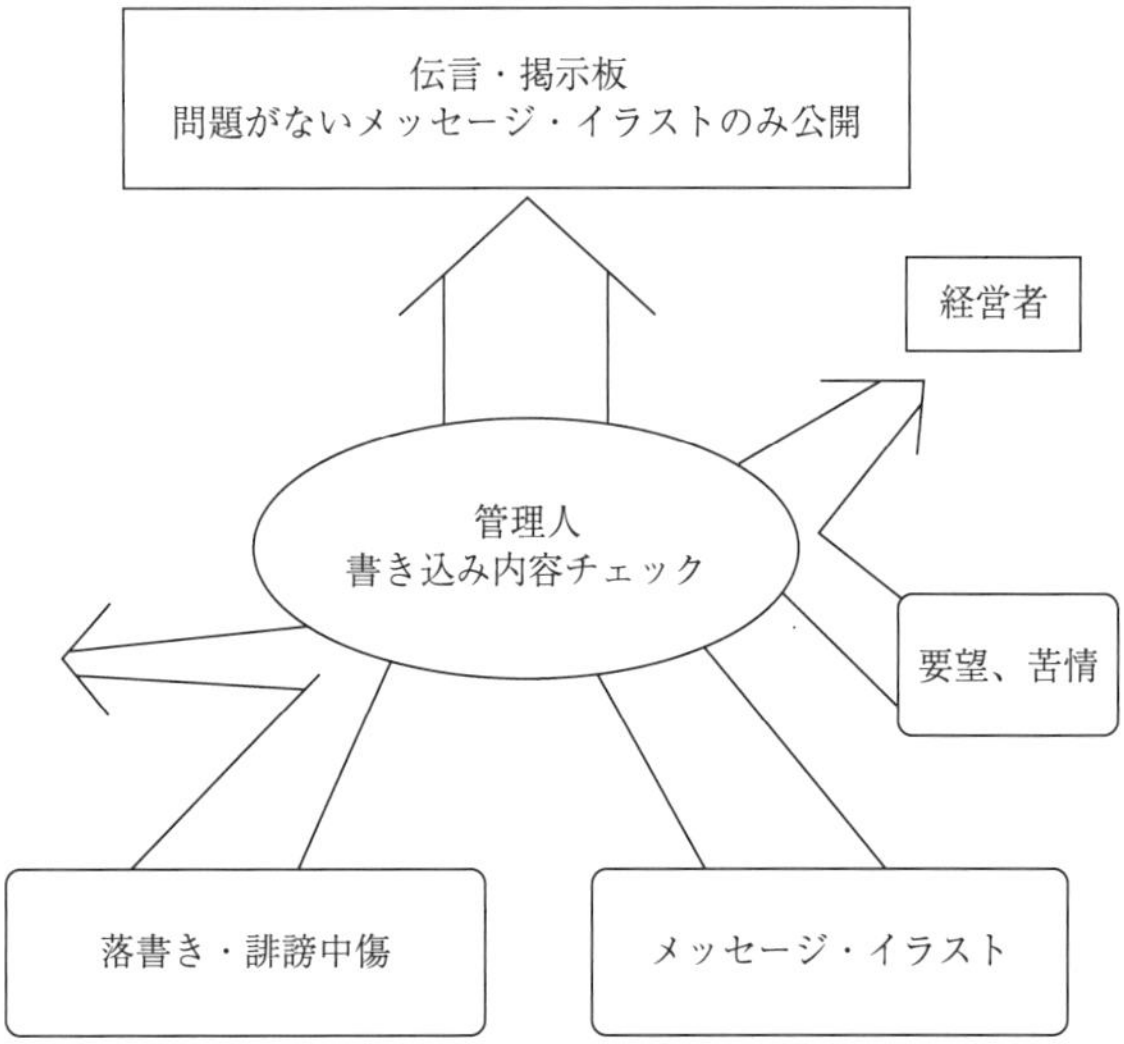

図9　伝言・掲示板のメッセージの伝達構造

ことが可能だ（図9）。ただし、ここにはある種の権力が目に見える形で介入し、参加者による主体的な運営が妨げられるというマイナス要因もある。［L］はコミュニケーション・ノートと机、イスを排除することで書き込む時間を短縮させ、たまり場を奪った。その結果、集団を目の前にすると不安に駆られる人間心理を解消させ、一般客が入店しやすい雰囲気をつくり出すことに成功した。伝言板を採用することで、今までノートを手にとる機会がなかなかもてなかった人びとにとっても、メッセージを読む場を提供した。その意味で伝言・掲示板はコミュニケーション・ノートよりも公開性が高いメディアだ。

また、公開性の高さは流動性の高さにもつながることに留意したい。誰の目にも付かないような場所に掲示しても意味をなさないからだ。コミュニケーション・ノートが施設内の隅や物陰に置かれることが多いのに対し、伝言・掲示板はより多くの人が通り過ぎ、目に止まる場所に設けられる。実際［L］は出入り口につながる二階の階段付近に伝言板を掲げている。

［L］の店員も、常連と一般客の両方に快適な空間を提供しようと、苦心した末に伝言板を採用した。しかし基本的に店にとってコミュニケーション・ノートは、あくまで客の声を吸い上げ、客同士の交流を図ることでゲーム機に一枚でも多くのコインを投入させる手段の一つにすぎない。コミュニケーション・ノートの最初の機能が「店に対する要望、苦情」だったことからも、本来は営利目的のために設置しているのだ。

徹底的に管理された伝言板は、多くの人の目に止まるようになったかもしれないが、問題が起きそうな議論や心情の吐露なども削除されてしまう可能性があり、コミュニケーションの質を変えたことは疑いない。ただし伝言板が、コミュニケーション・ノート設置店の経営者を悩ませていた常連と一般客の確執を解消させ、両者の間に現存する壁を越えさせたという意味で、店の戦略は功を奏した。

コミュニケーション・ノートが廃れていれば、落書きを理由に設置廃止の処置をとっても問題はない。しかし、書き込みが活発な時点でコミュニケーション・ノートを廃止することは客の反感を買い、リピーターの減少を招く恐れもある。伝言板への代替処置は店が客に歩み寄り同意を得ようとする行為であり、せめぎ合うポリティクスが内包されているのである。

3 ゲームセンターの権力関係

社会的行動と意味の流動性

二〇〇三年、業務用ゲームにトレーディング・カード・システムが導入され、伝言・掲示板では、カードの交換が盛んに行われている。その一例は、まず店が用意した定型のメモ用紙に交換希望のカード名や条件を記載し、それを伝言・掲示板に貼り付け、他者の応答を待つ。つぎに、来店した客は交換希望のカードがあれば、メモの返信欄に交換条件や待ち合わせ希望日時を記入し、相手の返答を待つ。両者の合意が得られれば、会って交換するといった具合だ。

こうした伝言・掲示板にも注意事項があり、たとえば［G］（東京都新宿区、二〇〇五年二月一一日）は「①金銭トレードに関する件は一切禁止です。発見した場合は直ちに削除します。②個人への誹謗中傷とみられるメッセージは削除します」と掲げる。また、店舗によっては投函箱を設けて記載内容のチェックを行う。

店舗内の客は互いに見知らぬ間柄であるため、こうした伝言・掲示板がなければ、カードを交換する機会はもちにくい。その意味で伝言・掲示板のメッセージは、ミードのいう社会的行動の開始となる刺激として機能する。ミードは、対面状況におけるジェスチャーを他の個体の反応にとっての刺激である社会的行動の開始と見なし、最初の個体に対する刺激に反応し、自身の行動を変えさせ、別の行動を始める刺激になると論じた。[*28]

ミードに影響を受けてシンボリック相互作用論を提唱したブルーマーは、物や観念などあらゆる対象に対する意味も個人の解釈と定義によって変化するとし、人間の相互作用はシンボルの使用、解釈、他者の行為の意味の推定によって媒介されたものであると論じた。そこでは、メディアを介したメッセージの意味も相互作用の過程で変化すると捉えられる。すなわち、伝言・掲示板にメッセージが掲載されることで、客同士の相互作用の起点となり、イラストやカードを交換し互いにコミュニケートし合うのだが、重要なのは掲示物の内容が解釈と定義の過程を経て、意味が生成することだ。そして、人間集団のなかにおいて「互いの活動を適合させ、自分自身の個人的行動を形成していく[*29]」。

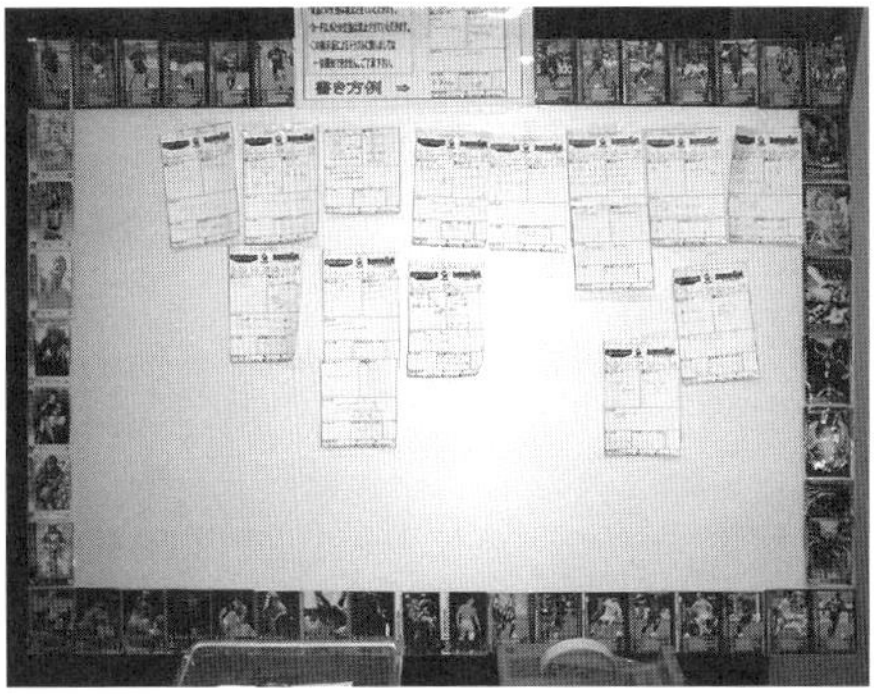

カードの交換

伝言・掲示板を利用する際、参加者はルールに従ったうえでカード交換などを行う。注意書きに見られるように集団内には規範があり、参加者はそれに適合させていくのである。その規範から逸脱するとメッセージは落書きとされるが、解釈と定義の過程には誤解も生じるため、どのメッセージが逸脱、落書きと認識されるかはあいまいである。つまり「正当」なメッセージが誹謗中傷とされることもあり、逆を言えば、誹謗中傷が

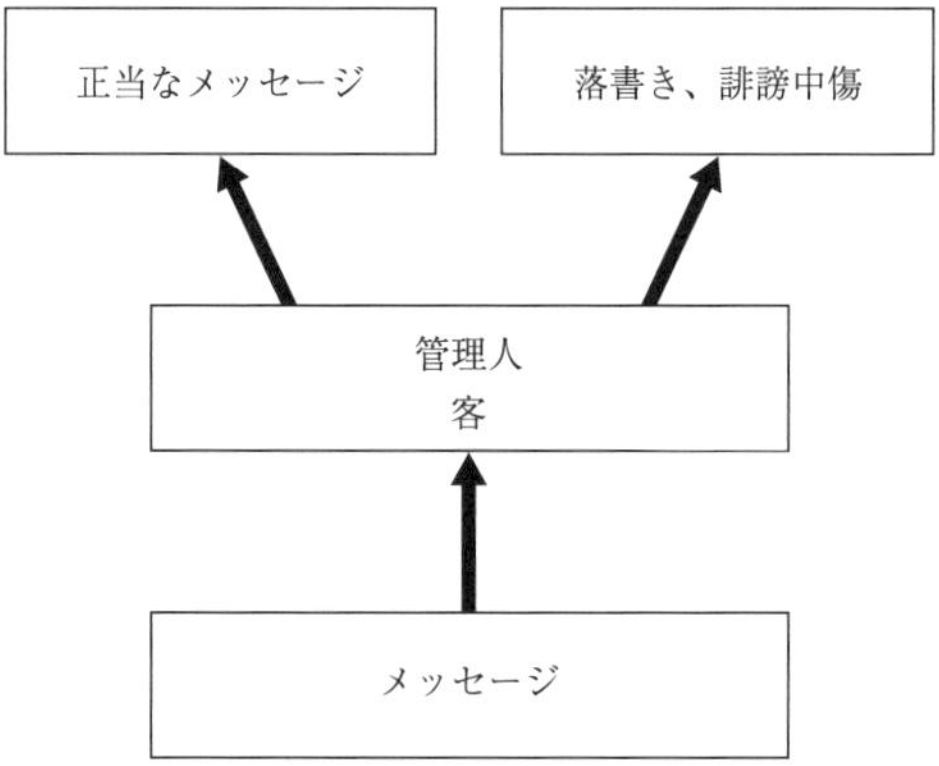

図10　メッセージの意味の生成過程

「正当」なメッセージとされることもあるということだ（図10）。たとえば相手をほめたとしても怒らせることがあるし、罵倒したとしても親愛の情をこめたツッコミであると解釈されることもある。具体的に［AS］（東京都新宿区、二〇〇二年一〇月一二日）のコミュニケーション・ノートの事例を参照しよう。

●——管理者のポリティクス

《高●●治、てめえ、ここら辺で最近ブイブイ言わせてる様じゃねえか。俺か?俺の名は……そうだな……岡●●一とでも言っておこうか。俺の春麗でお前のザンギエフをメッタメッタにしてやるからな。じゃあな》

《高●●治、このブタ野郎。最近ここら辺で、でけえ顔してるそうじゃ（中略）俺だよ、出●だよ。ひさしぶりだな。こんど俺ん家に来やがれ。ボコボコにしたる》

これに対してすぐに店員が反応している。《店員。→こーゆー事は書かないように！ ノートの一ページ目（注意書き）をよく読んで下さい》（カッコ内筆者）。

店員の警告に対して客は別の反応を示した。《仲良さそーだからいいんじゃないの？》。《俺はサムライの名人だ。勝負したかったら明日パチンコ屋の下でまってる是。高●●治大歓迎！》。《わはは、楽しげ（笑）》。

この事例では、店員は最初の書き込みを誹謗中傷と解釈したが、他の人びとはユーモアとして受けとめた。こうした相互作用を可能とさせるには、書き込み内容が他者に公開され、反応が得られなくてはならない。コミュニケーション・ノートは書き込む時点で誰のチェックも受けずに公開される。一方、すべて管理された伝言・掲示板は「検閲」が行われる。このことが意味するのは、伝言・掲示板においては、メッセージの逸脱性を管理者の一存で決めつけられ、多様な相互作用の可能性を摘み取られてしまうということであろう。すなわち、そこには「常連だけでなく一般客を含めて誰もが仲良くしてほしい」という建前を前面に押し出しながらも、経営者にとって都合のよい状態を保ち、利益に結びつける手段としての、合意形成を可能たらしめるポリティクスが介在しているのである。

誤解がないように付言すると、コミュニケーション・ノートにおけるリテラシーの一つに他者への配慮があるとするならば、右記の書き込みはあまりにも乱暴で、［AS］の店員の対応は、決して間違いではない。しかも店員は、客同士の相互作用のなりゆきを見守ったうえで、遊び的要素が強いことを確認し、強硬な姿勢を回避している。ここで確認しているのは、メッセージの意味の生成過程と伝言・掲示板の形態ですべてのメッセージをあらかじめ選別する際の権力構造である。

ユーモアを解する余地のない非マニュエリスムは、自分の意にそわない書き込みを落書き・誹謗中傷であると決めつけがちになるが、逆に店によって厳重に管理されたとしても、店側にユーモアがあれば客との間にコミュニケーションは生まれる。［GC］（東京都国分寺市、二〇〇五年九月二六日）は投函箱を設けて客の質問や要望を集め、コメントを返したうえでファイルに入れて公開している。


《何かが足りない。たぶんアレが足りないと思う。何かは自分たちで見つけて下さい》（客の要望）、《解りました。ソレですね》（店の回答）。

《メイドゲーセンにしてください。店員がメイド服》（客の要望）、《近日実施される（中略）イベントで当店の女性従業員がコスプレすることが決定しております。ご期待下さい》（店の回答）。

《●な●たさんの美しいお顔に恋心を抱いてしまいました。●木さん、恋のキューピッドになって下さい》（客の要望）、《自力でお願いします。かげから見守っています。何故に自分なのかと？　●木》（店の回答）。


そこではコミュニケーション・ノートやイラスト・ノートでは落書きとされる書き殴った絵さえも、店員は落書き風の絵だけを添えて返すことで、客の「落書き」をユーモアに転換していた。しかし［GC］はコミュニケーション・ノート設置要望に対しては断っており、ここでもすべてのメッセージを管理下に置こうとするポリティクスが見え隠れする。

●──ゲームセンターにおける権力関係

ゲームセンターにおける権力関係は一枚岩ではなく、店と客、常連客と一般客、常連客同士の間と多重に絡み合っており、参加者は集団内の規範に自らを適合させていくがゆえに、そこに優勢な集団の考え方を合意的に受容するヘゲモニーが介在する余地が生じる。そのヘゲモニーも支配的側面を強く発動させ客を押さえ込み、問題児を排除するが、一方で参加者の合意を必要とし、そこに駆け引きが繰り広げられる。メッセージの意味は解釈と定義の過程を経て大きく変化するため、誤解や喧嘩を誘発すると同時に落書きの読み替えも可能とさせた。

本章では、伝言・掲示板における落書きをめぐる複雑な力関係、権力、戦略、ヘゲモニーの日常的実践レベルのポリティクスを明らかにした。注意が必要なのは、常連が店に対する配慮、換言すると権力構造をわきまえており、落書きをめぐる客のポリティクスも「対抗」という視点からだけで理解できるわけではない点だ。

落書きを記す行為が反抗とされるのは、反抗的な態度があるからではなく、相互作用の過程で他者からそう認知されるからでもある。個人によってコミュニケーション・ノートの意味が異なるため、単なる暇つぶしで落書きが記されることもある。その視点で言えば、落書きをめぐるポリティクスは、利益を重視する店と社交を重視する客によってコミュニケーションを促す強制力をともなうものであり、両者の思惑が交差する地点でコミュニケーション・ノートは設置される。〈AZO-HELL〉は、ゲームセンターを「居心地の良い場所」と表現し、「ゲーセンは自分が存在できる場所。自分の存在を認めてくれる人がいる場所が好き」と語った。ゲームセンターに集まる若者の社会背景を考慮するならば、常連同士のポリティクスが支配集団に対する対抗や反抗なのではなく、むしろ自己存在の承認を得るためのものであったとも言えよう。

註

＊1　赤井正二（一九九七）「駅の伝言板―都市コミュニケーションの小道具」『立命館教育科学研究』第一一号。

＊2　赤井と二宮昭は伝言板の利用実態の研究はほとんどないと論じる。学術レベルでの研究はいずれも駅舎のもので、一九九七年に赤井と二宮がそれぞれ論文を発表している。同年に同じテーマの論文が発表された背景として、一九九六年に駅の伝言板が姿を消しはじめたことがマスコミを通じて報道されたこととも関係しているように思われる。実際に二宮は目的のなかで、そうした新聞報道を取り上げている。二宮昭（一九九七）「コミュニケーション手段としての伝言板に関する研究―メッセージの特徴分析からみた現代における利用のされ方（その一）」『愛知淑徳短期大学研究紀要』第三六号。

＊3　前掲赤井（一九九七）、一二三―一二四頁。その他の特質として、赤井はつぎの四点を加えている。(1)手書き文字によるコミュニケーション、(2)利用者が制限されておらず無料で利用可能、(3)基本的に個人から個人へのパーソナル

なレベルでのメッセージ、(4)他者に見られる可能性が暗黙に前提されている。

*4　同前赤井（一九九七）、一三〇—一三二頁。たとえば、赤井は東京、名古屋、京阪地域の鉄道会社に伝言板の設置時期、設置台数、目的、利用件数、今後の方針をインタビューで聞きだしている。伝言板を新たに設置することを見合わせ、撤去していく方針を示した鉄道会社の回答の中でも、ポケベルなどの普及による利用頻度の減少といたずら書きの両方を理由として挙げたものは八社中三社、いたずら書きだけを挙げたものが一社となっている。

*5　「待ち合わせ」の機能的メッセージとは、「『先に行く』といった事実や場所・時間を指定する情報を含む連絡的機能をもつ」もので、表現的メッセージとは、「おもに気分感情を表現していて連絡的機能をもたない」ものをさす。表現的メッセージの例として「すみchan, まみchanどこー」が挙げられている。なお、掲示板的メッセージの例としては「レプルス練習中止」などがある。

*6　さらに二宮はつぎのように細分化している。(A)何らかの情報を伝達するもの［①発信者に関する情報の伝達、②発信者以外のことに関する情報の伝達］。(B)他者への働きかけをおこなうもの［①指令・命令や依頼、②激励・見舞い、③勧誘・同意の請求、④質問］。(C)発信者の感情や考えの自己表出［①感情・感覚の直接表現、②欲求の表出、③感想・意見の表出］(D)社会的関係に関するもの［①挨拶、②感謝・謝罪］。なお、調査地は愛知県名古屋市である。

*7　前掲二宮（一九九七）、八九頁。

*8　別冊宝島編集部編（二〇〇〇）『「おたく」の誕生』宝島社文庫、三二九—三三一頁。

*9　二宮の分類における「意味不明・その他」も、意味不明な落書きと捉えられる。落書き比率は明確な数字が記されておらず断言できないが、前掲二宮（一九九七）の図表から推察すると全体の一五パーセント前後である。

*10　一九九七年に落書きに関する論文が二本発表されていることからも推察される。

*11　先行研究を概観し、筆者が分類した。Reisner, R. (1971) *Graffiti: Two Thousand Years of Wall Writing*, Cowles Book Company. ＝（一九七七）鈴木重吉・片山厚訳『落書きの世界』時事通信社。今尾佳生（一九九七）「落書きの社会学的研究のための予備的考察」『玉川大学学術研究所紀要』第三号。紀田順一郎（一九六七）『落書日本史』三一書房。小林茂雄（二〇〇二）「都市の街路に描かれる落書きの分布と特徴—渋谷駅周辺の建物シャッター

に対する落書き被害から」『日本建築学会計画系論文集』第五六〇号。小林茂雄（二〇〇三）「都市における落書きと周辺環境との適合性に関する研究―落書きが周辺景観に対して持つ否定的側面と肯定的側面」『日本建築学会環境系論文集』第五六六号。町田恭三・高口美紀子（一九八二）「落書きについての心理学的研究」『中村学園研究紀要』一五号。本村凌二（一九九六）『ポンペイ・グラフィティ』中公新書。久野健（一九五六）「古代落書論」『芸術新潮』第七巻一一号、などを参照。

＊12 同前紀田（一九六七）、一一、一八―二〇、三七―三九、六五、七〇、一〇九、二五〇―二五六頁。

＊13 ライズナーの著書から落書き内容を分類してみると、願望充足、幻想、信条、主張、セックス、皮肉、ユーモア、まね、女性への幻滅、人名・自己の存在を示すもの、ニュース、広告、通告、宣伝・プロパガンダ、個人の意見・感情・趣味・経験、性の失敗、感謝、祈り、祈禱、記念の日付、縄張りの主張、自己憐憫、後悔、悟り、退屈、人種差別、出会いの欲求がある（筆者作成）。前掲 Reisner（1971＝一九七七）。

＊14 同前 Reisner（1971＝一九七七）、一五六―一五八、一六九、一七一―一七二、一七八頁。

＊15 以下の文献を参照。武田尚子（二〇〇三）「落書き問題と地域社会の対応―地域空間の管理をめぐって」『ソシオロジスト』第五巻一号。樋口康太郎・酒井麻貴・村上正浩（二〇〇四）「落書き犯罪の抑止のための防犯環境設計に関する基礎的研究―下北沢での落書き実態調査」『工学院大学研究報告』第九六号。柿沼昌芳（二〇〇四）「学校の日常が法の裁きを受けるとき（一〇六）『落書きコーナー』事件」『月刊生徒指導』第三四巻一二号、学事出版。森千香子（二〇〇五）「『落書き』をめぐる統合と排除―公共空間における『落書き』」『社会運動』第三〇〇号。柴田雅司（二〇〇三）「“ProGraM” ドイツ・ミュンヘンにおける落書き事件の加害少年と被害者との間の和解的解決の試み」『ケース研究』二七四号。

＊16 前掲本村（一九九六）、二一七頁。

＊17 中村隆志（一九九七）「落書きと楽書きのメディア論（その一）」『人文科學研究』第九四号、新潟大学。

＊18 同前中村（一九九七）、六三―六四頁。

＊19 前掲今尾（一九九七）、一七頁。

＊20 前掲町田・高口（一九八二）、一九〇頁。
＊21 新田啓子（二〇〇三）「解説（グラフィティをめぐる断章）」『現代思想』三一巻一二号、六一頁。
＊22 Becker, H. S. (1963) *Outsiders: Studies in the Sociology of Deviance*, New York, The Free Press.＝（一九九三）村上直之訳『新装 アウトサイダーズ―ラベリング理論とはなにか』新泉社、一七頁。
＊23 前掲今尾（一九九七）、一七、一九―二〇頁。
＊24 落書きの絵は芸術的なイラストと認知されることもあり、小林は歩行者の視点で調査を実施し、絵の質、環境、年代によって評価が変わることを示した。前掲小林（二〇〇三）。また、明治二〇年代の学校の壁や柱には至る所に落書きが書かれ、「児女がふだん口ずさむ毬つき歌や子守歌などには卑猥なものが少なくなかったようである」が、これを矯正すべく国・学校は唱歌科を導入している。こうした矯正対象には方言も含まれた。麻生千明（二〇〇二）「和徳小学校日誌『記録簿』にみる明治二〇年代の学校の風紀に関する考察―落書き、野卑な言語や歌謡、学校外における行状、賭博等」『弘前学院大学文学部紀要』第三八号、三二―四一。また、戦時期の特高警察は、治安維持などの観点から落書きを犯罪記録として扱った。野上元（一九九七）「『落書き』資料の想像力―特高警察による戦時期日本社会の解読」『年報社会学論集』一〇号、関東社会学会。
＊25 コミュニケーション・ノートにおける落書きの定義は五章の注1を参照のこと。
＊26 コミュニケーション・ノートは一九九七年七月一八日から一九九九年九月三〇日まで置かれ、一九九九年一〇月一日以降は伝言板が設けられた。なお、過去のコミュニケーション・ノートは二冊のファイルに約六冊ずつ綴じ込んであった。
＊27 〔シルバー〕の書き込みを指している。
＊28 前掲 Mead（1934＝一九九五）『精神・自我・社会』、五九―六四頁。
＊29 前掲 Blumer（1969＝一九九一）『シンボリック相互作用論―パースペクティヴと方法』、一二、一〇二頁。

終章 新たな若者文化のきざし

1 サブカルチャーと若者

本書では、ゲームセンターに集まる若者のコミュニケーション構造に着目し、店内での振る舞いやゲーム筐体の形態、ハンドルネーム、コミュニケーション・ノート、イラスト・ノート、伝言・掲示板を介したコミュニケーションを明らかにした。そこでは、従来のゲーム効果論では見落とされてきた若者文化の存在が見出された。ゲームセンターでの現象を総括するために、もう一度、日本のサブカルチャー概念の整理を試み、現在の若者がおかれている状況を明確にしておきたい。そのうえで、これまでの知見をまとめようと思う。

サブカルチャーの変遷

サブカルチャーという用語は、欧米と日本では多少意味が異なる使われ方をしている。成実弘至によれば、欧米では階級、人種、ジェンダーなどの社会的な階梯において低い地位におかれた人びとの小集団に対して用いられる。それに対して、日本では「娯楽性の高いメディア文化やその消費者に対して用いられている」。[*1]

たとえば、宮台真司らのサブカルチャー研究は、少女マンガなどメディアとの関連に重きがおかれている。宮台は、少女マンガを分析することで、サブカルチャーの変遷をつぎのようにまとめる。一九六〇年代の少女マンガは「我々」をめぐる関係性モデルであり、それは読者に（現実にありそうもない経験についての）代理体験を提供する大衆説得的な「規範的モデル」であった。

しかし、対抗文化の敗北後、七〇年代には私らしさが追求されるようになり、七三年には「私」をめぐる関係性モデルが登場するという。このモデルは「ありそうもない経験の代理体験ではなく、現実の〈私〉やその周りの〈世界〉を、どう解釈するか」という現実解釈モデルであった。これは、「〈我々〉を主語とした規範的モデル」に対して、「〈私〉を主語とした認知的モデル」と分類された。

そして、一九七七年には代理体験・現実解釈を含む関係性モデル自体が終焉を迎える。新人類文化の登場である。具体的には、「ミーハー的」「ニヒリスト的」「ネクラ的」視点へと〈私〉を読むためのモデルが分化していった。さらに、一九八三年には、同世代内で同じマンガが読まれることがなくなり、マンガのモデルだけでなく読者の分化も顕著になる。宮台によれば、八〇年代における彼女たちの記号的消費は、対人的な関係性と密接に結びついていたが、一九八八年には記号的対人領域から身を引くようになった。つまり、「対人領域における〈私〉（いわば外向きの〈私〉）が即時的に描かれるのではなく、関係に置かれた〈私〉を見る別の〈私〉（内向きの〈私〉）が分離されたのである。この現象を宮台は「関係性からの退却」と解釈する。[*2]

この少女マンガ研究を題材にサブカルチャーを便宜的に時代別に区分すると、一九六〇年代は世代内で〈我々〉が共有され、七〇年代は世代内で〈私〉が共有され、八〇年代はモデルの分化にともない読者が分化し、マンガという同じサブカルチャーを享受している人びとの間でも、世代内で共有する文化が失われていく過程として捉えられる。

この図式によく似た議論として、山田真茂留のサブカルチャー融解説が挙げられる。山田によれば、一九四〇年代後半から六〇年代にかけて醸成した若者の対抗文化（若者文化）は、一九七〇年代には商業主義と結びつく形で対抗性が希薄化し、八〇年代には新人類文化によって対抗性が完全に消失した。

一九八〇年代までの若者文化は、内容が異なるものの主要文化に対する下位性を有しており、新人類文化においても「記号的消費の営みがあくまでも若者層を主導とする形でなされており、またかかる差異化戦術をとるよう斉一的に要請する顕在的・潜在的圧力が若者たち全体に対して強くかかっていた」ために、若者全体で共有する文化が成立していたという。それに対して、一九九〇年代には若者世代に共通の文化が失われ、山田はそれをもって若者文化が終焉を迎えたと論じた。[*3]

山田によれば、一九九〇年代以降の若者は、社会関係全般から撤退しているのではなく、むしろ他者との個々の関係性を大事にするようになったという。それを「文化志向から関係嗜好へ」の変化と捉えている。こうした状況は、「島宇宙化」現象を論じた宮台と多くの接点が見出せる。[*4]

島宇宙化とは、村落共同体が崩壊し、世間が消滅していく状況下で、一九八〇年代の新人類文化までが共有していた世代的同一性が喪失し、同じコミュニケーションを共有できる人間関係の範囲が狭まっていき、その外部は不透明になっていく現象を指している。同じコミュニケーションを共有できる人間関係の範囲は、言い換えるならば「文化」であろう。こうした島宇宙化によって、人びとは細分化された文化間においては、互いに無関連、無関心になっていく。[*5]

山田は若者世代に限って論じているが、宮台は女子高校生を論じつつも、島宇宙化を都市化の流れの中で捉えており、同時代の「大人」も含めた現象として解釈している。その違いはあるものの、六〇年代の「我々」を中心に据えた対抗文化から七〇年代の「私」を中心に据えた私的関係性への移行は対抗性の希薄化に対応し、八〇年代の細分化、新人類文化を経て九〇年代の共通文化の喪失へと展開する図式は共通である。

●――若者を取り巻く環境

そして、このような図式は、しばしば若者の人間関係の希薄化として受け取られがちであるが、松田美佐は、若者の携帯電話利用にみられる友人関係のあり方を分析し、人間関係が希薄化しているのではなく、「選択的」になっていることを論じた。[*6] さらに、その「選択的な人間関係」が携帯電話自体ではなく都市化によって生じていることを見出し、若者だけの現象でないことを示した。

宮台と松田の議論のキーワードの一つに「都市」が挙げられるが、成実は日本の「都市の路上に現れるサブカルチャー」を分析する理論的ツールとしてレイベリング理論を評価している。都市型サブカルチャーは、それを享受する若者たちの異質性によってマスコミの言説の中で非行、不良、犯罪、事件に結びつけて表象されてきた。その結果、「社会（学校、警察、大人たち）による監視」

の介入にもつながったが、「一方でこうしたメディアの視線をあびることは若者たちには快楽であり存在理由となる」。「ラベリング理論の重要性は、サブカルチャー研究においてその対象となるグループだけを見るのではなく、彼らを取り巻く社会的ディスクールとのかかわりにおいて考察する視点を示したところにあると思われる」[*7]。

成実が論じたストリートカルチャーは、路上だけでなく、ゲームセンターにも見出されたと言えよう。なぜなら、ビデオゲーム遊びは悪影響の言説によってレイベリングされているだけでなく、対戦型格闘ゲームや音楽ゲームでプレイを観客に「魅せる」快楽が存在するからだ。

ただし、その快楽は、監視との相互作用ではなく、監視自体が当事者によって実感されているわけでもない。なぜなら、誰もが往来する路上でのパフォーマンスではなく、ゲームセンターという限られた商業空間の中でのパフォーマンスであるため、そのまなざしは純粋にプレイの巧みさに向けられるからだ。その快楽は、家庭や学校、職場の価値観とは異なる場で、自己が注目される喜びであると言えるだろう。

ところが、音楽ゲームの場合は、「オタクがピョンピョン飛び跳ねてる」と、からかいの対象にもなりかねない[*8]。それでも、〈カツオ〉や〈AMIG〉のように支配的な価値観の中で疎外された人びとにとって、注目を浴びる体験ができるゲームセンターは、希少な経験を与えてくれる快楽の場となる。そもそも、カイヨワが指摘するように、「遊び」には「観客」の要素、他者のまなざしが欠かせない。対抗性や商業性を問う従来のカルチュラル・スタディーズ的なサブカルチャー研究の視座にのみ回収されるわけではなく、むしろそこで見落とされがちだった「疎外感」への視座が重要となる。[*9]

2 ゲームセンター文化の特徴

第1章では、日本におけるビデオゲームの言説を概観した。ビデオゲームの言説において表象される悪影響は空間的要素によって印象づけられていた。すなわち、ゲームセンターでは「不良・非行」、家庭では「閉じこもった一人遊び」として批判されていた。そうした言説は、イデオロギーとして機能し、風営法がゲームセンターへ適用され、警察により少年少女が「非行」取り締まりの対象となった。また、学校化社会において子どもたちは「勉強もしないで遊んでばかりいる」怠学者としてレイベリングされる対象ともなった。

そして効果研究には、ゲームに内在する遊びの要素を見落とすがために、実証的な研究においてさえ、自発的関与の根本的な問題が内在していた。すなわち、被験者自身が自発的にゲームの遊びに関与できなければ精神的に不安定になるという問題が付いてまわり、実験で得られたデータに根源的なバイアスがかかる。

さらに、これらの客観的な効果研究においても学校的価値観を前提とするイデオロギーが介在していた。そこでは家庭や学校、職場の人間関係の中で彼や彼女たちの直面する抑圧が、不良や怠学といった問題にすり替えられてしまうのである。このことは、アルチュセールやイリイチの視点から言えば、ビデオゲーム研究の多くが体制を維持するための国家イデオロギー装置の重要な機関である学校の価値観、すなわち子どもたちを一定の価値観に当てはめ矯正し、従属的な存在に貶める学校化に加担する支配的イデオロギーを（再）生産していたと捉えることができる。しかし、より重要なのは、家庭や地域においても学校的価値観で子どもたちを見ることで、彼らの自己イメージが均質化し、居場所が奪われていくような学校化というイデオロギーを、ビデオゲーム研究の一部が（再）生産していたと捉える視点ではなかろうか。宮台の「学校化」の視点においては、子どもたちの「疎外感」が浮き彫りになるように思われる。

家庭、学校、地域に居場所を見つけられない青少年は、「第四空間」に流れていく。第四空間とは、家、学校、地域以外の空間のことで、都市の盛り場やストリート、クラブのほか、雑誌やインターネット、電話回線などのメディア空間を指している。[*10] ゲームセンターも、この第四空間の一つであるが、学校的価値観を前提としたまなざしは、居場所を失い、ゲームセンターに流れてきた青少年さえもレイベリングし、逸脱者として追い打ちをかけるだけでなく、学校化のイデオロギーを再生産することで、ますます彼、彼女たちを周縁に追いやってしまっているのではないか。決定的に問題なのは、若者の抱える問題には目を向けず、ゲームに問題の所在を転嫁して安心してしまう構造にこそある。

第2章では、効果研究では明らかにすることが難しい問題に応えるために、フィールド・ワークのデータを用いて、ゲームセンターにコミュニケーション空間が形成される過程を明らかにした。

さらに第3章では、ゲームセンターに置かれたコミュニケーション・ノートを介して、若者たちが交流を深めていく事例に焦点を当て、そのノートに書かれた文章の内容を五分類に整理した。

ゲームセンターでは、対面状況においてさまざまな相互作用が行われ、スコアや技の披露で自己が呈示され、ハンドルネーム、コミュニケーション・ノートを通じて間接的なコミュニケーションがなされていた。ゲームセンター空間は「対面／間接」コミュニケーションが相互に機能するメディア空間領域の境界に位置するのである。そして、コミュニケーション・ノート上で、それぞれ書き手は〝客〟の立場で「店に対する要望、苦情」を告げるだけでなく、〝プレイヤー〟として「純粋にゲームに関する情報」を、〝ゲーム以外の関心を持つ私〟として「ゲーム以外の世間話」を綴る中で、次第に友人関係を形成し、〝常連・仲間〟の枠組みで「仲間づくり、確認」を行い、時に「身の上相談、心情の吐露」をする中で〝素顔〟を露呈する。

若者たちのサブカルチャーに視点を当てると、「一人遊び」や「不良のたまり場」といった素朴なゲーム悪影響論とは異なる視座が立ち現れ、同時に支配的イデオロギーに「抵抗」する人びとの日常的な実践が浮かび上がってきた。若者たちは、たんに産業が提供する娯楽を消費するだけでなく、その場の意味を読み替え、独自のコミュニケーションを展開し、社交の場へと変容させていたのである。そのような場は、家庭や学校のイデオロギーを異化するゲームセンター文化を創出していた。

そうした若者たちの社会背景に踏み込むと、「支配—従属」「支配—対抗」という単純な図式では論じられない生の多様さが内在していた。若者たちは必ずしも家庭や学校、産業に対抗しようと意識しているわけではなく、そうした運動を展開するわけでもない。むしろ、生きにくい社会と折り合いをつけながら、生を営む人びとの存在が見出された。ゲームセンターは社交の場、抵抗の場というだけでなく、社会的活動に内在しながら疲れた心を休める居場所として、あるいは、つねに他者をモニタリングしながら相手の望む自分であろうと自己を抑制し続ける若者にとって、一つの自己解放の場として機能していた。

若者文化に視座を転回させると、ゲームセンターでは、ビデオゲームだけでなく、アニメやマンガ、コスプレといった周辺領域を越境しながら生成するキャラクター文化の存在が見出された。第4章では、コミュニケーション・ノートにイラストが描かれることに着目し、ビデオゲームという枠組みを越えた若者の社会背景について考察することを試みた。

そこには、構築された世界を主体的に体験しようとするゲーマーのキャラクター志向があり、ゲームセンターに集まる若者たちは、イラスト・ノートを利用する中で主体的に自己を表現し、作品を公開する中で同人活動を展開、独自の集団を形成させていった。

そこで見落としてはならない重要な要素はイラストの存在だ。［K］に置かれたイラスト・ノートをミクロな視点で観察した結果、イラストは文字情報を補助する役割を果たしていた。イラストは書き手の気持ちを媒介する「分身機能」と、雰囲気を変える「転調機能」を有していたが、それらの機能を有効に活用し、コミュニケーションをはかる手法は、イラスト・ノート上で円滑に人間関係を形成するために必要なリテラシーであった。

このようなリテラシーが求められる背景には、若者たちの人間関係の困難さがある。一九九〇年代以降に顕著となった若者文化の細分化によって、世代単位の文化が喪失し、若者たちは不透明な社会を手探りの状態で、まさに不安定なまま個々の関係性を志向するようになった。その一方で、支配的な価値観に順応できるか否かが社会的な成功につながると考えられている社会においては、その価値観にそぐわない自分の趣味や娯楽は親や学校から「規制」の対象となる。

現代社会では「聴く＝受けとめる」行為がおろそかにされがちであるがゆえに、他者からの自己承認を過度に求めるようになる。そして、相手に理解され得る自己のハードルを互いに低く設定していくがゆえに、結果として相手を否定することが困難になる。友人同士であっても、親の離婚、虐待といった家庭環境の問題や学校でのいじめ、援助交際といった社会問題に対して互いに踏み込まず、一定の距離を置くようになる。イラスト機能を駆使して人間関係を形成する若者たちの行為の背後には、このように、社会において自己受容の資源が不足しているがゆえに、それを自ら獲得するための戦略が内在していたのである。

店の常連たちは、ゲームをプレイするだけでなく、コミック・マーケットを視野に入れた同人活動を展開していた。各地のゲームセンターは、同人作家の作品を発表する発信基地ともなっていたのである。これらの居場所を確保し、そこに集まる人びとを尊重し、自己の承認を取り付けるために、人びとはミクロなレベルでポリティクスを展開させていた。なぜなら、ゲームセンターは利益を追求するサービス産業のひとつであり、慈善団体ではないからだ。さらに、多くの人に開かれたゲームセンターには、悪意をもった人もいれば、リテラシーが備わっていない人も出入りする。コミュニケーション・ノートが汚されれば、店はイメージの悪化を危惧する。その結果、コミュニケーション・ノート自体が撤去されることも稀ではない。
コミュニケーション・ノートを介した集団に愛着をもつ人びとは、そのノートが撤去される事態を回避するため、ポリティカルな行動をとっていた。常連が管理人の役割を担い、誹謗中傷や落書きを削除し、時には書き手を諌める。さらに、客の書き込みが喧嘩に発展しそうになると、管理人や他の書き手が仲裁に入り、喧嘩を収めていた。

店と客、そして客同士の力関係は一方的な支配関係ではなく、参加者の合意を取り付けるヘゲモニーとして存在していた。ゆえに、管理人や常連客が落書きの書き手に対してルールを強調するときは、他の常連客の合意を得て、管理権限を確保したうえで、発言や削除を行い、店がコミュニケーション・ノートを廃止する際にも客の意向を確かめ、場合によっては伝言・掲示板という管理システムを明確に組み込んだコミュニケーション・ツールへの代替処置がとられた。

第5章では、これらを踏まえ、ノートに書かれる誹謗中傷と落書きに着目し、まず、落書きの増減の背景を探る中で、店舗の立地条件、経営戦略による客層の変化、常連客の存在と自浄作用、イラスト効果といった諸要因を見出した。そのうえで、落書きに対してイラスト諸機能による効果がどのように発揮されるのか事例研究を行い、イラスト諸機能では論じきれない問題をポリティクスの視座から考察を深めていった。

その際、イラストの諸機能を再検討し、落書きに対するイラストの効果が人びとの相互作用の過程で影響力を変えていくことを踏まえ、社会的相互作用から導き出される集団内の合意形成過程を明らかにした。つまり、書き込まれる文字や絵は、個人の解釈と定義の過程を経て意味が変容するため、正当な書き込みと認められることもあれば、落書きとされることもあり、その区分をめぐって駆け引きが繰り広げられるのである。

コミュニケーション・ノート上でのやり取りは、書き込むこと自体が目的となるコンサマトリーなコミュニケーションでもある。客同士のポリティクスが生じる場面は、落書きや誹謗中傷が書き込まれ、ノート上の規範を侵犯し、参加者の尊厳を著しく傷つけたときに顕著となる。逆に、自分の記述が、その集団の規範を逸脱せず、参加者を尊重しようとする気づかいの中にポリティカルな態度が採用される。すなわち、コンサマトリーなコミュニケーションに入り込むポリティクスとは、自己承認を求め、他者を受け入れる過程に生じる選択肢の一つであった。

第6章では、落書きによってノートの設置が廃止され、伝言・掲示板に取って代わる事例に注目した。そして、伝言・掲示板におけるコミュニケーションの特徴を考察し、そうした事例に見え隠れする権力構造を明らかにした。

コミュニケーション・ノートは誰もが自由に書き込めるため、店に対する要望や苦情だけでなく、ゲームのスコアや身のまわりの出来事、興味関心といった内容までを気ままに綴ることができた。そうした自由なツールであるからこそ、時には落書きや誹謗中傷が記されることもあったが、他方でイラストを描いてサークル活動を展開し、主体的に人間関係を築くことも可能とさせた。また、机と椅子の存在は、ゲームをしない客にも居場所を提供していた。しかし、人びとのメッセージを自らの管理下に置こうとする店は、ノートと机、椅子の設置を廃止し、その代わりに伝言・掲示板を採用した。それは客の自由な活動と「たまり場」が排除されることを意味していた。

ゲームセンターは利益を追求する余暇産業であるが、そこに集まり、「場」の意味を読み替えていく彼や彼女たちにとって、ゲームセンターはたんにゲームをプレイする場ではなく、仲間と出会い、同じ遊びを共有するコミュニケーション空間となる。常連客たちは、コミュニケーション・ノートを介した人間関係を尊重し、愛着をもつがゆえにルールを明文化し、それを遵守していた。しかしながら、人間同士の関係においては誤解もあれば、険悪な雰囲気に陥ることもあり、つねにクリーンな関係を築けるわけではない。風営法の適用以後、アミューズメント産業界は過度とも言えるほど健全さを追求せざるを得ない状況におかれたが、今後、ゲームセンターは若者の居場所として機能しなくなる可能性もある。

とは言え、家庭や学校、職場において、単一的な価値観の中で成績や成果が求められ、自己受容の資源が供給されにくい社会の中で、若者たちは家庭、学校、職場とは異なる遊びの場で、支配的なイデオロギーを異化し、独自の文化を生成させていった。そのことを踏まえるならば、今後、ゲームセンターにおける若者たちのコミュニケーションは、法律・条例[*11]や生活様式の変化にともなう店舗形態と立地条件、客層の変化、さらにはテクノロジーの進展[*12]などによって大きな影響を受けつつも、新たな文化を生成させていくかもしれない。

註

＊1　成実弘至（二〇〇一）「サブカルチャー」吉見俊哉編『カルチュラル・スタディーズ』講談社、九五―九八頁。成実は便宜的に、欧米と日本のサブカルチャー研究の違いは、小集団かメディアかだけでなく、フィールド・ワークをしているかどうかの違いでもあると言う。もちろん、成実自身が触れているように、日本にも暴走族の若者を綿密に調査した佐藤郁哉（一九八四）『暴走族のエスノグラフィー』新曜社の研究があるし、女子高校生のサブカルチャーをフィールド・ワークによって描き出した宮台真司（一九九四）『制服少女たちの選択』講談社の論考もある。このように、必ずしも明確に欧米と日本の違いを区分することはできない。

それでも、成実の指摘は一九八〇年代以降のマスメディアに特化した日本のサブカルチャー言説の状況を踏まえるならば、便宜的な分類としては間違いではないし、有効でもある。難波功士によれば、日本のサブカルチャーは正統文化に対置され、マスメディアによって流通する若者向けのコンテンツやその形式を指し、余暇活動や娯楽の対象であるという。難波の解釈は、マスメディアを重視している点で、成実の解釈と共通している。難波功士（一九九七）「『サブカルチャー』再考」『関西学院大学社会学部紀要』第七八号。

＊2　宮台真司・石原英樹・大塚明子（一九九三）『サブカルチャー神話解体』PARCO出版、九―二五頁。

＊3　山田真茂留（二〇〇〇）「若者文化の析出と融解―文化志向の終焉と関係嗜好の高揚」宮島喬編『講座社会学7 文化』東京大学出版会、二一―三〇頁。若者文化の終焉を説く山田（二〇〇〇）に対しての批判は伊奈（二〇〇四）を、また伊奈への回答は山田（二〇〇四）を参照のこと。前掲伊奈（二〇〇四）「団塊世代若者文化とサブカルチャー概念の再検討―若者文化の抽出／融解説を手がかりとして」、一―二三頁。山田真茂留（二〇〇四）「サブカルチャーの対抗的自律性・再考―差異化との戯れの彼方に」『文学研究科紀要』第五〇輯第一分冊、早稲田大学大学院、九七―一一〇頁。

概説すると、伊奈は山田の抽出／融解説を評価しながらも、その「プロセスを一回限りのものとして固定化して」議論が拡大解釈され、若者文化とサブカルチャーの終焉説に接続されることを危惧している。実際、商業化をもって抵抗性が喪失するわけではなく、人びとの実践には不整合な厚みがある。伊奈は団塊世代の対抗文化においても商業化・制度化と切り離すことはできないと論じる。山田は、伊奈に応えて議論を整理して批判を異化しつつも、彼の指摘を認めている。本書では、山田の融解説の議論全般を問題にしたいのではなく、ある文化が若者に広く共有されているという感覚が失われたことを論じた点を評価したい。

＊4 実際に山田は宮台を参照し、島宇宙化について論考している。

＊5 前掲宮台（一九九四）、八六―八七頁。

＊6 若者の人間関係が「広く浅く」なったとする評論に対して、批判的な検討をした松田美佐は、「近年の若者は孤独である」という評も若者を「特徴づける際に常に現れる捉え方」であるとして、再検討する必要があるという。松田美佐（二〇〇〇）「若者の友人関係と携帯電話利用―関係希薄化論から選択的関係論へ」『社会情報学研究』№4、日本社会情報学会。また、橋元は若者の対人関係希薄化論の原因として、コホート効果と年齢層効果の混同やマスメディアの「希薄化」論調の影響を挙げている。橋元良明（一九九八）「パーソナル・メディアとコミュニケーション行動」竹内郁郎・児島和人・橋元良明編『メディア・コミュニケーション論』北樹出版。

なお、関係選択化論の代表的論者としては、浅野智彦（一九九九）「親密性の新しい形へ」富田英典・藤村正之編『みんなぼっちの世界』恒星社厚生閣や辻大介（一九九九）「若者のコミュニケーションの変容と新しいメディア」橋元良明・船津衛編『子ども・青少年とコミュニケーション』北樹出版が挙げられる。ほかにも、辻泉（二〇〇五）「若者の友人関係形成と携帯電話の社会的機能」『松山大学論集』一六巻六号がある。

＊7 前掲成実（二〇〇一）、一一四―一一六頁。

＊8 「ダンスダンスレボリューション」が登場した頃、京都のゲームセンターで、ある男性がリズミカルで速いテンポの音楽に合わせて軽やかにステップを披露していた。その周囲には、およそ二〇人から三〇人の男女が集まっていた。観客のひとり（女性）は、彼のステップに感心し、驚きながらも「きしょい」（気色悪い）と感想を述べた。それは、

踊り方だけでなく、彼の髪形、服装がお洒落でない、いわゆるオタクの風貌をしていたからである。

＊9　ほとんど注目されないが、ホガートやヘブディジが描いた労働者階級の人びと、黒人、若者の抵抗の背景には疎外感がある。詳細は、加藤裕康「ゲームセンターにおけるコミュニケーション空間の形成とその社会的意味」(博士論文、二〇〇七年三月受理)の序章を参照されたい。

＊10　前掲宮台(一九九七)『まぼろしの郊外―成熟社会を生きる若者たちの行方』、一四三―一四八頁。前掲宮台・尾木(一九九八)『学校を救済せよ』、一八二頁。

＊11　アミューズメント産業は風営適正化法や大店舗法の影響を受け、店舗形態や立地を変え、筐体の大型化を図ることで明るさを演出していった。ただし、ゲームセンターの大型化の流れは、二〇〇六年に改正された「まちづくり三法」によって、今後、大幅な転換を余儀なくされるだろう。まちづくり三法は、都市計画法、中心市街地活性化法、大規模小売店舗立地法をまとめて総称した法律のことである。一九九八年に市街地の空洞化を防ぐために制定されたが、大きな効果が認められなかったため見直され、二〇〇六年に法律の規制強化がなされた。これによって、売り場面積一万平方メートルを超えるショッピングセンターや大型アミューズメント施設などは、郊外への出店が規制された。

一九八五年のコクピット型筐体の登場以降、ゲーム筐体の大型化が進み、一九九〇年代後半に拍車がかかっていくが、このような大型筐体の数を揃えるためには広い売り場面積が欠かせない。大規模集客施設の郊外への出店が規制されたことにより、アミューズメント産業は少なからず影響を受けることと思われる。また、業界は風営適正化法や条例の緩和を働きかけており、郊外型ショッピングセンターや市街地の変化にともない、ゲームセンターの形態、客層は今後さらに変化していくことが予想される。なお、『JAMMAジャーナル』(二〇〇九年一月)五六号によれば、業界側の緩和要望は以下の四点である。(1)保護者同伴による一八時以降の一六歳未満の入場許可、(2)一八歳以上を対象とした深夜零時以降の許可、(3)リデンプション・マシン認可の検討、(4)「前払い方式」「後払い方式」一括での電子マネー導入の認可。

＊12　岡部大介と小川克彦は、ゲームセンターで遊ぶ若者がケータイ(携帯電話・PHSを総称した表記)を利用して、

ゲームに関する情報を発信し、友人同士で共有していることを指摘する。岡部大介・小川克彦（二〇〇九）「モバイルデジタル文化レポート」慶應義塾大学ケータイラボ、一三頁（http://www.moba-ken.jp/wp-content/pdf/research08-05.pdf）。スコアのランキングやテクニックに関する情報をインターネットの掲示板にアップし、共有する行為は、筆者が知る範囲でも一〇年ほど前からみられ、本書で紹介したインフォーマントも参加していた。ただし、一様にインフォーマントたちは、インターネット上の巨大掲示板でのやりとりとコミュニケーション・ノートでのやりとりをまったく異なったものとして認識していたため、本書では扱わなかった。おそらく、その認識の違いには、「場」のもたらすノリや雰囲気の違いに関係していると思われるが、ミクシーやツイッターの登場と普及、ケータイの技術進歩によって、新たなコミュニケーション様式が生成しつつあると考えられる。なお、ケータイや写真といったメディアに関しては補論で扱う。

補論1

女子中高生の日常写真ブーム

1 プリクラ・レンズ付きフィルム……

●──「思い出」と「絆確認」

一九九〇年代後半、女子中高生を中心に日常的に写真を撮影する行為が流行した。[*1] 一九九五年には『プリント倶楽部』（アトラス）が登場し、撮影機の前には行列ができた。[*2] プリント倶楽部とは撮影した写真がシールとなって出てくる自動撮影機をさす。プリント倶楽部のヒット後、さまざまな種類の撮影機が生産された。その撮影機、シールをまとめて「プリクラ」と称する。少女たちは、ポケットアルバムに写真を入れ、システム手帳にプリクラを貼り、つねに持ち歩いた。[*3] 現在、これらの現象は定着化した感がある。

もともと写真を撮る行為は、一般的に、旅行のときの「記念撮影」という言葉からもわかるように、非日常的なイベントを「記録」する目的で行われた。渡辺潤は、その記録性を踏まえつつ、私的な写真が「後になって昔を思い出すことを目的にして写され」「絆を確認したい（しなければならない）人たちとの出会いの代用、近くにいることの象徴として使われる」と指摘する。つまり、写真には「思い出」と「絆確認」の機能があるのだが、基本的に「思い出」のための写真は他人にとっては価値がなく、「絆確認」の写真は写っている者と見る者の関係次第で価値が変化するものであった。*4

ベンヤミンによれば、ダゲールが一八三七年にカメラ（ダゲレオタイプ）を制作した時代には、写真は貴重品であったため、「宝石類のようにケースに入れて保管されることもまれではなかった」。一八四〇年以降、ミニチュア肖像画家が職業写真家へと転身し、ネガの修整が一般に行われるようになると、アルバムに写真が貼られるようになった。その時代のアルバムは、「応接間の置物台や小型の円テーブルの上にいちばん好んで置かれた」という。*5

「日常写真ブーム」現象が目新しかったのは、一つには女子中高生が写真を必ずしも非日常的なイベントだけを撮影する道具と見なしていなかった点にある。また、写真がつねに携帯され、日常的に思い出が消費される点にあった。それは同時期にブームとなったプリクラ現象とも重なり、さらにはカメラ付き携帯電話の登場によって、より顕在化したように思われる。

●――今日の写真メディアの推移

富田英典は、一九八〇年代半ばから二〇〇〇年代前半までの写真技術の発展と現代人の写真感覚の変容を重ねて論じている（表3）。

一九九五年以降の日常的な写真行為が定着した背景には、レンズ付きフィルムの登場によって一

表3　写真メディアの推移

年代	出来事	備考
1981年	電子スチルカメラ『マピカ』（ソニー）	試作品の発表
1986年	電子スチルビデオカメラ『RC-701』（キヤノン）	世界初、高価なため普及せず
	レンズ付きフィルム『写ルンです』（富士写真フィルム）	カメラが身近になる
1990年前後	レンズ付きフィルムの第一次普及期	
1995年	写真シール『プリント倶楽部』（アトラス）	第一次プリクラ・ブーム
	デジタルカメラ『QV-10』（カシオ計算機）	普及型
1996年	レンズ付きフィルムの第二次普及期	プリクラ人気に便乗
	ペン『ハイブリッド・ミルキー』（ぺんてる）	大ヒットし、写真に落書きする現象へ
1997年	『放課後倶楽部F』（船井電機）	プリクラ画像をウェブにアップ
1998年	インスタントカメラ『チェキ』（富士写真フィルム）	プリクラ人気に便乗
2000年	第二次プリクラ・ブーム	新機種が続々登場
	カメラ付き携帯電話『J-SH04』Jフォン（シャープ製）	2001年に「写メール」と命名
	『プリネット・ステーション』（アトラス）	プリクラから携帯電話へ画像送信
2001年	デジカメの出荷台数がスチルカメラを上まわる	
2002年	カメラ付き携帯電話が人気を博す	携帯電話契約の29.3%を占める
2003年	『プリモード』（NECモバイリング）	カメラ付き携帯電話と連動

出典：富田英典（2004）「写真感覚の変容」『木野評論』35号を参照し、筆者が加筆し作成。

般の人びとにカメラが身近になったことが挙げられる。そして、プリクラの大流行とその影響を受けて女子高生の間でレンズ付きフィルムが急速に消費されはじめた。レンズ付きフィルムの第二次普及期である。

さらに『ハイブリッド・ミルキー』（以下、ミルキーペン）の大ヒットによって「写真自体が素材となり、それに手を加えて別の作品を作り上げる」感覚が生じた。それは、撮影の日常化と写真のシール化によって、人びとの「写真に対する感覚に変化が生まれた」結果でもあった。そして、プリクラの流行は「自画像写真の交換をコミュニケーションの方法とする現象を出現させていた」。

また、プリクラがブームとなった九五年には、普及型デジタルカメラが発売される。デジタルカメラは内蔵モニターで気にいったショットを確認しながら、納得がいくまで撮影し直すことを可能にしただけでなく、パソコンを利用して写真を自分でプリントしたり、メールで送ることを容易にさせた。また、写真データをパソコンに保存しておけば、いつでも閲覧できるため、必ずしもプリントアウトする必要がなくなった。

こうした写真メディアの推移を受けて登場したカメラ付き携帯電話は、携帯性に優れ、撮影行為や写真のメール送信を容易にし、「遠く離れた友達と『いま』『ここ』という感覚を共有」可能とさせた。すなわち、カメラ付き携帯電話は「従来の『過去』を記録するメディアから『現在』を共有するメディアへと写真の性格を変えた」のである。[*6]

このような写真メディアの推移とその消費行動の変遷をどのように捉えたらいいのだろうか。本章では、プリクラと日常写真ブーム、カメラ付き携帯電話に関する先行研究を概観し、少女たちの写真メディア利用を踏まえ、撮影行為の遊戯性に着目して考察する。

●——プリクラ

一九九七年に調査を行った栗田宣義は、プリクラの写像の中には関係性が保存され、利用者はその情報を交換によって流通させていくと論じ、プリクラの社会的機能を「友人確認」(日常生活での友人関係を再確認するための手段)、「イベント確認」(日々の出来事や思い出となるものを記録)、

表4　プリクラの機能

		関係性―事物性	
		関係性	事物性
希少性―日常性	希少性	偶像収集	フレーム収集
	日常性	友人確認	イベント確認

出典：栗田宣義（1999）「プリクラ・コミュニケーション」『マス・コミュニケーション研究』No. 55より。

「偶像収集」（片思いの相手や人気のある美人が写ったプリクラの入手）、「フレーム収集」（季節・地域限定フレームなどのコレクション）の四つに分類した（表4）。

栗田は、彼女たちがプリクラの数を競い友達の存在感を形にしていることに着目し、保有枚数が「若者世代に特有の不安と孤立感のバロメーターであ」り、「携帯電話やポケベルなどで、ひたすら繋がっていることを確認したい現代の若者らしさを測る指標にもなりうる」と論じたが、[*7]ここでは、若者の人間関係の希薄さが照射されているように思われる。

実際、プリクラに関する言説では、若者の不安や関係の希薄さが論じられることが多い。[*8]もっとも栗田の調査では一〇代の女性でポケベルとPHS・携帯電話の併用者にプリクラ保有枚数の多いことが明らかになったが、人間関係については確認されなかった。栗田は一九九九年の調査では、プリクラの交換と保有枚数の誇示が社会的な遊びの現代型であると強調し、若者は社会性が希薄になったのではなく、社会的な遊びをしたたかに日常に取り込んできたのだと自らの立場を明確にする。[*9]ただし、この視座転換の根拠は明確に示されていない。[*10]

日常の記録

他方、日常写真ブームの中で創刊された投稿系読者参加型雑誌『アウフォト』を分析した角田隆一によれば、投稿者は日常的にカメラを携帯し撮影する「行為を自ら『思い出づくり』と意味づけて」おり、同誌が「自分の過去のとるに足らない日常（〝ただの写真〟）を〝かけがえのない大切なもの〟として気づかせ書き換える、その契機をも提供している」という。

角田は自己物語論（浅野智彦）と集合的記憶論（アルヴァックス）を接合し、思い出を「ある特定の過去が物語的に回想されたもの」と定義づけ、自己物語の聞き手は同時にその記憶を共有する他者でもあると論じるのだが、同誌投稿者の記憶が共同体内に引き継がれてきたものではなく、彼らの所属する集団、集合的記憶が選択的な対象となっていると指摘する。そこでは緊密な相互行為の希薄さ、集合的な経験を共にした相手である他者の不在が浮き彫りになる。ゆえに安定して持続されない記憶は、思い出づくりとして操作する対象となり、ギデンズが強調するように選択的流動的な関係性によって自己は自身にとってもっとも重要で切実な達成課題となる。

　これらが日常写真行為を支える理論的背景であるが、角田は「いまここが楽しいから写真を撮る」という投稿者の言葉とは逆に、「撮影者は楽しい対象をまさに外部から撮っているのだ

プリクラ手帳

から、厳密にはその『楽しい輪』の中に存在することはできない」うえ、「そもそも、楽しいと感じているその瞬間に対してカメラ越しに向き合う」のは、撮影者の志向する時間が「いま」ではなく、思い出のための「過去」にあるからだと指摘する。[*11] これは端的に人間関係の希薄さであると考えられ、日常に社会的な遊びを取り込んだしたたかさと捉える栗田の解釈と対立するように思われる。果たして、それはプリクラとフィルムカメラという媒体の違いによって引き出されるのだろうか。

●——カメラ付き携帯電話

プリクラ保有枚数は、移動体通信の所持と親和性が高い。[*12] プリクラやポケベル、携帯電話といったインタラクティブ・ツールと生活意識の関連を調べた白井利明らは、一八〜二四歳の利用者に共通するものとして「自分が傷つきたくないと考えつつ、友達との親密さを求めるが、生活が多忙で、生活に空しさを感じることがインタラクティブ・ツールと関係していた」ことを明らかにした。そして、「他者との表面的でないつきあいを求めるが、友人関係によって自分がかき乱されたくないという二つの」相矛盾する欲求を媒介する手段として、インタラクティブ・ツールが利用されているのではないかと推測する。[*13] ここで示されているのは、希薄な人間関係であろう。この移動体通信は二〇〇〇年に入るとカメラ機能が搭載され、日常的な写真撮影を容易にしていく。

カメラ付き携帯電話の利用実態を調べた吉井博明によれば、撮った写真の活用方法はおもに①メールに添付して送信、②友達と見て楽しむ、③記録や思い出として残すためにとっておく、である。

実際に撮影する場面は「思い出として残しておきたい場面や出来事に遭遇したとき」がもっとも多く、つぎに「旅先できれいな景色を見たとき」であった。これらはかつての撮影行為と変わらないが「三番目に多い『外出中にたまたま面白いモノや人を見かけたとき』と、四番目に多い『偶然、有名人を見かけたとき』は、今までであれば、余程のカメラ好きか、たまたまカメラをもっていなければ、写真を撮れなかったような場面であった」。

カメラ付き携帯電話のおもな利用者は一〇〜二〇歳代で約半数を占めており「『とった写真を送って楽しむ』のは女性で、顔文字や絵文字をよく使い、よくメールをやりとりする相手が多い人である」が、これはプリクラ利用者が若年層に多く、交換頻度が高いのが女性であることと共通点を見出せる。[*14] 同様に角田によれば日常写真ブームの担い手もアウフォト読者層から推測するならば、二〇歳前後の若年層で女性が全体の六割を占めており（一八―二〇歳が四一・九パーセントともっとも多い）、プリクラと日常写真、カメラ付き携帯電話の中心的担い手が女性であることがわかる。[*15]

また、カメラ付き携帯電話の効用として「親しい友人と思い出を共有でき、結果として親しい友人とより親しくなった」ことが挙げられた。[*16] これらの調査結果は、〝過去の記録〟から〝現在の共有〟へと写真の性格が変容したとする富田の解釈とは多少異なり、むしろ過去の記録メディアであると同時に現在を共有するメディアでもあることを示していると言えよう。さらに、カメラ付き携帯電話の利用が親密な人間関係を生みだすと報告する吉井の調査と、携帯電話の利用が相手との距離を保つ手段であると報告する白井らの調査では、結果に大きな相違が見出される。その違いはカメラの存在の有無が原因となっているのだろうか。

●――コミュニケーション手段としての写真の交換

これまでの論点をまとめよう。一九九五年以降の一連のブームとカメラ付き携帯電話の担い手は若年層の女性であり、この現象が出現する以前の写真利用形態が現在において消失したわけではない。思い出と絆確認の機能は、プリクラ、日常写真、カメラ付き携帯電話の利用においても確認できた。

明確な相違点は、一九九五年以降に顕著となる現象が非日常的な機会でなくても頻繁に撮影したがる傾向であり、撮影された他人の写真やプリクラを社会的な遊びのコミュニケーション手段として交換し、苦痛をともなうことなく見ることを楽しんで（時には雑誌を購入して）いることだろう。そして、カメラ付き携帯電話の登場によって、写真は「『現在』を共有するメディア」としての機能を新たに加えたと言えよう。これらが先行研究から導き出されるが、インタラクティブ・ツールを利用する若者の意識や人間関係については、不明瞭な点が多い。

2 撮影という遊び

●――少女たちの写真メディア利用法

栗田と角田、白井らは共に、若年層の人間関係の希薄さに触れていると考えられるが、一方で栗田はしたたかさを強調し、吉井は親密性の高まりを指摘している。各論者の間には微細なズレがあるが、この疑問点に答えるためには、撮影行為における遊戯性について考察を深める必要があるように思われる。まず白井らと吉井の調査対象の違いはカメラ機能の有無であり、ここに重要なヒントが隠されてはいないか。

たとえば、角田は記憶論的アプローチによって外在的撮影行為を論じているため、遊戯性については捨象している。しかし、少女たちは教室や繁華街、電車の中でところかまわずポーズをつくり撮影し、時には友人と並び腕を精一杯伸ばし、レンズを自分に向けてシャッターを切る。その場合、撮影が外部からではなく、内部に在りながらなされている。少女たちが所持していたレンズ付きフィルムにはかつて、レンズの近くに鏡が付いているものがあった。カメラ付き携帯電話にも鏡が取り付けられている機種がある。[*17]

そして、外部からなされる撮影行為にしても、すでに渡辺が「写真を撮るものは、一時的にせよ、自分が参加している状況の『フレイム』の外に出なければならず、「写真のうえでは、彼はいつでも、不在の人間になるほかはない」[*18]と指摘しているように、日常的な写真撮影行為におけるもっとも顕著な特徴を考察するのならば、内在化した撮影行為は欠かすことのできない視点である。少女たちは、写真メディアを実際にどのように利用し、何を感じているのだろうか。

駅の構内で弾き語り（ギターとリコーダー）をしていた女子高生二人組のマユ（一八歳）とアリ（一七歳）は、プリクラと写真を貼る手帳を所持していた（千葉県松戸市、二〇〇一年三月一六日）。プリクラを多く撮る理由についてアリは「撮る最中も面白くて、できたやつを見るのも面白い。はは、うるさいんですよ。プリクラ撮ってる最中も」と語る。アルバムには、友達同士で腕を伸ばして撮影したものや木に登ってポーズをつけた〝面白い〟写真が並ぶ。「面白い瞬間とか記念に残しておきたい。面白い瞬間とか逃したくないんですよ。普通なのってあんまり面白くない」（マユ）、「ちっちゃい子がゲーセンで乗ってるようなトーマスの機関車の乗り物とか乗ってみて撮ったり」（アリ）。彼女らにとって、写真は「後で見て、楽しい」ものであるが、撮影中も「面白い」のであり、その場を面白くさせてもいることに注意したい。

サキ（一六歳）は、ふだん写真は撮らないが一週間に約五回プリクラを撮る（東京都立川市、二〇〇二年七月一八日）。手帳には「人のばっかり」で「自分のは人に全部あげちゃう」と言う。「一瞬、撮ったときが楽しい。一緒になって。撮った後の交換の方が面白い」。サキは写真やプリクラを記憶のために用いておらず、純粋に撮影と交換行為の楽しみを享受するためにプリクラを撮っていた。

過去のとるに足らない日常をかけがえのない大切なものとして気づかせ書き換えるという角田の指摘は的を射たものであるが、遊戯性に着目したならば「写真」は退屈な今を能動的に楽しみの場に転換する遊び行為でもある。つまり「楽しいから」撮るだけでなく、撮ることによって「楽しくさせて」もいるのである。*19

これらの議論を踏まえると、一九九〇年代後半以降の少女たちの写真現象とは、選択的流動的な社会にあって、社会的な遊びをしたたかに日常に取り込んだものとも言えるだろう。

●——遊び感覚の特化「落書き」「コスプレ」

レンズ付きフィルムの第二次普及期にミルキーペンがヒット商品となり、写真に手を加える現象が登場した。ここから写真に対して主体的に関与する女子中高生の姿がうかがわれる。なかでも、その遊び感覚が特化しているように思われる。それ以前であれば「写真はアルバムに張り、台紙にタイトルや思い出を書き込んでいた。また、指紋などが付くので写真の表面には触れないように注意していたものだった」[*20]。それが、カラフルなミルキーペンで写真に直に「落書き」をして遊ぶようになったのである。

こうした遊び感覚は、プリクラに組み込まれていく。第二次プリクラ・ブームにはフレームや背景の選択に加え、落書き機能が充実し、ペンでモニターをなぞると自由に落書きができるようになっている。ナミのプリクラにはつぎのようなコメントが書かれていた[*21]。「一年ぶりなのに　このあり様（笑）　変わってねぇーし（笑）」「只今ダイエット中　Going　my　way　私のお肉も愛して下さい」「やじうまくん　エロ×2になって　ショックです　エロエロ娘」。落書きは文章だけでなく、花など絵柄・記号も書き込まれる。たとえば、三人の女性が並び、拳を前に付きだしポーズを決め、「あんぱーんち」と書き添えたうえに、それぞれに顔のほっぺたに赤い丸を書き込む。女子中高生にとって、落書き機能はプリクラ撮影機を選択する際に欠かせない要素となっている[*22]。

その他の遊び要素としては、第二次プリクラ・ブーム以降、モニターの「モデルと同じポーズをするとグラビア風の写真が撮れる」機械（『セレブリティスタジオ』コナミ）やカメラ三台で「頭部、

「コスプリ」の衣装

前面、下部の三つのアングルから一〇〇〇分の一秒のシャッタースピードで撮影できる」もの（『やまとなでしこ』アトラス）、「人気歌手のヒット曲やアニメソングなど三〇曲を聴きながら、音楽にあわせてポーズをとりながら撮影することができる」筐体（『ヒカル〜独奏曲〜』アトラス）が登場した。「ヒカル」では、「カメラの前で息を止めてじっとシャッターが下りるのを待つのではなく、撮影という行為を楽しむスタイルの登場を意味していた」のである。さらに、看護師の白衣やセーラー服、メイド服といったコスチュームに着替えてプリクラを楽しむことができる「『コスプリ』が登場し人気を集め始めた[23]」。また、撮影後のプリント待ち時間には、動物リレーの順番当てクイズ（『純心美写』）や心理診断（『美肌惑星』）などのゲームで遊べる機種もある。

　こうしたプリクラ文化は、カメラ付き携帯電話にも波及していく。二〇〇〇年五月一日、プリクラで撮った写真を携帯電話（i-mode）に送信することができる『プリネット・ステーション』（アトラス）が登場した[24]。また、二〇〇三年二月一五日には、カメラ付き携帯電話のプリントアウト専用端末サービス『プリモード』（NECモバイリング）が発売された。これはカメラ付き携帯電話で撮影した写真データをシリアルケーブルや赤外線ポート、SDカードなどを利用してプリモードへ送り、プリントアウトするものだ。プリントアウトする写真のレイアウトは、証明写真用とプリクラモードが選べる。プリクラモードでは、フレームを選択でき、落書き機能も搭載されていた。同年一二月一日には、その後続機『ケータイ de プリクラ 写ミーゴ』(アトラス)が登場する。カメラ付き携帯電話で撮った写真は、これらを利用することで、自画像に手を加え、遊ぶことができるようになった。

●──展示的価値

ここで考察した写真メディアの遊戯性は、芸術におけるものではなく、一般の女子中高生の間でみられるものである。ダゲレオタイプが発明された時代、写真は芸術作品と比較して論じられることが主流だった。当時、カメラは「神に対する冒瀆」であり、芸術・絵画と真っ向から対立する技術の産物であった。ベンヤミンは、「こうした芸術観は、技術というものについてまともに考えることをせず、ただ新しい技術の挑発的な出現によって、自分の臨終が近づいたことを感じとっているのだ」と批判する。[*25]

ベンヤミンによれば、芸術作品にはアウラが宿る。アウラとは「どんなに近距離にあっても近づくことのできないユニークな現象」である。つまり、芸術はその一回限りの体験(一回性)を人びとに与えてくれるものである。芸術作品は、「『いま』『ここに』しかない」という一回性によってつくられるからこそ、オリジナルなのであり、本物としての権威をもつ。[*26]

しかし、カメラや映画が発明され、複製技術が発達すると、オリジナルを問うことが意味をなさなくなった。[*27] 複製技術は「同一の作品を大量に出現させ」、オリジナルがおかれた空間的な配置を越えて、作品を受け手に近づけることによって、「一種のアクチュアリティを生みだし」た。複製技術時代における芸術とは、一回限りの性格を克服したものであるが、それはアウラの喪失を意味していた。[*28]

芸術作品に接する態度には、「礼拝的価値」と「展示的価値」がある。もともと芸術作品は「礼拝に役立つ物象の制作からはじまった」。それは「最初は魔法の儀式に、つぎには宗教的儀式に」用いられた。すなわち、本物の芸術作品の「本源的な第一の利用価値」は儀式性にあったのだ。この利用価値こそが礼拝的価値である。

一方、複製技術時代の芸術作品は、この「儀式への寄生から解放」され、展示的価値を強めていく。寺院の奥に保管された聖母像などは、誰もが自由に見られるわけではないし、建築物の高い位置に彫られた像は、地上から見ることができなかった。礼拝的価値に重点をおく態度は、「芸術作品をいわば秘密の場所にとどめておこうとする傾向」を有していた。

しかし、儀式性が薄れると、「その作品を展示する機会が生まれてくる」。そして、展示的価値に重点がおかれるようになると、芸術作品はさまざまな機能をもつようになった。ベンヤミンは、もっとも顕著な機能の一つである芸術的機能は、時が経てば「単なる付随的な機能にすぎなかったと認識されるかもしれない」と論じる。

ベンヤミンの論考で注意が必要なのは、礼拝的価値と展示的価値が固定されたものではなく、その価値をおく態度によって比重が推移する点だ。複製技術の芸術作品であっても、それだけではアウラは完全に消滅しない。たとえば、「人間の顔」写真にはアウラが存在するという。[*29] とくに初期の肖像写真は、技術的な問題（露出時間など）が功を奏す形で、陰影が生まれた。言い換えるならば「光は暗部からもがき出てくる」のだ。[*30]

これによって、肖像写真にはアウラが認められたのだが、それは技術的な問題だけでなく被写体自身にアウラがなければ成立しなかった。それはたとえば、写真が高価だった時代には、ブルジョア階級や学者、詩人、音楽家、女優といった著名人がおもなモデルとなること。他方、肖像写真にくらべ格段に安価で写真の大衆化をもたらした名刺版写真が一八五四年に登場し「初めて産業が世の中を席巻することになった」時代には、写真は一部の特権的な人びとだけのものではなくなっていたことと関係しているように思われる。すなわち、複製にアウラが宿り、態度によって価値の比重が推移し、光の見え具合によって印象が異なり、モデルとなる人の社会的地位によって変化するとしたならば、アウラとはある対象が放つ輝きというよりも、受け手の解釈に委ねられるものと考えられる。[*31]

そして「帝国主義的な市民階級がますます堕落していったことで、現実からアウラが追放されつつあった」時代に、写真家は修正の技法を用いてアウラを捏造しようとした。「ことにユーゲント様式において、調子を全体にぼかし、人工のきらめきをちりばめた写真が流行した」。[*32]

●――アウラのゆくえ

さて、一九九五年以降の写真感覚の変容は、カメラとアルバムを常備し、日常的に写真やプリクラを撮る行為に現れていた。それはレンズ付きフィルムの登場など技術的な推移とも関係していた。

写真の普及に一役買った名刺版写真は、それまでの肖像写真とは異なり、一枚のシートに「一度に八コマのポーズを撮影できる」ミニサイズの写真であったことは興味深い。なぜなら、プリクラもそれまでの写真のイメージとは異なり、ワンシートに一六枚の小さな写真（シール）が手軽に撮れ、大流行した点と重なるからだ。

また、失われたアウラを取り戻すためにかつての写真家が施した細工は、第一次プリクラ・ブームのヒット要因の一つを思い起こさせる。プリクラの発案者である佐々木美穂は、「よく撮れること」より「かわいく撮れること」を重視し、「テストを繰り返した結果、カメラは業務用ではなく、写真の粒子が適度に粗く、実物より肌がきれいにみえる家庭用のものを選定した」という。[*33] 次第にプリクラは高画質化していくが、ライティングで「白肌」や「美肌」を演出し、実物以上に「かわいく」撮れることを売りにしていく。[*34]

サキと一緒にプリクラを撮っていた友人のユカ（二五歳）は、『純心美写』と『衝撃美写』（日立ソフト）を人気プリクラの一つに挙げ、その理由を「きれいに写るから」と話す。ユカは「はっきり写るほうが好き」と答えながらも、自分のプリクラ手帳に貼られた無数のプリクラの中から、全体的に白く写り、目と口以外は多少ぼやけている一枚を可愛く写ったものとして、指し示した。サキは「白く写るのが好き」と答えるのだが、二人とも「しっかり写るものより、白っぽくなってぼやけてたほうが可愛く見える」と口を揃えた。

その一方で、ユカのもう一枚のお気に入りは「はっきりしていて黒っぽい」ものだった。純心美写では、横から光りを当てると、鼻筋がくっきりと写り、ライティングによって写真の印象は大幅に変わる。つまり、好みは人によるが、「可愛く」見せたいときはぼかし、「美人」に見せたいときはくっきりさせることが可能となったのである。ここで注意が必要なのは単純に画質がアップしたから可愛く、美人に写るのではないということである。

当然のことながら、こうしたプリクラの機能は、かつての写真家が試みたようにアウラを捏造するために設けられたわけではない。確かにプリクラは機能が複雑になるにつれ、一度撮った条件を再現することは難しく、同じ写真が数カット分出てくるものの、プリントされるのは原則として一回だけである。ゆえに、友人に配ってしまえば、もう「焼き増し」することはできない。しかし、多くの友人に配布するため「カラーコピーして、それに両面テープを貼ってプリクラを増やしていた」〈Y〉行為にみられるように、プリクラは明らかに複製技術時代の産物である。

そして、その複製品は友人との交換に使われ、時には親しくないクラスメイトと「話すきっかけだったり、仲良くなるきっかけ」〈Y〉のために用いられた。サキはプリクラを「撮るってことは、友達になった証拠だから、それをまわりの人にあげたら、〈この子は友達なんだ〉って感じ」だと言う。また、プリクラ帳を携帯し見せ合う習慣は、異性と知り合うきっかけともなった。他者との交換を前提にする少女の中には、「この子だれ⁉ 紹介して⁉」という事態を想定して、「メイクを撮影前に直してい」るという〈I〉。そこに礼拝的価値は存在していない。あるとすれば、展示的価値であろう。

ベンヤミンが複製技術時代の芸術を論じた時代、すでに「写真の世界では、展示的価値が礼拝的価値を全面的におしのけはじめてい」た。礼拝的価値から展示的価値への移行は、複製技術の発達にともなう現象であり、[*35] 対象を身近に「模像（Abbild〈写像〉）で所有したいという欲求は、日ごとにあらがいがたく妥当性をもってきつつあ」った。[*36]

カメラとアルバムを携帯する少女たちの日常写真行為は、すでにベンヤミンが予見していたと言え、それは非日常的な写真行為との連続性をもつ妥当な行為であった。ただし、初期の感光板は感度が低く、「長い露出時間のあいだモデルがじっとしていられるように支えが必要だった」。そのため、体がぶれないように「首ささえ」や「膝おさえ」が用いられていた。[*37] 撮影時には体を固定していなくてはならず、そこに日常写真行為で顕在化した遊戯性が入り込む余地はなかったと考えられる。貴重品である写真は、撮影自体を楽しむものというよりも、記録や記念のためのものではないかと推察され、普及後も、それは一九九五年頃までごく一般的でもっとも重要な機能の一つとなったのである。

●——展示的価値と記憶

人びとが模像で所有したいと強く望んだ対象とは、アウラのことである。しかし、「どんなに近くにであれ、ある遠さが一回的に現れている」アウラ自体は手に入れることができない。模像を所有することで手に入れられるのは、アウラを体験した「思い出＝記憶」だけであろう。つまり、人びとが手に入れた思い出にはアウラが存在しない。

写真を撮ることで記録された記憶は「経験の証拠」にすぎない。しかし、時間の経過とともに薄れゆく記憶は、一枚の記録によって「経験そのものを左右しはじめる」。だからこそ、人は笑みを浮かべ、自然さを装い、美しく撮られること、自己の「あるべき像、あってほしい姿」で記録されることを欲求する。すなわち、そこに演技的な行為が入り込み、写真は捏造された記録となる。[*38]

重要なのは、記録は固定した記憶を呼び起こさないということである。ブルーマーの議論に従うならば、あらゆる対象は、個人の解釈と定義の過程を経てつねに意味が変化するものである。[*39]角田は、伝統的社会が解体し集合的記憶を共有できなくなった時代において、記憶はある特定の集団から一方的に規定されてしまうような受動的なものではなくなり、もっと自ら主体的にかかわっていくものになると指摘し、「自己の物語が頻繁に書き換えられていく社会的状況をむかえたとき」、自己を構築するための記憶の重要性が増すことを論じた。[*40]このような社会においては、写真を頻繁に撮り記録をため込んでも、アウラも確固とした人間関係も得られないだろう。

角田によれば、『アウフォト』投稿者の手紙に書かれた投稿理由のほとんどには「見てもらいたい」という語彙があるという。そして、『アウフォト』は「自分にとっての〝大切な思い出〟を拒絶することは」せず、「むしろ、肯定的に受容してくれる空間であり」、それこそが同誌の「魅力」となっていた。[*41]そこには、写真の展示的価値の特化だけでなく、他者に肯定的に受容されなければ自分自身の体験の記憶さえ霧散してしまう不安が見え隠れする。日常的に〝写真〟を持ち歩く少女たちは、その不安を押し隠すかのように、捏造された〝写真〟に落書きを上書きし、それを交換することで、今を楽しいひと時へと転換させたと考えることもできよう。

3 プリクラ・コミュニケーション

●──「思い出ないとつまらないじゃないですか」

友人四人とゲームセンターで遊んでいたアキ（一六歳・高校生、一九九九年五月一五日、新潟県新潟市）は、筆者のインタビューの合間にカバンからレンズ付きフィルムを取りだし、時折シャッターを押していた。アキは、カメラを常備し「友達と遊ぶとき」に使い、「思い出づくり」を行う。

今日のことは明日の思い出になるじゃないですか。だから、保険っていうのかな。楽しいときってみんなすごいいい顔すると思うからぁ、うーん、だから楽しいときにみんなでパチッとかって撮っておくと、後から見て「このとき楽しかったよな」っていう話になると、「そうだよね」って笑えるから。

カバンの中には自分で作ったクッキーとプリクラ手帳も入っていた。アキは「思い出ないとつまらないじゃないですか。過去がない人間って絶対今を楽しめないしぃ」と話し、思い出を「大事」だと強調する。しかし、彼女が一生懸命に記録しようとする日常は「まあ覚えてれば思い出だけど、忘れてたら思い出じゃない」程度の記憶にすぎない。だからこそ、アキは自分の体験に「保険」をかけようとする。

●――「ただ気分的に撮りたくなってる」

アイ（一六歳・高校生、二〇〇五年二月一一日）とマイ（一四歳・中学生）がゲームセンターに足を運ぶのは、クレーン・ゲームとプリクラで遊ぶときだけである。彼女たちは、ブランド品でオシャレする一方で、クレーンでとったチープなディズニーのキャラクター・グッズを持ち歩く。二人ともプリクラ手帳は家に二冊ある。

中学三年生のマイは、プリクラを「ただ気分的に撮りたくなってる。その場が楽しくなる」と説明する。高校一年生のアイは、プリクラを「つまんないときは撮らない」けど「きれいな服を着て」「化粧してるとき」に撮りたくなると言う。アイにとってプリクラは「思い出に残したい」ときに撮影するものだった。マイは「遊び」志向、アイは「思い出」志向と言えるだろう。

マイは、小言の多い祖母が「嫌い」で父親は「喋るのも」怖く、「厳しい」家で「自由になれ」ず、中学三年の夏休みの時期に「プチ家出」をした。家出期間は約一週間で、当時知り合ったばかりの「他中（他の中学校）の人の家に行ってた」。そんなマイの居場所はアイの部屋である。アイ自身は「親とは微妙」な関係だけど、自分の部屋は居心地がよかった。二人は「ずっと仲いい」と言うのだが、その期間はわずか半年前の夏からだった。彼女らの流動的な人間関係は、ボーイ・フレンドとの交際に顕著であった。

アイが交際した男性は小学六年生以来、一三人で最長で八カ月、最短で三日。同時に複数の男性と交際する「二股」もある。初めてセックスしたのは中学三年生のときで、以来、一一人の交際相手と交わった。加えて、「行きずりの相手」は四人いた。

マイの交際相手は一〇人以上で、最長約二カ月、最短一日だった。交際期間は「だいたい一カ月ぐらい」で、「二股」「三股」は数回あり、「五股」もある。中学二年の一三歳で初めてセックスし、交際相手と六人、友人や行きずりの相手を含めると計一六人と性交していた。

彼女たちが正確な数字を覚えているのは、携帯電話のメモリーに記録が残っているからだった。アイは携帯電話で調べながら、筆者の質問に正確な数字を答えていた。複数の相手と同時に交際しても「ばれなかった」のは「つながらないんです。同じ学校の人とは付き合ってないから。別の学校の年上の人が多い」(マイ)。また、二人は「出会い系サイト」を中学一年生の時から利用し、男友達や遊び友達を増やす中で、交際相手を見つけてもいた。「今も暇つぶしにやってる。遊び探し。新しい人と出会いがあるじゃないですか」とアイは説明する。

マイはセックス自体が「好き」だが、アイは「好きな人とならば好き」と言う。彼女たちは、出会い系サイトを利用して、見知らぬ男性と食事やカラオケに付き合う対価として、お金をもらう「援助交際」もしていた。また、街頭でナンパされて遊ぶこともある。そうした出会いの中で「酔った勢いでやっちゃったり」したときは、後悔することもあるし、レイプされて泣いたこともある。それでも懲りずにアイが新しい出会いをほしがるのは、友人の数を証明する記録が消されるからだった。「彼氏とかいるとき、男友達とかメモリー消しちゃって、ないし。だからだと思う。消せって言われたときもあるし、自分から消したときもある」。

この言葉が奇異に聞こえるのは、交際相手よりも過去の記録を大事にしているように思えるからだ。アイは記録を増やすためにつねに新しい関係を求めているが、新たな関係を築いた途端に目的とされていた記録が消えてしまう悪循環にはまり込んでいた。メモリーを消去してしまえば消える程度の人間関係でしかないのだが、「思い出」志向の彼女は、連絡先を消去しても、交際しセックスした相手の名前という〝記憶〟は残していた。

●――「『遊んだんだよ』という『残し』として撮る」

ゲームセンターでプリクラを撮っていたマサミ（一六歳・高校生、二〇〇六年三月一九日、東京都渋谷区）とミカ（一六歳・高校生）は、同じ学校に通うクラスメイト同士である。「遊んでゲーセン探して、プリクラあったら撮る。（プリクラは）遊んだ記念というか、『遊んだんだよ』という『残し』として撮る」とミカは言う。

この日は電車で三〇分ほどかけて渋谷へ遊びに来て、「サイゼ（ファミリー・レストラン）に行ってカラオケ行った」帰りにプリクラを撮った。プリクラ手帳はマサミが三冊目、ミカが五冊目で、月四回ぐらいの頻度でプリクラを撮影している。プリクラ以外にも、フィルムカメラや「写メ」[*42]を日常的に利用しているという。カバンの中にはコダックの二七枚撮りレンズ付きフィルムとカメラ付き携帯電話が入っていた。

彼女たちによれば、プリクラ、フィルムカメラ、カメラ付き携帯電話は、それぞれ異なる利用方法がある。ミカの説明によれば、その三種はいずれも「記念」に利用するが、撮影構造と保存構造が異なるため、遊戯性と思い出の質が変化する。三種の利用頻度は、カメラ付き携帯電話がもっとも多く、プリクラとフィルムカメラがつぎに続く。大事な「記念」を撮影する際に用いられるのは、フィルムカメラ、カメラ付き携帯電話、プリクラの順で、それは撮影ツールの重要度の順位でもある。

彼女たちの発言を整理すると、フィルムカメラは、フィルム代に現像代と金銭的な負担が大きいうえ、撮影に特化したツールのため、持ち歩かないこともあるが、写真は保存性が高く、大事な行事では活躍する。一方、カメラ付き携帯電話はフィルム代と現像代がいらず、電話としても利用できるため、つねに携帯して気軽に撮影できる。ゆえにフィルムカメラにくらべれば、カメラ付き携帯電話は遊戯性が高い。その反面、保存方法はプリントアウトするわけではなく、大事な写真はホームページにアップして保存するものの、パソコンは操作が難しくて使いこなせないため、ほとんどの写真はメモリーがいっぱいになったらつぎつぎと消してしまう。

そして、プリクラは落書きを楽しめ、自分を可愛く写せるものの、「リアル」[*43]ではないうえ、固定された筐体の中でしか撮影できないため、教室などの風景とともに自分を写し込むことができない。そのような限度もあり、プリクラはどちらかと言えば遊戯性に特化しているということになる。そして、三種のそれぞれに特徴があり、利用方法が異なるため、どれも大事なツールとして受けとめられていた。

マサミとミカはプリクラを撮影する際に、多種類の筐体の中から選ぶ規準は第一に「写り」、つぎに「落書き」の機能が充実しているものという。ただし、「写り」重視と言っても、自分たちが可愛く写ることだけを考えているわけではない。「変顔するよね。ちゃんとした顔してたほうが恥ずかしいよね。変顔のほうがテンション上がるし」。「変顔」とは文字通り、変な顔をつくって撮影することである。

彼女たちの撮影行為を観察すると、まず、最初のショットでは、笑顔でカメラを見つめ、ピースサインを出して可愛く振る舞う。つぎに、顔はカメラに向けたまま目線をそらして口をとがらせ、口元で二本指を曲げてカギをつくり、テンションを上げて写す。そうして、数パターンのショットを撮影した後、すぐに落書きコーナーへ移動し、あっという間につぎつぎとペンの種類や色を変えつつ「日付」「被写体の名前」「撮影場所」「その日どこで何をしたか」「ユーモアを効かせた一言」を書き込み、同時にスタンプ機能などを利用してハートや花柄のマークを加え、背景を彩っていく。すました顔で大人しく撮るだけでなく、参加者全員で変顔をつくり、その落差を楽しむ。と同時に、落書きで思い出のしるしとなる日付などを綴るだけでなく、ユーモアのある一言を書き添えていく、その行為全般を楽しみ、遊びを通して互いの距離を縮める様子が観察された。

●——彼女たちの日常生活

では、彼女たちの日常生活はどのようなものなのだろうか(表5)。

両者ともに一週間のほとんどの時間は学校の授業で費やされ、放課後に部活、バンド活動がある。二人は学校の友人とバンドを結成しており、児童センターでライブも行っている。マサミはドラム、

表5　マサミとミカの日常生活

マサミの1週間

	月	火	水	木	金	土	日
①授業	9:30〜3:10	9:30〜3:10	9:30〜3:10	9:30〜3:10	9:00〜2:10	9:00〜12:30	遊んだり、バンドしたり、家でごろごろ、家族で出かけることはない
②部活	4:00〜5:30	4:00〜5:30	4:00〜5:30	4:00〜5:30	4:00〜5:30	1:45〜3:30	
③バンド	5:30〜6:30	×	×	△	×	△	
④その他	6:30〜帰宅夕食、テレビ、就寝12時				帰りに遊ぶ	バンド活動しないときは遊ぶ	

ミカの1週間

	月	火	水	木	金	土	日
①授業	9:30〜3:10	9:30〜3:10	9:30〜3:10	9:30〜3:10	9:00〜2:10	9:00〜12:30	イベント・サークル(月2、3回、忙しいと毎週、祝日)、遊んだり、バンド活動
②部活	×	4:00〜5:30	4:00〜5:30	×	×	1:45〜3:30	
③バンド	5:30〜6:30	×	×	△	×	△	
④その他	就寝11:30	バイト10時まで。テレビはつけっぱなし	ピアノ	バイト10時まで	帰りに遊ぶ		

注：「×」＝活動なし、「△」＝不定期、たまに活動する。

ミカはギターを担当している。また、部活はマサミが演劇、ミカがテニス部に所属し、スケジュールが目一杯埋まっている。それに加えて、ミカはピアノのレッスンを受け、アルバイトを週二回行い、日曜日には他校の高校生が集まって自らが主宰するイベント・サークルの運営にも携わっている。

忙しいけど充実した毎日をすごし、「いろんなこと」を自分の裁量で決められる今が一番楽しいという。アルバイトは学校から禁じられているが内緒で働いている。バイト代は「生活費、お小遣い。基本的に自分の身のまわりのものは自分でやってます。洋服とか、カラオケとか、遊び代」にも使う。彼女らは積極的に活動に参加し、自律した生活を送っていた。

ただし、不満や不安がまったくないわけではない。ミカは「先生だけはこの世にいらない」と語尾を強める。「すべてに対して否定的。『そんなことするんじゃありません』って。普通のことしても」「こっちの話はぜんぜんわかってくれない。言うだけ言って人の話、ぜんぜん聞かないし」。アルバイトは禁止で「ケータイなんか見つかったら返してくれないよね。うち、取られてマジ泣きそうなって、親が謝りに行って返してもらった」こともある。

両親は「口きかない」状態で「喧嘩するならいいけど、喧嘩しないもん。そのうちに、離婚するんじゃないかな」。「お母さんが晩ご飯を用意して、作ったら、『じゃあ、遊びに行ってくるね』って。パチスロとか飲み屋とか。お父さんはいつ帰ってくるかわからないし、飲んで帰ってくること多いんで」と心情を吐露する。それでもミカは両親を気遣う。「お母さんはお母さんなりに苦労してきてるの見ているから。お父さんはお父さんなりにすごい苦労しているの見てるから。お母さんがいい育て方してくれて、お兄ちゃんも道を踏み外さなかったかな」。

ミカとマサミは、先生は嫌いでも学校は好きだと口をそろえる。友人がいるからだ。カメラ付き携帯電話で友人たちと変顔をして撮影したり、なんでもないお喋りに興じる毎日が楽しいと言う。「もう一回、高一やりたい。あの夏が戻ってこないんだなと思うと悲しくなってくる。くだらないけど、話しているだけで楽しくなる」と、ミカは口にした。

●——他者との接続・コミュニケーションとしての写真

一九九五年以降の写真メディア消費の変容は、若年層の女性がおもな担い手だった。これを女性のサブカルチャーと捉えることもできよう。前章でみたように、日本のサブカルチャーについて、宮台真司は「島宇宙化」現象を指摘し、山田真茂留は融解説を論じたが、サブカルチャーを受容する若者の人間関係について松田美佐は、「選択的」になっていることを強調した。

また、都市化の流れの中で、記憶は主体的にかかわっていく選択的流動的なものに変容したというのが角田の論点であった。宮台の島宇宙化も、松田の選択化論も、都市化・情報社会化をその要因の一つにしている。すなわち記憶に限らず、各論者に共通して社会は選択的流動的なものに変化していると捉えられる。ただし松田ら選択化論の議論を踏まえるならば、そこに生じる選択的友人関係は人間関係の希薄化を必ずしも意味しない。

実際にミカは部活やピアノのレッスン、バンド活動、イベント・サークルといった数多くの活動に積極的に参加し、多様な友人とかかわっていた。伝統的共同体における固定的な人間関係を基準とするならば、彼女たちの関係のあり方は希薄にみえるかもしれない。しかし、クラスの友人とバンドを結成し、児童館などの会場を借りてライブを成功させ、他校の生徒と共にイベントを企画し、作り上げる活動によって、親しい人間関係を築き上げていた。そうした関係性は、まさに異なる帰属集団を意図的に選択し、しなやかに繋がっていく態度であると考えられる。

プリクラ撮影や交換といった行為は、少女たちの関係の希薄化を単純に意味するのではない。流動的な社会における個々の隔離された他集団に属する人びとと繫がっていくためには、カメラやプリクラといったメディアを有効に活用する必要があったのである。

ただし、家庭や学校、あるいは「今」を楽しんでいる自分にまったく不安がないわけでもなかった。世代内で共有される文化が喪失し、都市化によって安定的に記憶を供給されない現代社会においては、とくに青少年期に確固とした基盤を築くことは困難であろう。さらに、複製技術の発達にともなう情報化社会の到来は、写真においても展示的価値を特化させ、アウラを喪失させていった。

こうした流動的な社会、さらには生活様式の急激な変化の中で、すべての人びとが不安や寂しさといった感情から自由であり続けることは難しいだろう。ゆえに、希薄化か選択化か、そのどちら側に立っても両方の要素が抽出されてしまう。本章では視座を転換し、遊戯性に着目した。井上俊はカイヨワの「聖」「俗」「遊戯」の概念を援用し、「遊戯」が「ある種のストレス状況（たとえば、激烈な競争状況や人間相互の疎隔状況）」において「ストレスを緩和し、自我を防衛する一つの方法たりうる」と指摘した。[*44]

では、なぜ少女たちは日常的にカメラを持ち歩き、ところかまわず撮影するだけでなく、つねにアルバムを持ち歩き、写真やプリクラを見せ合い、交換し合うのだろうか。カイヨワは、遊びには観客が必要であると指摘したが、[*45]複製技術の発達による写真の展示的価値の増大とも重なり合いながら、現代の少女たちにとっての遊びが写真を「見せる」ことにつながっていく。そこでは記憶さえも展示的価値を帯びる。

まさに少女たちは、不安定な社会の中で「遊び」の要素を積極的に取り入れ、選択的に人間関係をとり結ぶことで、その不安を転換（必ずしも解消されるわけではない）させ自我を保ち、写真メディアを活用することで分断された各集団の他者と接続し、それを見せ合うことで遊ぶのである。すなわち、その「遊び」は、自己保身（自我防衛）の機能を有するだけでなく、他者と接続・コミュニケーションするための工夫でもあったのだ。

註

＊1　角田隆一はこの現象を「日常写真ブーム」と呼び、その時期を「一九九〇年代後半」と位置づける。角田隆一（二〇〇四）「思い出をつくる若者たち―現代的自己の記憶論的アプローチ」宮台真司・鈴木弘輝編『21世紀の現実』ミネルヴァ書房、一四四頁。栗田宣義によれば同現象は、「一九九〇年代前半から半ば」に低廉なレンズ付きフィルムが女子高生を中心に受け入れられたことが基盤となっている。栗田宣義（二〇〇四）「欲望と誹謗のメディア、カメラ付き携帯」『木野評論』三五号、京都精華大学情報館。また、栗田はコニカ広報室が一九九七年に実施した調査を挙げ、フィルム購入・現象等に費やす一カ月の支出が「国民一人あたりでは平均二四〇円なのに対して、女子高生サンプルでは一五〇〇円を超える」と紹介する。栗田宣義（一九九九）「プリクラ・コミュニケーション―写真シール交換の計量社会学的分析」『マス・コミュニケーション研究』No.55、日本マス・コミュニケーション学会。

＊2　撮影機で写真を撮ると、一六分割のシールとなる。二七のフレームが選択でき、サンリオの「キティ」などキャラクター・フレームや観光名所の限定フレームが希少性を高め、人気となった。現在は、分割やフレームの種類が多様になり、落書き機能が充実している。本書では、プリクラに関する基本情報は以下の二冊を参考にした。ぽにーてー

る編（二〇〇二）『プリクラパーフェクトブック』アミューズブックス。プリグラ総研監修（一九九六）『プリクラグランプリ』冒険社。

当初、ゲームセンターに設置された自画像シール撮影機はブームになると、ショップや駅の構内、観光地など至るところに置かれるようになった。筆者は、第一次ブーム時の一九九六年に原宿・竹下通りにあるファンシー・ショップでアルバイトをしていた。撮影機を設置した店舗では、どこも女子中高生が店の外まで行列をつくっていた。

＊3　コニカ広報室の調査によれば、「カバンの中にいつもカメラが入っているかどうか」を質問した結果、「必ず持つ」と答えた女子高生は一一五人中二〇人（一七・四パーセント）で、「ときどき持つ」は六六人（五七・四パーセント）であり、「双方合わせると八六人（七四・八パーセント）という多数派が〝よく持っている〟といえる」。また、写真を入れる道具は、アルバムだけでなく定期入れや財布も含まれるが、一一五人中一〇五人（九一・三パーセント）の女子高生が「誰かしらの写真を肌身離さず持ってい」た。コニカ株式会社広報室（一九九七）「女子高生と写真」『当世写真事情』二号、コニカ、一―四頁。

＊4　前掲渡辺（一九八九）『メディアのミクロ社会学』九二、一〇〇―一〇一頁。渡辺によれば、わが子の写真は家族には価値をもつが、他人には価値をもたない。他人にとってその写真を儀礼的に見なければならない機会は苦痛でさえある。

＊5　Benjamin, W. (1931) *Kleine Geschichte der Photographie*, Suhrkamp.＝（一九九八）久保哲司編訳『図説　写真小史』筑摩書房、一三―一四、二六頁。

＊6　富田英典（二〇〇四）「写真感覚の変容―プリクラからデジカメ付き携帯電話へ」『木野評論』三五号、京都精華大学情報館、一三八―一四六頁。

＊7　前掲栗田（一九九九）、一三二―一三五、一四四頁。

＊8　橋爪大三郎（一九九七）「『新三種の神器』をめぐる考察」『広告批評』二〇三号。戸塚智（一九九八）「情報化時代の『気持ちの伝え方』―電話、ファックス、パソコン通信、プリクラ」『児童心理』五二巻三号。奥田容子（一九九八）「プリクラのとなりに写っているのは誰か?」『木野評論』二九号、京都精華大学情報館。

＊9　栗田宣義（二〇〇一）「プリクラ・コミュニケーション再考」『武蔵大学総合研究所紀要』一一号、六七頁。

＊10　二〇〇一年の論文では一枚のプリクラに撮影されている被写体人数が約二・四〇名であり、交換経験を有する者が全体の六七・五パーセントであることから、プリクラが「『孤独な撮影＝一人遊び』ではなく『複数での撮影・交換＝社会的な遊び』」であると強調するが、この被写体人数は一九九七年調査のデータを使用しており、一九九九年の論文でも交換が頻繁に行われていることが示唆されている。

＊11　前掲角田（二〇〇四）、一四三―一七二頁。

＊12　前掲栗田（一九九九、二〇〇一）。白井利明・山田剛（一九九九）「現代青年におけるインタラクティブ・ツールと生活意識の関連―女性におけるプリクラ・たまごっち・ポケベル・携帯電話・身体接触・ボランティアに対する態度」『大阪教育大学紀要』Ⅳ部門四八巻一号。

＊13　同前白井・山田（一九九九）、二五頁。

＊14　吉井博明（二〇〇三）「カメラ付き携帯電話の利用実態とコミュニケーションへの影響―大学生はどう使いこなしているのか」『信学技報』一〇三巻二九〇号、電子情報通信学会、四九―五四頁。

＊15　角田隆一（二〇〇三）「〈思い出〉を消費する若者たち―ある写真雑誌における投稿者の手紙分析から」『現代風俗学研究』九号、現代風俗研究会東京の会。

＊16　前掲吉井（二〇〇三）、五三頁。

＊17　一九九八年七月に発売された『撮りっきりコニカISSIMO』には、ミラー・シールが付けられていた。フィルムカメラでは、一九九九年六月発売の『Revio Z3』（コニカ）に「ミラーアダプター」が実装された。初のカメラ付き携帯電話『J-SH04』（シャープ・二〇〇〇年）には、最初からレンズの隣に鏡が装備されていた。近年では、二〇〇五年一二月二日に発売された『instax mini25「チェキ」』にシリーズ初の「セルフショットミラー」が搭載された。また、二〇〇二年一一月に発売されたデジカメ『F-77』（ソニー）は、レンズを回転させて自分自身を写せるようになっていた。富田（二〇〇四）によれば、『F-77』の工夫はプリクラ人気に合わせたものだったという。

＊18　前掲渡辺（一九八九）、一〇五頁。

*19　同様の視点で宮台真司は、「写真見せっこブームは、今が最高『だから』ではなく、今を最高に『するため』の、つまり《この一瞬を楽しむための》工夫なのだ」と論じ、それを「現実の付加価値化」であるとする。宮台真司「ウオッチ論潮　現実の虚構化　現実隠蔽『プラス発想』」『朝日新聞』（一九九六年一二月二五日夕刊）。

*20　前掲富田（二〇〇四）、一四一―一四二頁。

*21　ナミは都内の大学に通う女性であるが、プリクラを撮っていたのはおもに高校生の時だった。

*22　落書きは制限時間が設けられ、機種によって異なる。ペンについては三色ペンやラメなどの種類が選べ、招き猫やイチゴといった絵柄や「LOVE」などの文字、日付がスタンプ機能として用意されている。たとえば『8beam』（アトラス）は、落書きができる人数二人、制限時間一分五〇秒、ペン四種類、スタンプ一二六個、背景九〇種類、カーテン二種類となっている。『純心美写』（日立ソフト）では、落書き人数一人、時間二分、ペン二八種類、スタンプ一六〇個、背景一二種類、カーテン八種類で、機種によってサービス等が異なる。

*23　前掲富田（二〇〇四）、一四二頁。なお、コスプリの衣装は全国各地の店舗で用意されている。たとえば、［Z］（東京都吉祥寺、二〇〇四年二月六日）のプリクラコーナーには貸衣装がある。店員によると、同店の人気衣装は婦人警官の制服、猫耳、うさぎ耳（バニーガール）、高校の制服の四つであった。

*24　プリクラデータは直接携帯電話に送られてくるのではなく、一端、プリネットのサーバーに保存される。プリネットの会員になれば、サーバーから携帯電話へダウンロードできる仕組みになっている。平地レイはプリネットの魅力の一つとして、携帯電話の待ち受け画面に自分の顔写真が使えることを挙げている。この時期は携帯電話にカメラ機能が搭載されていなかった。平地レイ「ひらちれのもばいるポッケ　ケータイでプリクラ！　アトラス『プリネット・ステーション』」ケータイWatch、二〇〇〇年五月二五日　http://k-tai.impress.co.jp/cda/article/rei/3041.html（二〇〇八年一月二一日参照）

*25　前掲Benjamin（1931＝一九九八）、一一―一二頁。

*26　Benjamin, W. (1936) *Das Kunstwerk im Zeitalter seiner technischen Reproduzierbarkeit.*, drei Studien zur Kunstsoziologie, Suhrkamp.＝（一九九九）佐々木基一編、高木久雄・高原宏平訳『複製技術時代の芸術』晶文社、

一二一一七頁。

*27 河原啓子（二〇〇一）は、複製技術と情報伝達システムによってオリジナルがマスに認知され、知名度があがり、新たな価値観がもたらされたことを「起源の物神化」と呼ぶ。これは、複製品が本物のアウラと異なる輝きをもつようになったことを指している。たとえば、ガイドブックの写真で見た文化財を、実際に見たいと思うようになることである。そう捉えると、オリジナルの価値は保存されているともいえる。ただし、写真については、絵画や彫刻とは異なり、受け手は複製技術による作品を見たいと思わせるという。河原啓子（二〇〇一）『芸術受容の近代的パラダイム―日本における見る欲望と価値観の形成』美術年鑑社。

*28 前掲 Benjamin（1936＝一九九九）、一五頁。

*29 同前 Benjamin（1936＝一九九九）、一八―二三頁。

*30 前掲 Benjamin（1931＝一九九八）、三〇頁。

*31 筆者がここで想定しているのは、ブルーマーのシンボリック相互作用論である。たとえば踏み絵はクリスチャンでないものにとっては、たんなるモノでしかないが、信者にとってはアウラを放つ崇高な芸術作品となろう。この場合、踏み絵にアウラがあるかないかと問うよりも、個人の解釈と定義の過程によって踏み絵の意味、価値が変化すると捉えたほうが、この現象を説明できる。

*32 同前 Benjamin（1931＝一九九八）、三一―三二頁。

*33 前掲原野（一九九七）『プリクラ仕掛け人の素顔』、四六頁。

*34 どのメーカーの筐体も明るさを自由に選択し、フラッシュをさまざまな角度からたくことができる。『純心美写』は、カメラ一台でフラッシュが五個ある。撮影は、まずカーテンの種類とストロボバリエーションを選択し、明るさ四段階、撮影パターン五つの中から選び、一〇ショット撮影したうえで、写りを確認し、好みの写真を四枚選択できる。『やまとなでしこ』（アトラス）はカメラ三台、明るさ六段階、フラッシュ一〇個、撮影パターン二つ、ショット最大二一、選択枚数六となっている。

*35 前掲 Benjamin（1936＝一九九九）、二二頁。

＊36　前掲 Benjamin（1931＝一九九八）、三七頁。

＊37　同前 Benjamin（1931＝一九九八）、二七頁。

＊38　前掲渡辺（一九八九）、九二—九五頁。

＊39　前掲 Blumer（1969＝一九九一）『シンボリック相互作用論—パースペクティヴと方法』

＊40　前掲角田（二〇〇四）、一六五—一六六頁。

＊41　前掲角田（二〇〇三）、一二、一四—一五頁。

＊42　Jフォンが自社製カメラ付き携帯電話のサービスに「写メール」と名づけ、それを女子中高生が縮めて「写メ」（しゃめ）と呼ぶ。

＊43　ミカは「プリクラはそのままのものが写るわけではないし、合成だったり、光当てたりしてプリクラの方がよく写る」と述べ、他のツールと比較し「リアルじゃない」と語った。

＊44　井上の「遊戯性」は、「レジャー志向」ではなく「遊戯精神」、「あるいは、実生活のなかに『あそび』の要素をもちこみ、実人生をある程度『遊戯化』しようとする志向、一種の生活態度としての『あそび』」である。井上は、現代青年の特徴として「遊戯性」「感覚性」「流動性」を挙げ、「軟硬二様の統制方法」を巧みに使う管理社会と距離をおき自律を促すと論じる。「遊戯」は「俗」から離脱し、「聖」と距離をとる態度である。井上は、それを若者のサブカルチャーにも見出し、大人の世界に影響をもたらす可能性を示唆した。井上俊（一九七一）「青年の文化と生活意識」『社会学評論』二二巻二号、三一—四七頁、日本社会学会。なお、この議論に対して山田は、「自律性や批判性をともなう遊びの精神の拡大という期待は、見果てぬ夢に終わってしまう」と論じた。前掲山田（二〇〇〇）「若者文化の析出と融解—文化志向の終焉と関係嗜好の高揚」、三三頁。筆者が本章で提起したいのは、遊戯に内包される「接続」機能である。「転換」という用語も積極的な意味合いを込めている。

＊45　前掲 Caillois（1958＝一九九〇）『遊びと人間』、八二頁。

補論2
プリクラを消費する少女たち

1 プリクラ・コーナー

●──プリクラの登場

一九八五年、風営法がゲームセンターに適用されて以降、アミューズメント業界はそれまでの暗いイメージを払拭しようと親子やカップルでも気軽に立ち寄れる「明るい」店舗のイメージ作りに取り組んできた。一九九〇年の大店舗法の緩和によるゲームセンターの大型化は、次第に明るいイメージを醸成していったが、とくに一九九五年のプリクラ（自画像シール）の登場は、女性客の獲得に大きな役割を果たした。

女子中高生を中心に一〇代、二〇代の女性の間では、プリクラを友人同士で交換し、ノートや手帳に貼り付けてミニアルバムを作ることが流行った。とくに一〇代の少女たちは、仲のよい友人だけでなく、あまり親しくないクラスメイト、見知らぬ人ともプリクラを交換している。文房具店には、プリクラ専用アルバムも並んだ。ミニアルバムに写真やプリクラを貼り、友人同士で見せ合って会話を楽しむ少女たちの姿は、今やどこでも見られる光景だ。

ゲームセンターのプリクラ・コーナーには専用掲示板が設けられ、不特定多数に向け、自分の顔が映ったシールを公開できるようになった。この掲示板を「プリクラ掲示板」と呼ぶ。[*1] 新宿歌舞伎町のあるゲームセンターでは、二階のプリクラ・コーナーへと続く階段の両壁に、びっしりとプリクラが貼られていた（東京都新宿区、一九九八年一月二九日）。

二〇〇〇年代に入ると第二次プリクラブームを迎えるが、逆にプリクラ掲示板は店舗から姿を消し、現存する掲示板もほとんど利用されていない。そこには、どのような要因があるのだろうか。

本章では、プリクラの歴史とプリクラ掲示板の変遷過程を検討し、プリクラ掲示板の衰退要因と消費空間の構造を明らかにし、最後に女子高校生のおかれている社会環境を考察する。

●——女性客の獲得

プリント倶楽部は登場してすぐにブームになったわけではない。プリクラの認知度が一気に上がったのは、アトラスによるメディア戦略によるものだった。当時女子中高生に人気のあった男性アイドルグループSMAPの出演するテレビ番組『I LOVE SMAP』で、彼らのプリクラを視聴者にプレゼントしたことがブームのきっかけとなった。アトラスの社長、原野直也によれば「週に五万通もの応募が殺到し（中略）これ以降は、女子中高生がゲームセンターに行列を作るようになった」。[*2]

ゲームセンターへの参加率を性別に示したものが図11である。風営法施行後二年を経た一九八七

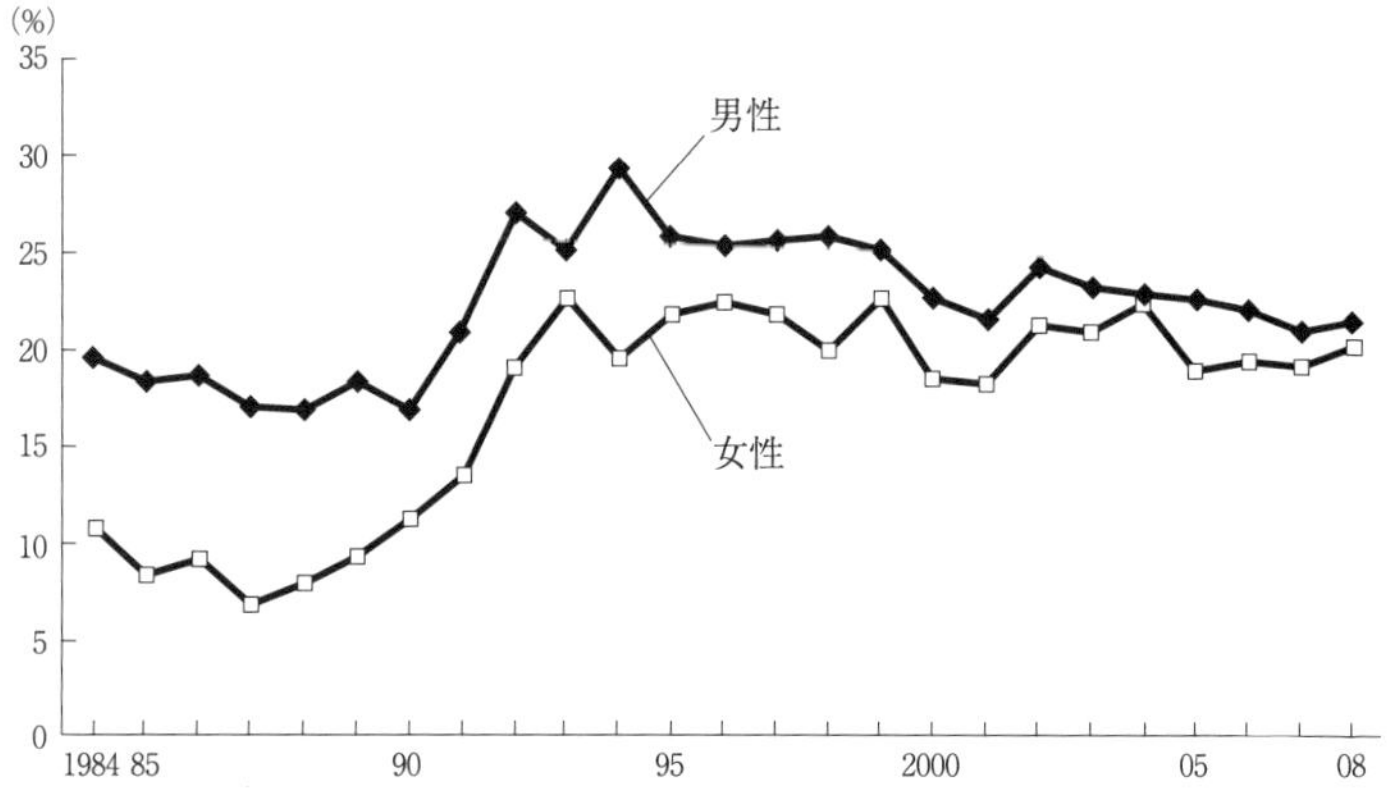

図 11　ゲームセンターの性別参加率

出典：『レジャー白書』（財団法人社会経済生産性本部）を参照し作成。

年には女性の参加率が七パーセントともっとも低くなっているが、翌年から徐々に参加率を上げ、九〇年代以降は男性と女性の参加率の差が縮まっている。ゲームセンターに女性客が増えたのは、一九八〇年代後半から始まる店舗の大型化、アミューズメント施設化に加え、八八年にヌイグルミを景品にして迎えた第二次クレーン・ブームが要因としてある。一九九八年頃には、いったんプリクラのブームは落ち着くものの、二〇〇〇年には第二次プリクラブームを迎える[3]。今や一〇代から二〇代の女性はゲームセンターを支える客層となっている（図12）[4]。二〇〇五年以降、プリクラの売上高は縮小傾向にあるとはいえ、一台あたりの売上高は各種ゲーム機の中でもトップを誇り[5]、プリクラは少女文化として定着したと言えるだろう。

一九九〇年代、プリクラ・コーナーの利用者は女性が圧倒的に多かったものの、男女ともに出入り自由だった。プリクラ・コーナーにはテーブルとイスが設置され、街中でのショッピングや遊びに疲れた少女たちの休憩の場としても利用されていた。男女ともに出入り自由であったため、掲示板に貼られたプリクラは誰もが観賞することができた。

●――プリクラ掲示板を介したコミュニケーションと援助交際

しかし、掲示板にはプリクラだけでなく電話番号が記され、援助交際やナンパのスポットとなり、店にとって利益を生まない客が問題視されはじめた。プリクラ掲示板にはポケットベルやPHS、携帯電話などの番号がプリクラを貼った下の余白に記されることもあった。それは男性へのアピールであり、当時社会問題になっていた「援助交際」(売買春)の交際希望でもあった。新宿歌舞伎町のゲームセンターには、五〇代前後の男性がプリクラ掲示板を前に目を皿のようにしてプリクラを物色している姿が見られた(東京都新宿区、一九九八年一月二九日)。

休憩スペース

目一杯かわいらしいポーズをとり、自己を表現、誇示し、異性にアピールする少女たち。プリクラ掲示板には、広告、雑誌のモデルを思わせるプリクラがずらりと並んだ。プリクラ掲示板は出会いの場として機能し、そこから恋人や友人、一晩限りの相手などが見つけられるようになり、さまざまな人びとをつなげていった。掲示板にプリクラを貼り付けただけであれば、

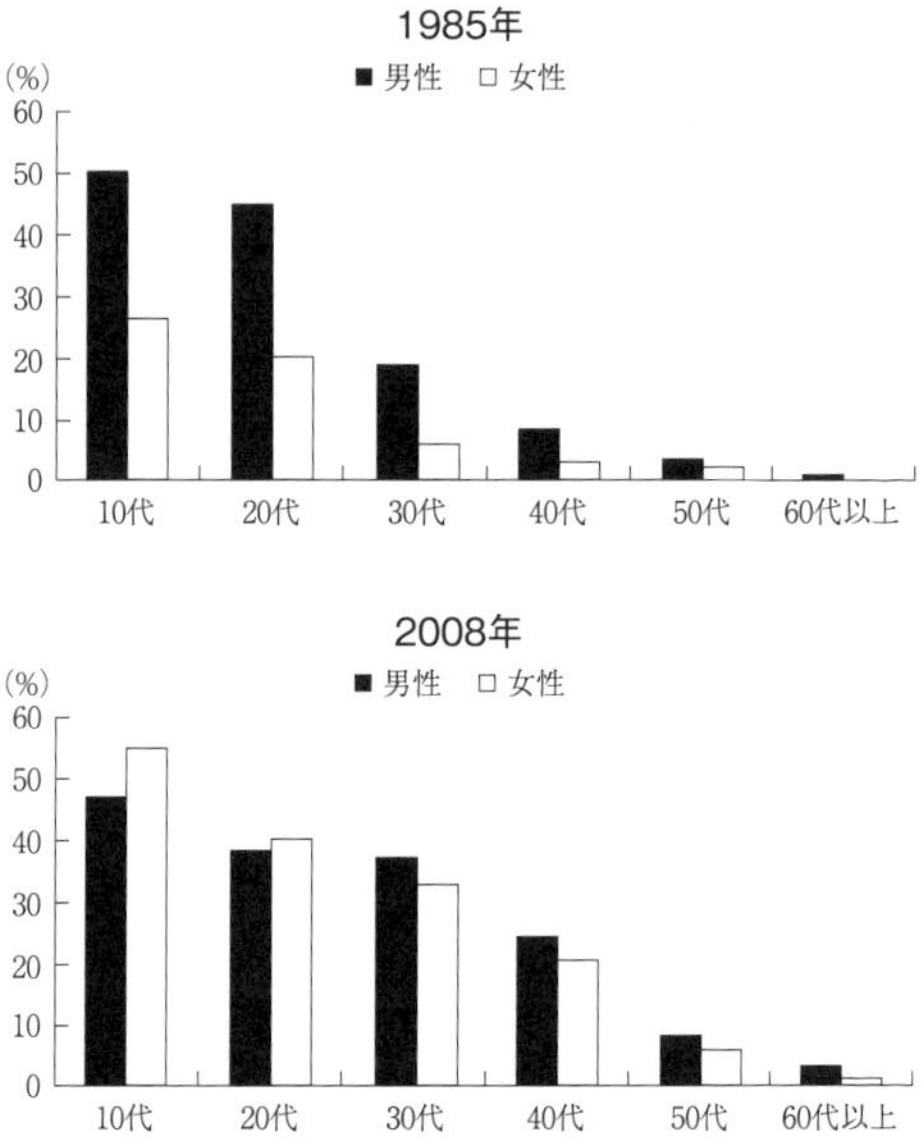

図12　ゲームセンターの性・年齢別参加率

出典：『レジャー白書』（財団法人社会経済生産性本部）を参照し作成。

一方向のコミュニケーションでしかないのだが、そこに電話番号を記すことで「掲示板」「プリクラ」「ケータイ」という三つのメディアを介して双方向のコミュニケーションが実現したのである。*6

しかし、見知らぬ人間同士の出会いはトラブルも生む。また、ナンパや援助交際目当ての男性が群がるようになると、各地のゲームセンターでは電話番号が書かれたプリクラをチェックし、削除するようになった。「電話番号は書かないでください」。あらかじめ注意を促す掲示板も多々見られた。さらに、プリクラ・コーナーがナンパスポットになると、しつこいナンパに辟易した女性から店に苦情がでるようになる。女性を同伴していない男性客は、プリクラ・コーナーへの立ち入りが禁止された。

では、プリクラ掲示板には、具体的にどのような書き込みがなされているのだろうか。あるゲームセンターのプリクラ掲示板には、つぎのような書き込みがなされていた。

彼氏ぼしゅう中　(四万円ちょうだい!!)
070-○●○●-●○●○　SAYA　左
090-○●○●-●○●○　JUNKO
はがすんじゃねーよ。バーカ　はがすなよ（ムカツク　文句あるならでんわしろ）

プリクラには二人の女性が写っていた（千葉県柏市、二〇〇〇年一一月四日）。それぞれの名前と電話番号が書かれてあり、異性へアピールしている。「四万円ちょうだい!!」と金額を明記していることから、援助交際希望者である可能性が高い。また、「はがすなよ」という書き込みからは、店員に一度削除されたことをうかがわせる。

SAYA（二〇歳・家業手伝い）とJUNKO（二〇歳・フリーター）は高校時代からの友人だった（二〇〇一年六月九日）。両者とも掲示板にプリクラを貼り、携帯電話の番号を記すことに抵抗は感じないという。「メル友が欲しいからね」[*7]。そう語るSAYAはプリクラ掲示板にメッセージを記した理由を援助交際目的ではなく、異性の友人が欲しかったからだと説明した。「うちら女子高だったから男がいないからね」（SAYA）。

二人がプリクラ掲示板で見知らぬ男性と交流を求めるようになってちょうど一年が経っていた。プリクラを見て電話してくる人にはメールだけの関係にとどまらず、全員と直接会っていた。しかし「メル友」関係が続くことはなく、最長で二カ月ほどだった。両者ともプリクラは記念や思い出のために撮り、レンズ付きフィルムも頻繁に利用する。SAYAはプリクラを週に五回、JUNKOは三回ほど撮る。プリクラだけでなく、ドライブゲームや音楽ゲームなども好きで、家庭用ゲームはやらないが、電子音が鳴り響き人で賑わっているゲームセンターで遊ぶのは「面白い」という。

SAYAとJUNKOはプリクラ掲示板だけでなく、携帯電話の出会い系サイトも利用していた。JUNKOの「メル友」は一五人で、二〇代から三〇代が中心だった。遊ぶだけの人もいれば、交際関係をもった人もいた。セックスだけの相手もいた。これまでに彼女が性的関係をもったのは一人だけであるが、その相手は、交際した「彼」ではなく、プリクラ掲示板で知り合った他のメル友だった。カラオケに行こうと誘われて、車で連れられた場所がラブホテルだった。当時交際していた相手は顔が好みではなかったが、そのメル友は自分好みの顔だった。「まあ、いいっかなー」と思った、と彼女は回想する。

SAYAはプリクラ掲示板で知り合った二〇代の男性三人と酒を飲んで泥酔して、気づいたら裸にされていた。それが初めての性体験だったという。遊んでいるときが「ハッピー」というSAYAに対し、JUNKOは寝ているときが幸せという。「誰とも話さなくても済むし」。プリクラ掲示板で広く交流を求める一方で、人と話すのが苦手なJUNKO。最近つらいことは「眠れないとき」ともらす。「なんか、メール来ないとね」。異性への好奇心から始まった「メル友」探しだが、彼女自身、どこか満たされない思いを抱えていた。

援助交際やナンパなど、ゲームセンターの経営サイドにとっての「問題」は、比較的早い時期から新聞報道を通じて社会問題として人びとに認知されていく。

●――ゲームセンターによる排除と利益追求

「併設の掲示板には顔写真がズラリと張られ、『ベル入れて（ポケットベルを呼んで）！』などのメッセージが添えられており、利用者らによると最近、これを使った「援助交際」（売買春）が広がっているという」（一九九六年一一月一日、「シール張って『電話してね』『プリント倶楽部』が少女に大人気」『毎日新聞』大阪夕刊）。

「ゲームセンターの写真シール作成機や占いのコーナーを男性立ち入り禁止にする動きが、京都市内で広がっている。女性にしつこく声をかける若者が後を絶たないため、安心してゆっくり遊んでもらうのが狙いだ。衣装を貸し出したり、化粧台を設けたりして女性客を引きつけようとする店も増えている」（二〇〇二年一〇月二四日、「〝ゲームセンター〟男性禁止　安心して遊べると女性に好評」『京都新聞』）。

プリクラ・コーナーにおける問題は、ナンパや援助交際だけではない。白衣などのコスチュームを借りてプリクラを撮る「コスプリ」が第二次プリクラ・ブーム以降人気を集めるが、コスチュームに着替える際に利用する更衣室に、盗撮カメラが仕掛けられる事件も発生している。女性客からの苦情や新聞報道を通じて問題化し、男性客はプリクラ・コーナーへの立ち入りが禁じられるようになった。ただし、女性同伴であれば男性の立ち入りが許可された。

京都新聞の報道では、プリクラ・コーナーから男性客を排除したのは女性に「安心してゆっくり遊んでもらうのが狙い」だった。さらにコスチュームの貸し出しや撮影前の化粧直しのための化粧台を設け、各店舗は「女性客を引きつけようと」工夫した。そうした動きは、もともとゲームセンターの負のイメージを払拭するために、女性客をターゲットにした業界の戦略に合致する。しかし、現実には、一見、矛盾する経営戦略がとられた。

同時期の変化として重要な点は、男性客の立ち入りが禁止されただけでなく、テーブルやイスが撤去されはじめたことである。テーブルやイスが撤去されていない店舗でも、長時間イスに座ることが禁止されるようになる。それ以前のゲームセンターは、テーブルやイスが設置されることによって女性客のくつろぎの場ともなっていた。テーブルやイスを撤去するということは、女性客のくつろぎの場を排除することを意味する。すなわち、ここでは男性客だけでなく女性客もが排除の対象となっているのである。

この矛盾する経営方針は、いったい何を意味しているのか。もともとゲームセンターの負のイメージを払拭し、明るいゲームセンターを世間にアピールするために、女性客がターゲットにされた。プリクラは、その業界の戦略に対して大きく貢献するものであった。しかし、実際には援助交際の温床などとして問題視され、女性客獲得戦略が結果的に負のイメージを招いてしまった。

「G」(東京都新宿区、二〇〇六年八月一五日)では、プリクラ・コーナーのソファーの背もたれに注意書きが貼られ、「順番待ちでない人はご遠慮ください」と書かれていた。背もたれ付きのソファァーを用意することで快適なサービスを提供し、プリクラを撮影するために順番待ちしている客を店につなぎ止める一方、撮影する意思のないものや撮影後の女性客がくつろぎたむろする場所を排除する。こうすることで、客の回転率を上げ利益を追求できる。ただし、［G］は同コーナー内に女性専用休憩スペースを設けており、女性同伴の男性でも入れず、女性客だけであれば化粧を直し、くつろげる場所となっている。このような空間も客の満足度を上げ、リピーターを増やすための経営戦略の一環であろう。*8

女性同伴でない男性客の入室を禁じ、女性客の居場所を奪うことで巧妙な排除を行いつつも、客をつなぎ止め回転率を上げる。それによって店舗内におけるナンパや援助交際を締め出し、ゲームセンターの健全さをもアピールする。これこそが一見矛盾する経営方針の背後にある狙いと考えられる。

2 プチモデル感覚の高揚

●――プリクラ掲示板の衰退

第一次プリクラ・ブームがすぎ、二〇〇〇年に入るとプリクラ掲示板は急速に廃れ、撤去されていく。現在ではほとんど見かけることができなくなっているものの、わずかに現存しているプリクラ掲示板もある。

女性客専門店の「JP」（埼玉県川越市、二〇〇六年一二月一日）には、筐体にプリクラ掲示板が二枚重ねて掛けられていた。左隅には数十枚のプリクラが並んでいたものの、全体的にプリクラはまばらに貼られていた。「SD」（東京都新宿区、二〇〇六年三月一九日）には、プリクラ掲示板が一枚設置されていたが、貼られているプリクラの枚数は少なく、余白が目立った。プリクラ掲示板が廃れているのは、各店舗が強制的に掲示板を撤去しているからだけでなく、利用者がいないことにも原因があると推察される。

では、なぜプリクラ掲示板の利用者は激減してしまったのか。その理由は大きく分けて以下の二つの要因が関係していると考えられる。
①プリクラの技術的変化と利用形態
②プリクラ掲示板における公開性の低下
まず「プリクラの技術的変化と利用形態」がある。かつてプリクラが登場した頃は、ワンショットで同じ写真が一六分割で印刷された。当時は同じプリクラが一六枚あってもてあましてしまい、プリクラ掲示板に一枚貼っても、もったいないという意識はさほどなかった。友人と一緒に撮影し、分け合うことが一般化したときでも、手元には数枚、同じプリクラが残った。

しかし、プリクラの技術が向上し数カットの異なる背景、ポーズ、ライティング、落書きが印刷されるようになると、同じ枚数のプリクラは少なくなる。プリクラがおもに友人と撮影し、交換に用いられるがゆえに、希少なプリクラを目的もなく掲示板に貼ってしまうことがためらわれるようになる。このようにプリクラの技術的進展にともなう利用形態の変容が一つの要因としてかかわっている。

つぎに「プリクラ掲示板における公開性の低下」がある。自分のプリクラを掲示板に貼って自画像を他者に公開する行為の背後には、一つに、異性とつながりたいという欲求がある。それは、女性同士のプリクラ交換においても「この子紹介して」という場面を想定して異性を意識し、気に入った相手を互いに紹介し合う行為に表れている。そこでは、プリクラのミニアルバムがお見合い写真のように機能しているといえよう。プリクラ・コーナーにおいてナンパや援助交際が問題化した背後には、プリクラを用いて他者に自分をアピールする少女たちの行為がある。

プリクラ・コーナーへの入室が誰にでも開かれ、そこがくつろぎの場として機能していたとき、プリクラ掲示板の公開性は保たれていた。しかし、客の回転率が上がりプリクラ・コーナーが心理的にくつろげる場でなくなれば、プリクラ掲示板を見て時間をつぶすことさえためらわれる。[*9] さらに男性が排除されると、掲示板の公開性は必然的に低下する。プリクラを用いて自分をアピールしたいと望む女性客にとって、男性客が排除された場で掲示板を利用する意義は見出せなくなる。これらの結果として、次第に掲示板が廃れていく。[*10]

●——プリクラ設置状況と経営戦略

では、具体的にプリクラ設置状況がどうなっているのか。新宿と渋谷のゲームセンターにおけるプリクラの撮影機、掲示板、机、イス、作業台の設置状況と男性客のみの立ち入り禁止店舗を呈示し、そこから地理的要因と店の戦略に関する考察を深めていく。

表6、7は、新宿と渋谷のプリクラ設置状況を示したものである。[*11] まず新宿と渋谷のゲームセンター三三店舗のうちプリクラが設置されているのは一九店舗であり、そのうち新宿が二〇店舗中一一店舗に設置され、渋谷が一三店舗中八店舗に設置されていた。そしてプリクラ掲示板は撮影機が設置されている店舗にのみ存在しており、その数は一九店舗中五店舗のみであった。

また、プリクラ・コーナーにテーブルやイスが設けられている店舗は一九店舗中四店舗ときわめて少ない状況が明らかになった。その四店舗の状況を見てみると、二店舗は「長時間のご利用」を断っており、一店舗は狭くて窮屈な場所に背もたれのないイスが置かれているだけで、十分にくつろげるようにはなっていない。長時間の滞在禁止を貼り紙で告知しておらず（店員が声を掛けてまわっているかもしれないが）、堅いベンチではあるが背もたれ付きのイスが設置された店舗は一カ所だけであった。その店舗には唯一、第一次ブーム時と同様のプリクラ掲示板が設置されていた。

この調査からも具体的にプリクラ掲示板の衰退と男性と女性客の二重の排除構造が浮かび上がってくるが、ここではまず店舗の地理的条件に注目したい。新宿にくらべ、渋谷はプリクラ専用コーナーを設けている店舗数が多い。プリクラが登場した頃から、若年層の女性をターゲットにして渋谷で大々的なキャンペーンを張ったアトラスの戦略からもわかるように、若い女性が集まる場所にあるゲームセンターではプリクラが重視されている。

新宿を駅の東口と西口に分断してみると、新宿東口方面にあるゲームセンターには、プリクラを設置する店舗が多いことに気づく。他方で、新宿西口方面のゲームセンターにはまったくプリクラ

表6　プリクラ設置状況・新宿

店名	プリクラ	机	椅子	作業台	男性客立入	掲示板	立地
MK	×						歌舞伎町
E	2台	×	×	1台	○	×	歌舞伎町
FT	×						歌舞伎町
O	1台	×	×	×	○	×	歌舞伎町
TI	×						歌舞伎町
AM	2台	×	×	1台	○	×	歌舞伎町
CV	5台	×	×	2台	○	×	歌舞伎町
AD	×						歌舞伎町
TR	×						歌舞伎町
GO	2台	×	×	×	○	×	歌舞伎町
SR	2台	×	×	×	○	×	東口／歌舞伎町入口
TT	○	×	×	○	×	プリクラモデル	東口／歌舞伎町入口
MR	○	×	×	1台	×	×	東口
SD	○	1台 椅子付	ベンチ2脚	×	×	○	東口
P	6台	×	×	カウンターのみ	○	×	東口
G	○	×	ソファー1脚 ベンチ1脚	1台	×	プリクラモデル	東口
GF	×						西口
S	×						西口
CB	×						西口
GW	×						西口

注：調査日（2006.8.15新宿東口／2006.7.1新宿西口）

表7　プリクラ設置状況・渋谷

店名	プリクラ	机	椅子	作業台	男性客立入	掲示板
GT	×					
FS	×					
SG	○	×	×	○	×	プリクラ短冊 プリクラ錠
GP	×					
MY	○	×	×	○	×	×
CG	○	×	×	×	×	×
PS	○	1台	3脚	○	×	×
SL	×					
SM	×					
ADR	○	×	ベンチ 椅子	1台	×	×
PM	○	×	×	○	×	×
TS	2台	×	×	1台	○	プリクラ短冊
HS*	○	×	×	○	×	×

注：調査日（2006.7.1渋谷）*調査時、改装工事をしていたため同年3月の調査データを使用。

が設置されていない。西口方面はカメラやパソコン、ゲームソフトなどが売られるショップが建ちならぶ電気街である。若い女性がショッピングでやってくる場所ではない。さらに、西口方面のゲームセンターには格闘ゲームなどのメッカがあり、比較的コアな客層をターゲットにした店舗が集まっている。

それに対して東口方面はデパートやファッション店、映画館などがならんでおり、サラリーマンや一般の買い物客に混じって若い女性やカップルで賑わう。したがって、女性客を狙ったゲームセンターはプリクラを設置しやすい環境にあるといえるだろう。

さらに、新宿東口方面のゲームセンターにおける男性客の立ち入り禁止状況をみると、歌舞伎町とそれ以外の地域では明らかに異なっている。ファッション店が建ちならぶショッピング街では、女性専用のプリクラ・コーナーが設けられている一方で、飲み屋や風俗店が建ちならぶ歌舞伎町では、とくに専用のコーナーを設けておらず、男性客でも気軽にプリクラ撮影ができるようになっている。歌舞伎町のゲームセンターでは、一杯引っかけたあとに立ち寄る若いサラリーマンやホスト、大学生なども客層に設定していると思われる。このようにプリクラの設置は、地理的条件に影響を受けていることが見て取れる。

●──新形態のプリクラ掲示板

つぎにプリクラ掲示板の形態に着目したい。プリクラ掲示板を設置した五店舗のうち、第一次ブーム時と同様の掲示板を用いていたのは一店舗だけであった。他の四店舗はこれまでとは異なる形態の「プリクラ掲示板」を用いていた。[*12] これら新形態のプリクラ掲示板には、掲示板が廃れた時代においてリピーターを獲得するための戦略が練り込まれている。二重の排除によって問題を回避し、業界全体における負のイメージを払拭するだけでは、女性客を獲得しつづけて同業者との競争に打ち勝つことは難しい。第二次プリクラ・ブームを迎え、新たに競争が激化した時代において、プリクラ掲示板にはさまざまな付加価値が付けられていく。

七夕の季節に合わせ二店舗では、願い事を記しプリクラを貼った短冊を笹の葉に飾る「プリクラ短冊」を設置していた（東京都渋谷区、二〇〇六年七月一日）。［TS］では「七夕キャンペーン　短冊に願い事書いてむすぼう！　店頭笹の葉にプリクラを貼って願い事をつけてくださった方の中から抽選で一〇名（一〇組）にプリクラ一回サービス」と客に呼びかけた。短冊にはプリクラとも

プリクラ掲示板

に「ずーっと友達でいますように」「受験受かりますように」など願い事が書かれていた。「SG」では、プレゼント企画は設けていないものの「みんなが願い事を書いた短冊はイベント終了後に神社に奉納させていただく予定です」と願掛けの宗教的「効能」の色を前面に押し出していた。

これらは季節に合わせたキャンペーンであるが、「SG」では年間を通じて「プリクラ錠」が設置されている。これも願掛けの宗教的特色を前面に押し出した遊戯性の強いプリクラ掲示板である。プリクラ錠とは四色のプラスチック製の錠があり、赤なら恋愛運アップ、黄なら全体運アップなど設定されていて、希望の錠にプリクラを貼って願掛けをするものである。錠をとりつける場所は鉄網で囲まれており、プリクラをじっくりと手にとって見ることができず、公開性を低めている。

公開性が低いにもかかわらず、ここに飾っている人が存在するということは、公開を前提としているのではなく、遊びの一環であると捉えられる。もともと、「SG」のプリクラ・コーナーは女性かカップルしか立ち入ることができず、公開性が低い場となっている。願掛けといっても、神社ではなくゲームセンターのイベントにすぎないことは客も重々承知しているはずだ。公開でも願掛けでもなく、客は一緒に撮った仲間とイベントに参加して楽しむためにプリクラ錠を利用するのである。

このようなプリクラ掲示板の変化、付加価値によるリピーターの確保戦略は、各地のゲームセンターに共通する。［CH］では「プリクラ絵馬」が設けられていて、利用者はプリクラを貼って願掛けしている（東京都東大和市、二〇〇五年九月二五日）。また、［GA］では「プリクラ大賞応募用紙」にプリクラを貼り落書きとコメントを記して「プリクラ大賞応募箱」に投函すると、審査を経て賞がもらえるようになっている。この企画には「大賞」「スマイル賞」など計七種類の賞があり、大賞は「ディズニーチケット」で、その他はヌイグルミが賞品として用意されていた（埼玉県川越市、二〇〇六年一二月一日）。その他の店舗でも会員制でスタンプラリーなどを実施し、リピーターの確保、販売促進を狙っている。「グルメ券プレゼント」［G］といった「お得感」に訴えるだけでなく、いずれも遊戯性に富んだイベントが設定されている。

●——掲示板の管理

新形態のプリクラ掲示板によって客に参加を促す戦略は、経営サイドにとって危険と背中合わせである。公開性が高く、誰もがシールを貼りコメントを書き込めた時代のプリクラ掲示板は、「援助交際希望」など店にとって好ましくない情報が記された。こうした問題を回避するために各店舗は巧妙に書き込み内容を管理するシステムを構築している。

そのひとつには［CH］が「公共の場に不適切なものは破棄させて頂きます」と注意書きを記したように、あらかじめ禁止事項を列記しておく方法がある。しかし、この方法はかつての掲示板のように、破棄する前に「公序良俗」を乱す書き込みがなされ、一時的にも人の目に触れることになる。そこでもっとも重要となるのが投函システムの採用である。すなわち、規定の用紙（短冊、絵馬）をいったん投函箱に投入させ、店のスタッフが内容をチェックしたうえで、問題がないとされたものだけを公開するのである。実際に［CH］は投函箱を設け、書き込み内容のチェックと選別を行っていた。

プリクラ大賞イベントを実施する［GA］は、落書きを推奨しているが「コメントも審査の重要なポイントだよ」と明記することで、暗に誹謗中傷や公序良俗に反した書き込みを牽制している。また「プリクラ大賞応募箱」のほかに「投書箱」が設けられており、客から店に対する「ご意見・提案・改善」を募って、経営努力を推し進めているが、投函システムを採用することで客の苦情、誹謗中傷などは一般客の目には触れないようになっている。

●――モデル感覚

客の書き込みを管理しつつ新形態のプリクラ掲示板によって遊戯性を高め、人びとの関心を集めていく戦略について考察してきた。こうした戦略のうちもっとも洗練されているのが「プリクラモデル」である。プリクラモデルとは、新機種のプリクラが登場すると、店内でモデルを募集するシステムのことである。モデルを申し出ると、新機種プリクラが無料で撮影できるだけでなく、撮影した感想と自分のプリクラが一定期間店内に張り出され、雑誌モデルさながらにモデル感覚を味わうことができる。

「プリクラモデル大募集っ!!」と書かれた貼り紙には、モデルになると「プリクラ一枚無料＝タダ!!」「プチモデル気分が味わえる!!!」[*13]だけでなく「年に数回、一組　二〜三回くらい　新作プリクラお試しチケットプレゼント!!!!」といった特典が付けられた。第二次ブーム以降のプリクラ撮影機は、ライティング、背景、アングル、落書きなどの機能が複雑化し、新機種がつぎつぎと市場に投入されていった。プリクラモデルは、機種や機能が多様化したプリクラの説明だけでなく、映り具合を確かめる際の参考となり、効果的な宣伝広告として利用された（東京都新宿区、二〇〇六年八月一五日）。

さらに、プリクラを利用したプチモデル感覚の高揚は、メディアとのタイアップで効果を上げている。［ＰＰ］（福島県会津若松市、二〇〇三年一〇月一九日）は地域のフリー・ペーパー＆ウェブ・サイトの「MerryLand」とタイアップして、プリクラモデルを毎月募集した。[*14]また、プリクラ機器を製造しているオムロンは、二〇〇六年に自社プリクラ機を利用してＣＭモデルのオーディションを実施、七〇〇〇人の応募者を集めた。[*15]これらの経営サイドとしては客のモデル感覚を刺激することで、多くの利用者、リピーターを見込んでいたと推察される。

女性客で賑わう［ＰＳ］（東京都渋谷区、二〇〇六年三月一九日）には、ラックが設置され『Popteen』（三冊）、『BLENDA』（三冊）、『美人百花』（一冊）の計七冊の雑誌が並んでいた。『BLENDA』（二〇〇六年二月号）には、「プリクラ Queen コンテスト」の拡大版が掲載されており、専属モデルの二人が投稿されたプリクラをセレクトし、コメントを付けていた。[*16]こうした雑誌企画と連動するように店内の壁には、雑誌モデルのスナップショットが壁いっぱいに張り出され、好きなプリクラ機種などについてコメントがなされていた。これはモデルにあこがれる少女たちの心理を利用した［PS］と出版社のメディア・ミックス的経営戦略といえる。

●——インターネット上での公開

これらの事例が示すように、モデル感覚を刺激する戦略は、店内の掲示板だけでなく、テレビCMや雑誌の誌面も利用して効果的になされている。言い換えるならば、モデルのように自画像を公開するためには、必ずしもゲームセンターの掲示板を利用する必要はない。これは二〇〇〇年以降、プリクラ掲示板が次第に廃れていった理由の一つでもあると推察されるが、それは情報技術の発展とも重なっている。

二〇〇〇年の『プリネット・ステーション』登場以降、プリクラ撮影機はネットを経由し専用サイトや携帯電話にプリクラ画像を送信できるようになる。先述のオムロンのCMモデル募集もプリクラ撮影機から携帯電話に画像を送信することが応募用件となっていた。二〇〇三年三月から始められたオムロンの画像送信サービスは、オーディション開催の二〇〇六年七月までに累計利用者数が三〇〇〇万人に上った。[*17]

プリクラの画像がネットを経由して簡単に携帯電話やパソコンに送信できるようになると、それをインターネット上のサイトで公開するサービスが定着した。『みてみて』『ふみコミュ！』といったプリクラ利用者のウェブ・サイトでは、プリクラ・コンテストを定期的に行うほか、プリクラ機の撮影方法や使用感を利用者に書かせている。[*18] これらのサイトではプリクラを公開し、掲示板やチャットを利用して友人募集やプリクラ交換ができる。

このようなウェブ・サイトも出版社と提携し、メディアミックス的経営を展開している。たとえば『Popteen』（一九八〇年創刊）は二〇〇二年から『みてみて』と連携し、読者が七種の対応機種で撮影した場合にかぎり、同サイトの「Popteen 投稿ページ」を利用できるサービスを始め、誌面上で掲載されたプリクラには、『Popteen』の専属モデル二人がコメントし、読者参加型の紙面を構成していた。ほかにも『CUTiE』（一九八九年創刊）は二〇〇八年から『ふみコミュ！』との連動企画「ふみ CUTiE!」を始めている。

3 少女たちの環境と戦略

●——メディア環境

ゲームセンターからテーブルとイスが撤去され、利用者のくつろげる場所が喪失したうえ、プリクラ・コーナーへの男性のみの入室が禁じられた結果、公開性の低下を招き、プリクラ掲示板が衰退していった。その一方で、新機種がつぎつぎと市場に投入され、利用者のプチモデル感覚を刺激する経営サイドの企業努力・連携によって、プリクラ人気は衰えず、ゲームセンターは女子中高生の遊び場の一つとして機能してきた。

以上がこれまでの論点であるが、ここで一つの疑問が浮上してくる。それは、なぜ少女たちが業界のプチモデル戦略にそれほどまでに「乗る」のかということである。以下、少女たちがおかれている社会環境について考察し、結論につなげたい。

二〇〇〇年以降のプリクラ新機種は照明の明るさ、フラッシュの角度といったライティング、シヨットの位置が調節でき、被写体はモデルさながらに撮影を楽しめるようになるが、一九九〇年代後半の第一次プリクラ・ブーム時には、すでに雑誌の表紙風のプリクラ・フレームが採用されており、プチモデル感覚を満たそうとする少女たちの心理が反映されていた。

これらの心理は、当時顕著になっていたメディア環境に起因すると考えられる。一九九〇年代半ば以降、一〇代の少女をターゲットにした読者・視聴者参加型メディアが隆盛し、たとえばテレビでは『恋のから騒ぎ』（一九九四年四月）、『ASAYAN』（一九九五年一〇月）が始まり、雑誌では『じゃマール』（一九九五年）、『egg』（一九九五年）、『東京ストリートニュース!』（一九九五年）、『Cawaii!』（一九九六年）が創刊された。少女たちは、とくに読者参加型雑誌を利用することで、これまで有名人でもなければ参加することが難しかったメディアに、比較的容易にアクセスできるようになる。

さらに、一九九〇年代は第二次女子高生ブームが起き、少女たちがメディアから注目を浴びるようになる。週刊誌が扱う女子高生は、禁忌のエロス（禁じられている行為を遂行することに対する魅力）の対象として、頻繁に誌面に登場する。*19

メディアによる注目度が上がり、さらに少女をターゲットにした雑誌によって一般の女子高生がモデルに採用されるようになると、自分の自画像が雑誌の紙面に掲載されるかもしれないと、潜在的期待感が生じやすくなることが予想される。モデルという職業は、あこがれの対象であるだけではなく、モデル気分を味わう程度なら素人にも開かれると同時に、雑誌では専属モデルの楽屋裏や私生活、持ち物が公開され、あこがれとともに親近感をも持ち得る存在になっていった。

『Cawaii!』『egg』『東京ストリートニュース!』など読者参加型雑誌は、「ストリートの有名人をフィーチャーした雑誌群」であると同時に、「素人モデル」として有名な現役高校生などを生み出した。難波功士によれば、お洒落な若者を撮影した街頭スナップで誌面を構成する手法は「きわめて九〇年代的な現象」であり、ストリート系雑誌から多くのファッション誌やティーンズ誌が影響を受け、その後、街頭スナップだけで構成されたファッション誌も登場する。その背景には「プロのスタイリストがついたプロのモデルの着こなしよりも、『街のおしゃれさん』のファッションこそが、自らのファッションの参考・手本として必要なのだという読者のニーズがあ」った。[20]

そして「思春期の少女たちにとって、同世代の少女たちがモデルとして紙面を飾り、自分の考えを語っているギャル系雑誌は、自分たちの場所を確認するための重要な情報源」となった。[21] 専属モデルがプライベートの一面を公開し、読者との間に親近感を形成しようとするのは、こうした時代の流れ、読者ニーズに影響された結果でもあろう。

素人モデルには、編集部がモデルを募集して選考する「読者モデル」があり、同一人物が何度も誌面を飾るため、素人といっても同世代の少女たちにとっては「有名人」である。[22] 他方、街頭スナップの特集で掲載される素人モデルの多くは、一度きりである。こうした違いはあるものの、街頭で雑誌カメラマンに声をかけてもらえるのは〝おしゃれで絵になる〟ことが前提となっており、少なくとも「ファッションの参考」として購読される雑誌にとって、「可愛い」なり「お洒落」と読者に思われるような被写体でなければ、掲載する意味がない。ゆえに、その前提に「乗れない」人にとっては、プロ、素人を問わず、雑誌に掲載される人との間に心理的距離が生じる。[*23]

ほとんどの場合、街頭スナップが大都市部に限られていることを鑑みるならば、心理的距離はファッション・容姿に関連するだけでなく、大都市部の読者と地方の読者との間にも生じることが容易に推察できる。ただし、佐藤りかは、圧倒的多数の少女たちは「『強くて自由で個性的な〈女子高校生〉』というポジティブなセルフ・イメージ」をマス・メディアを通じてもつと指摘する。問題は、「その自由があくまでも〝期限付きの自由〟であるということも彼女たちは承知している[*24]」点であろう。

ギャル系雑誌においてモデルも読者も「女子高校生」という記号に従って振る舞うことができるのは、ある一定期間だけである。その意味において、大都市部にアクセス可能か、容姿は端麗かどうか以上に、少女を取り巻く環境が彼女たち自身を疎外している点で共通している。結局、一九九〇年代以降のメディア環境は、少女たちの「個」を問わず、記号に焦点を当てるため、雑誌に取り上げられるような容姿をもつ少女でも、年齢を重ねてしまえば相対的に「価値」が下がってしまうという不安感を醸成させ、拍車をかけていった。

もう一方で、新形態のプリクラ掲示板や雑誌のプリクラ投稿欄、ネットのプリクラサイトは、雑誌の街頭スナップモデルにくらべれば地域や容姿を問わず誰もが掲載されやすいという特徴がある。

たとえば『Can*P』は「みんなでつくるコミュニケーションマガジン」をコンセプトにプリクラ投稿欄で大半の誌面を構成し、ネット上の専用サイトでも自画像を公開できるようになっている。*25卓抜なファッションセンスやモデル級の容姿をもたなくても、雑誌などのメディアに掲載される可能性が拡大していったことは、多くの女子高校生の自己呈示を促す契機になったと考えられる。

●——差異化としての自己呈示

プリクラを消費する少女たちの自己呈示は、「プリクラ手帳」によっても独自に行われている。リカ（二〇歳・学生）とユイ（二〇歳・学生）は小学校中学年の頃からプリクラを撮りはじめ、スケッチブックで自分だけの手帳を作るようになったという（広島市、二〇〇九年八月五日）。プリクラ手帳には、自分のプリクラだけでなく、友人と交換したプリクラ、クラスメイトの集合写真やイベントのチケット、雑誌の切り抜きが貼られ、さまざまなコメントがマジックペンで綴られていた。リカは、好きな歌詞やマンガの台詞を抜粋し、「今日わ髪切りにきたよ」とプリクラを撮った日の出来事を象徴する一言を添えていた。コメントの中には「トモラチ（友だち）」など独特な言葉遣いも散見された。二人によれば中高生の頃は滑舌を悪くして話すのが仲間内で可愛いと思われていて、「大スチ（大好き）とか流行っとった」という。

可愛いコメントをつけ、切り抜きや写真を貼ってデザインを考え、プリクラ手帳をコーディネートするのは、「プリ帳って友だちに見せるものじゃけえ、見せたときに『可愛い』と言われたい」（ユイ）からだった。また、「プリクラだけじゃ飽きるから」、クラスメイトと撮影した写真を貼って、自分の親しい友人を他者に示していた。
「友達が見るのを前提に作ってるけん、見て面白いように工夫して」いるとユイが語るように、プリクラ手帳は、彼女たちのネットワークの中で自分のセンスや交友関係を他者に呈示するメディアとして機能している。岡部大介は、このようなプリクラの機能を「友人ネットワークの可視化」として捉え、ユニークなプリクラやプリクラ手帳を通して他者と差異化しようとする行為に着目し、それをプリクラによる「社会的ステイタスの形成」であると指摘する。
女子高校生は、プリクラを消費しプリクラ手帳を作ることで友人との同質性を保つが、他者との差異を求めて撮影時のポーズや手帳のデザインを工夫する。それによってステイタスシンボルを獲得するのだが、面白いプリクラや手帳は他者から模倣の対象となり、同質性を強めていく。このように少女たちは学校でのステイタスをめぐって「特有の政治的努力」をしていた。[*26]
実際、プリクラ手帳を他人に見せ合う行為は、高校生ぐらいまでの女性に顕著で、「ぱんぱんに重くなったプリクラ帳を持っているのがステータスだった」〔E〕と回想したり、「いかにその子と自分が仲良いのかをまわりに知ってもらいたかったり、こんなに友達がいるんだよと自慢するために撮っていた部分もある」〔A〕と述べる女性もいる。しかし、そのようなステイタス獲得の行為は「逆に、仲のよい友人が自分の知らない子や自分の友人とプリクラを撮っていたり、落書きに仲良しなどと書いてあればやきもちを焼いたり」〔A〕、「この中の、たった数人しか、本当の友達はいないんだなーという思いが湧いてきて、なんとなく孤独を感じたり」〔M〕する要因ともなる。

●――消費社会と記号消費

女子高校生の学校内でのステイタスをめぐる「政治」は、質的調査によって明らかにされてきた[*27]が、上間陽子は学校のクラスにおいて「トップ」と呼ばれる「別格の三人」は、「学校外の友人が多く写っているプリクラや写真を持ち歩」き、「豊富な人間関係資本を持つことを窺わせている」と論じる。この「トップ」は流行の最先端（メディアの情報元）を行き、メディアへの露出などによってステイタスを獲得している。クラス内のヒエラルキーは、「トップ」に続き、トップに追随的な「コギャル」、コギャルらしさを追求しない「オタク」の三層に分かれ、卒業までに確かな友人関係を築いたのは、教師に反抗的な「トップ」を中心としたグループと「オタク」グループだった。「コギャル」は「グループ形成に執着し、ポジション取りに明け暮れながらも、最終的に学校卒業時には、特定の友人を表明できなかった」という[*28]。

すでに検討したメディア環境における記号的差異や「社会的ステイタスの形成」の議論は、ボードリヤールの消費社会論との接点が見出される。ボードリヤールは消費者がモノの使用価値ではなく、記号的な差異（差異表示記号）に価値をおき、地位への欲求を満たす記号消費を行っていると論じた[*29]。

消費社会とは、マス・メディアを通じて消費のルシクラージュ（再学習・再開発）が展開される社会のことである。この社会のシステムは、一人ひとりの「個性」を代替項と見なし記号に価値をおくため、人びとは満たされることがない。女子高生という記号に従って振る舞う少女たちが、「期限付き」を突きつけられながら不安を抱え、他方でプリクラを通してステイタスを獲得しようと試みる姿は、消費社会に適合的にみえる。

ボードリヤールの論点で注目したいのは、記号消費によって同じコードを共有し同質性が増すことで集団が形成されることである。この集団は内部が同質であるために、集団の外部との差異が生じる。そして、各集団の内部では遊び的な差異化競争が行われ、外部からは見分けのつかないような微細な差異によってステイタスを獲得するような、いわば細分化した下位文化が生成されていく。このような視点は、都市化によって世代的同一性が喪失し、同じコミュニケーションを共有できる人間関係の範囲が狭まり、小集団間が不透明になっていく現象を指摘した宮台真司の「島宇宙化」とも重なる。[*30]また、都市化や情報社会の進展により人びとの関係性が流動的になった現代において、若者の人間関係が選択的になったとする「選択化論」に対し、辻泉は量的調査から、選択的な友人関係をもつ若者は、「劣等感・競争意識の割合が高かった」こと、さらに「選択を繰り返していった結果、似通ったもの同士の友人関係が形成されると、満足度は高まるかもしれないが、一方で友人以外の人々がますます異質なものに感じられ、不安、恐怖が逆に高まる」ことを示唆した。[*31]

●――同質性の強化と他者とのつながり

女子高生がメディアに注目され、同世代が雑誌に登場する一方で、多くの少女はそこに参加できない自分、あるいは「期限付き」の自分を否応なく自覚させられる。マス・メディアに煽られるようにして注目を浴びてはいるが、その人自身が肯定され認められているわけではないダブルバインド的状況が生じており、年を重ねてしまえば自分には価値がないと思わされる風潮の中で、少女たちは心のどこかに疎外感を感じずにはいられない。

ＳＡＹＡやＪＵＮＫＯが情報ツールを駆使して見知らぬ他者と流動的な関係を築いていった背景には、伝統的共同体が崩壊し、宗教のような誰もが共有する価値観が喪失した近代以降の社会において、自己を構築するために専門家やマス・メディアの情報を頼りに、自らが反省し、選択していかなければならない状況がある。ギデンズは、これを「再帰性」という概念で表した。[*32] ところが、過度にマス・メディアの情報に価値をおくようになれば、消費社会のルシクラージュに絡めとられてしまうことも考えられる。このシステムは、人びとに不安を植え付ける。

アミューズメント業界では、雑誌やインターネットを利用してコンテストを開くなどゲームセンターを「開かれた」「明るく」「楽しい」場として消費者に提示する一方、「他者」を排除し、回転率を上げることで利益を上げる経営戦略がとられてきた。少女たちにとってみれば、雑誌の街頭スナップで掲載されるのは難しくても、プリクラのイベントなら敷居が低いうえ、落書き機能などを通じてかわいい自分を演出しやすく、雑誌の投稿欄に採用されやすい。ゲームセンターは、プチモデル気分を体感できる遊び場を提供してくれる。そして、それら一連の行為自体が一つの思い出となり、プリクラはその記録となる。

一九九五年以降、「日常写真ブーム」と呼ばれる日常的な写真撮影行為が流行し、定着していった。そこには少女たちの過度ともいえる「思い出」志向と「遊び」志向があった。「もう一回、高一やりたい。あの夏が戻ってこないんだなと思うと悲しくなってくる」というプリクラ好きの一六歳の少女ミカの言葉は、流動的な社会の中で不安を抱えながらも、期限付きの〝最高の今〟を演出し、記録に残しておきたいという心理を表している。

少女たちがアミューズメント業界のプチモデル戦略に「乗る」のは、彼女たちに埋め込まれた疎外感に起因し、過度の「思い出」志向と「遊び」志向によって漠然と抱いている不安を転換しようとするからではないか。と同時に流動的な社会において、プリクラを用いて積極的に自己提示し、他者とつながっていく彼女たちの戦略でもある。岩田考は、このような「状況ごとに関係を柔軟に駆使しながら生きざるをえない若者」の状態を「コミュニケーション・サバイバル」と呼ぶ。[*33]

ゲームセンターからイスとテーブルが撤去され、くつろぎの場が喪失し、プリクラ掲示板が廃れていっても、プリクラが消費されつづけていったのは、まず第一にプリクラ手帳や情報機器を活用し他者と接続して行かざるを得ない時代状況がある。また、プリクラの消費者はたんなる「受け手」ではなく、積極的な「政治的態度」を有していることにも留意したい。

プリクラを消費する少女たちは、ステイタスをめぐり差異表示記号の獲得に戯れつつも、遊びの中で独自のネットワークを築き、他集団とも接続していくコミュニケーション・スキルを獲得していた。そのようにして得た人間関係がたとえ同質性を強化するだけに終始してしまうとしても、地域や学校をはじめ、流動的な第四空間において分断された他者とつながっていくためには、その場を面白くさせ思い出を共有していくツールであるプリクラを用いることが一定の有効性をもった彼女たちなりの「戦略」であったのだと考えられる。

註

＊1　第一次ブーム時のプリクラ掲示板の多くは、白い背景のシンプルな板で作られていた。

＊2　前掲原野（一九九七）『プリクラ仕掛け人の素顔』、八三頁。

＊3　『プリネット・ステーション』を含め二〇〇〇年以降に新しい動きが出てきたことに加え、プリクラのオペレーション売上高が前年の三九五億円から五一一億円に上昇した（『アミューズメント産業界の実態調査』参照）ことから第二次プリクラ・ブームとする。なお、「dengeki.com」（http://dol.dengeki.com/ 二〇〇八年四月四日参照）は、セガが二〇〇一年、首都圏の直営一〇店舗でプリクラ・コーナー「スタジオセガ」を設けたことを受け、第二次プリクラ・ブームの到来を告げた。また、セガは二〇〇二年三月期の決算短信で「第二次プリクラブームに貢献」と報告し、日立ソフトは、二〇〇一年に開発した『劇的美写』を第二次プリクフ・ブームの先駆けと位置づけている。『News Letter』（二〇〇五年二月）vol. 2、日立ソフトウェアエンジニアリング。

＊4　女性客の増加は女性や親子連れ、カップルの獲得を狙う業界の戦略が功を奏した結果であり、数値のすべてがプリクラ利用者ではないことには注意が必要である。女性ゲーマーの存在もあるし、コミュニケーション・ノート目当ての女性客もいる。女性ゲーマーについては、村主暢子（一九九六）「ガールゲーマーの実態」『流行観測　アクロス』二六五号も参考になる。二〇〇五年「ゲームセンター利用者調査」（AOU）では、小学生の一六パーセントに次いで主婦が一五・一パーセントと第二位となっており、筆者の調査でも赤子や幼児を抱いたままメダルゲームに興じる主婦の姿が昼夜問わず観察されている。別の調査においても三〇代から四〇代の女性の参加率が増加している（図12）。郊外型ショッピングセンターの併設店舗の増加は、子連れの主婦の参加率を上げる要因となった。

＊5　『アミューズメント産業界の実態調査』（二〇〇八年度）

＊6　掲示板に気軽に電話番号を記せるのは、家に設置された固定電話ではなく、直接個人に繋がる携帯電話・PHS、

ポケベルの存在があったからと考えられる。

＊7　筆者が確認した掲示板ではメールアドレスはなく、電話番号だけだった。

＊8　数は少ないものの女性の居場所を確保する店舗もある。［ＰＫ］（広島市、二〇〇九年八月五日）は店舗の一角に「休憩スペース」を設けており、ソファー、テーブル、テレビ、テレビゲーム機、ＤＶＤ、女性雑誌、足マッサージ機を用意している。筆者の調査時、ギャル系の女性三人がくつろぎながら浜崎あゆみのＤＶＤを鑑賞していた。店長のＳさんは、「プリクラを撮ったらすぐに他のお客様をとったほうが回転率はいいんですけど、（中略）女性のお客様にくつろいでいただけたら、〈また来よう〉と思うんで」と話す。同店舗では、後に述べるさまざまな工夫が取り入れられているが、リピートにつなげ利益を上げること以上に、客とのコミュニケーションを重視している点で他の店舗とは異なる。詳細を論じる紙幅はないが、このようなスタンスが功を奏しているのか、プリクラ専門店としては、全国でもトップクラスの規模（設置台数）を維持する。

＊9　『AOU NEWS』（二〇〇八年九月一五日、二六四号）の読者投稿欄では「椅子が少ないので、ゆっくり見ていられない。（神奈川・♀）」など一七人中七人がくつろぎの場を要望する内容を記している。

＊10　ただし、くつろぎの場を確保しても掲示板の前に特定の客が集団で長時間たむろするようになれば、他の客に心理的な圧迫感を与え、プリクラ掲示板の公開性は低下すると考えられる。

＊11　「プリクラ」は撮影機の設置状況を示しており、プリクラの専用コーナーが設けられている店舗は「○」と記述し、男性客の立ち入りが許可されている店舗は台数を示した。また「男性客立入」は男性客の立ち入りが許可されているかどうかを示しており、女性と同伴の場合のみ立ち入りが許可されている店舗は「×」と記した。「掲示板」では、第一次ブーム時と同じ掲示板が設置されている店舗には「○」を、これまでとは異なる形態の掲示板には、その特徴を記述した。「作業台」は、撮影したプリクラを友人で分け合う際に用いるハサミと作業台が設置されているかどうかを示している。台数が多い店舗は「○」と記述した。

＊12　以後、「プリクラ短冊」「プリクラ錠」「プリクラモデル」などの名称を用いるが、いずれも一般的な名称ではないことを断っておく。本書では、これらを「プリクラ掲示板」の新形態として括る。

＊13 プチモデルとは、素人が雑誌モデルさながらに振る舞って被写体となることを指している。

＊14 さらに、地域の映画館ともタイアップし、MerryLandに掲載された人の中から先着六人に映画チケットをプレゼントした。

＊15 オムロンエンタテインメントは二〇〇七年四月一日より、フリューに社名変更。

＊16 「プリクラQueenコンテスト」は「毎月『載せてほしい』という声が殺到する大人気」コーナーである。二〇〇七年一月号では、専属モデルの中野唯花が投稿プリクラにコメントをつけている。同誌は、他に「日本全国のかわいいママさんを探せっ！　ママプリ通信」と題したプリクラ投稿欄を設けている。

＊17 『FuRyu』http://www.furyu.jp（二〇〇八年九月一二日参照）

＊18 『みてみて』(http://www.mitemite.ne.jp/) は二〇〇七年五月をもって『待ちデコ』(http://machideco.jp) に移行した。『ふみコミュ！』(http://www.fumi23.com/　二〇〇八年九月二〇日参照)

＊19 辻泉（二〇〇一）「週刊誌記事からみる性的記号の消費に関する研究―性規範のダブル・スタンダードと記事の中のエロス」『出版研究』三二号、日本出版学会、一二五頁。

＊20 難波功士（二〇〇〇）「ファッション雑誌にみる〝カリスマ〟」『関西学院大学社会学部紀要』八七号、一〇〇頁。

＊21 佐藤りか（二〇〇二）「『ギャル系』が意味するもの―〈女子高生〉をめぐるメディア環境と思春期女子のセルフイメージについて」『国立女性教育会館研究紀要』六号、五四頁。佐藤がいうギャル系雑誌とは、『egg』『Popteen』『Cawaii!』などを指しており、難波のいうストリート系とほぼ重なる。

＊22 『Popteen』の読者モデル「益若つばさ」は、フリューのプリクラのイメージモデルに採用されているが、後述のユイは、店頭に大きく飾られた益若つばさのポスターを指差し、「中高生の憧れみたいになってるけえ、わざとそういう人を採用する。（中略）この人がプロデュースしたものはめっちゃ売れるっていう人なんです。この人は凄い人」と語る。

＊23 『egg』では読者モデルの選考基準として「顔とスタイル」を挙げており、「カワイイか？」「企画にマッチするか？　センスや個性があるか？　などを編集部が判断」している。(http://www.eggmgg.jp/　二〇〇八年九月二一

日参照）

＊24　前掲佐藤（二〇〇二）、五〇頁。

＊25　『Can＊P』（二〇〇一年夏号 vol. 5）を参照、ウェブサイトは http://canp.net/（二〇〇八年九月二〇日参照）。

＊26　岡部大介（二〇〇九）「青年期前期のメディア利用からみる友人関係―女子高校生のプリクラ利用を中心に」『社会情報学研究』第一三巻一号、日本社会情報学会、一〇―一三頁。

＊27　宮崎あゆみ（一九九二）「女子高におけるジェンダー・サブカルチャー―女性性への適応と反抗の過程」『東京大学教育学部紀要』第三二巻。宮崎あゆみ（一九九三）「ジェンダー・サブカルチャーのダイナミクス―女子高におけるエスノグラフィーをもとに」『教育社会学研究』第五二集、日本教育社会学会。上間陽子（二〇〇二）「現代女子高校生のアイデンティティ形成」『教育学研究』第六九巻第三号、日本教育学会。

＊28　同前上間（二〇〇二）、五〇、五五頁。

＊29　Baudrillard, J. (1970) *La Société de Consommation: Ses Mythes, Ses Structures*, Gallimard.＝（一九七九）：今村仁司・塚原史訳『消費社会の神話と構造』紀伊國屋書店。

＊30　前掲宮台（一九九四）『制服少女たちの選択』。

＊31　辻泉（二〇〇六）「『自由市場化』する友人関係―友人関係の総合的アプローチに向けて」岩田考他編『若者たちのコミュニケーション・サバイバル―親密さのゆくえ』恒星社厚生閣、二八頁。

＊32　Giddens, A. (1990) *The Consequences of Modernity*, Polity Press.＝（一九九三）松尾精文・小幡正敏訳『近代とはいかなる時代か？　モダニティの帰結』而立書房。Giddens, A. (1992) *The Transformation of Intimacy: Sexuality, Love and Eroticism in Modern Societies*, Polity Press.＝（一九九五）松尾精文・松川昭子訳『親密性の変容―近代社会におけるセクシュアリティ、愛情、エロティシズム』而立書房。

＊33　岩田考（二〇〇六）「多元化する自己のコミュニケーション―動物化とコミュニケーション・サバイバル」岩田考他編『若者たちのコミュニケーション・サバイバル―親密さのゆくえ』恒星社厚生閣、一〇―一五頁。

あとがき

二〇一〇年四月三日、電気店のビルが建ち並ぶ秋葉原を歩いていると、メイド服を着た若い女性が所々に立ち、チラシを配っている姿が目に入る。電気製品のほかにアニメやマンガのキャラクターが街のシンボルのようにあちこちに点在し、ビルの二階からメイド姿の女性が通行人を相手に笑顔で手を振る。ある政党の演説カーには、マンガのキャラクターが描かれ、その上で袴姿の女性三人が、やはり通行人を相手にしきりに手を振っていた。道行く人びとは、物珍しそうに彼女たちの姿をケータイのカメラで撮影していく。秋葉原はオタク文化の情報発信基地の様相を呈している。

現在、外務省は日本の大衆文化として漫画、アニメ、ゲーム、映画、ケータイの五つを取り上げて称揚している。二〇〇六年、自民党と公明党の連立政権下において麻生太郎外務大臣は文化外交政策の一環として、国と企業が協力して大衆文化を売り込むことを提案、以後、国際漫画賞（二〇〇七年）、アニメ文化大使（ドラえもん、二〇〇八年）、ポップカルチャー発信使（カワイイ大使、二〇〇九年）がつぎつぎと発足した。不況下にあっても盛況を極め、世界的に情報を発信しつづけるオタク文化は、外貨を獲得できる貴重な「資源」として認識されているのではないか。このような状況の中、ゲームに対する言説は、より複雑にせめぎあっているように思われる。

秋葉原の一角にあるゲームセンター［ＬＲ］の三階では、対戦型格闘ゲームの定番シリーズである『ストリートファイターⅣ』の大会が開かれていた。会場では、各参加者の対戦の模様が大きなモニターに映し出され、司会者の熱い実況アナウンスが流れている。参加者の多くは男性だが、女性も数人参戦している。二〇人から三〇人ほどのギャラリーが見守る中、参加者たちはコントロール・レバーを巧みに操り、技を披露する。

会場を離れ、さらに階段を上っていくと［ＬＲ］には円卓と背もたれのついた椅子が置かれ、客が休憩できるスペースが設けられていた。その円卓の上に「コミュニケーション・ノート」が数冊立てかけられている。ノートを開いてみると、さまざまなイラストやメッセージが目に飛び込んでくる。［ＬＲ］の客は、このノートを使って他の客と活発にやりとりしているようだった。

筆者が「コミュニケーション・ノート」を知ったのは、今から一〇年以上前のことだった。当時、比較的どこのゲームセンターでもコミュニケーション・ノートが置かれ、客同士を繋ぐメディアとして活用されていた。しかし、昨今では駅前型ゲームセンターが商店街の衰退とともに減少し、コミュニケーション・ノートも消えていく傾向にある。かつての若者たちのコミュニケーション・ツールは、ツイッターなどのインターネットに取って代わりつつあるのかもしれない。もっとも、［ＬＲ］のように今も場所によっては頻繁に利用されており、コミュニケーション・ノートの盛衰は、さまざまな要因が複雑に折り重なっている。詳細は、本書をご覧いただくとして、ともかく、まちづくり三法の改正によって、今後さらにゲームセンターは変化していくことが予想される。昨今の市場規模の縮小傾向は、その過渡期を意味しているのかもしれない。

私がビデオゲームでよく遊んでいたのは、小学生から高校生の頃だった。田舎に住んでいたため、近所にゲームセンターがなく、遊んだのは家庭用テレビゲームが中心であった。電車の線路は通っておらず、バスも一時間に一〜二本しかなく、ファストフード店もない田舎町だった。高校を卒業し、免許を取った友人が車を購入すると、ドライブがてら、郊外型のゲームセンターに足を伸ばした。ちょうど、「ストリートファイターII」が流行っている時期だったと記憶している。

当時の私にとって、賑やかな電子音が鳴り響くゲームセンターは、まさにハレの場として存在していた。しかし、その頃はすでに私はゲーム自体にそれほど魅力を感じていたわけではなく、しばらくするとゲームセンターに行くことが億劫に感じられた。

したがって、私はゲーマーとしてゲームセンターにかかわった経験をもたない。しかしながら、ビデオゲームで遊んだ経験がまったくないわけではない、ということになる。そのような研究者がまとめたものとして、本書が、果たしてどのような評価を得るのか、読者の意見を真摯に受けとめたい。

なお、本書は二〇〇六年度の博士論文「ゲームセンターにおけるコミュニケーション空間の形成とその社会的意味」(二〇〇七年三月受理)として提出したものを下敷きにしている。また、博士の学位取得後に書いた論文二編をリライトし、補論として加えた。博士論文の各章は、二〇〇三年度の修士論文「ゲームセンターに集う若者たち――コミュニケーションノート考察」(二〇〇四年三月受理)に新たなデータを加え、大幅に加筆修正しつつ、大学の紀要や学会誌に投稿した論文がもとになっている。さらに博士論文としてまとめあげる際に、これらの投稿論文を一部大幅に加筆修正した。

本書では出版にあたって、古くなったデータを差し替え、さらに一般読者を考慮して煩雑な議論を省き、読みやすく変更した箇所もあるが、学術誌の査読、博士論文の審査を通過した各内容は極力そのまま残す方針をとった。ただし、博士論文の序章は紙幅の都合に加え、専門でない読者の方には内容が難しすぎると思われ、全面的にカットした。

初出一覧

第一章　加藤裕康（二〇〇五）「日本のビデオゲームにおける言説変遷の概観」『東経大論叢』第二六号、東京経済大学大学院研究会、二二三―二四一頁。

第二章　加藤裕康（二〇〇五）「ゲームセンターにおけるコミュニケーション空間の生成」『マス・コミュニケーション研究』第六七号、日本マス・コミュニケーション学会、一〇六―一二二頁。

第三章　加藤裕康（二〇〇四）「コミュニケーションノートの内容分析――ゲームセンターに集う若者像」『コミュニケーション科学』二一号、東京経済大学コミュニケーション学会、一四三―一六四頁。

第四章　加藤裕康（二〇〇五）「イラスト・コミュニケーション――ゲームセンターに置かれたノートを介した語り」『現代風俗学研究』第一一号、現代風俗研究会東京の会、五二―六一頁。

第五章　加藤裕康（二〇〇六）「ノートを介した小集団における合意形成の過程――コミュニケーション・ノートの誹謗中傷・落書きとイラストの事例から」『社会情報学研究』第一一巻一号、日本社会情報学会（ＪＳＩＳ）、三一―四七頁。
第六章　加藤裕康（二〇〇六）「落書きをめぐるポリティクス――ゲームセンターの伝言・掲示板を事例として」『余暇学研究』第九号、日本余暇学会、四九―五八頁。
補論一　加藤裕康（二〇〇八）「写真メディアの遊戯性」『言語文化研究』第二号、神戸親和女子大学総合文化学科、七一―一〇一頁。

右記以外にも、未発表であるが公式に受理された論文には以下のものがある。序章は、修士論文の第四章（四六―七六頁）の一部を、補論二は加藤裕康（二〇一〇）「自画像公開の変容――プリクラを消費する少女たちを事例として」（エメリタス賞応募論文・東京経済大学）をもとにしている。

本書のもととなった各論文を書き上げる際、あるいは調査する際、多くの方からご意見、ご協力をいただいた。学会誌へ投稿した際にいただいた匿名の査読者からの有益なコメントに加え、学会や研究会、大学院で行った参加者とのディスカッションも大変参考になった。すべての方のお名前を挙げることはできないが、ここでは特に博士論文の審査員である渡辺潤先生、吉井博明先生、川浦康至先生から多くの貴重なコメントをいただいたことを記しておく。
なお、多くの方にコメントをいただいたものの、筆者の力量不足のため、すべてを反映・改善させることはできなかった。本書においても不備な点があろうかと思われるが、すべて筆者の責任である。

一九九七年にフィールド・ワークを開始し、少しずつ材料を揃えていたものの、当時、専門紙のジャーナリストだった筆者は、発表する媒体が見つけられずにいた。そのような不安定な時期に、「面白い」と肯定的に受けとめてくださり、「発表する媒体がなければ、僕のホームページで掲載しませんか」と声をかけてくださった宮台真司先生、さらに大学院で研究することを勧めてくださった渡辺潤先生と出会わなければ、おそらくフィールド調査の記録は今も眠ったままであったろう。

論文の抜き刷りを配布した際など、多くの方から励ましのお言葉をいただいたが、なかでも今村仁司先生から温かいお言葉とともに貴重な文献をいただいたことを記しておきたい。出版にあたっては新泉社の竹内将彦編集長と菊地幸子さんに大変お世話になった。そしてなによりも、取材に応じてくださった方々からは、本当に多くのことを教えていただいた。ここに記して、すべての方々に心より感謝申し上げたい（順不同）。

最後に、この本を妻・典子に捧げる。彼女は最初の読者であり、よきアドバイザーであった。テープ起こしやフィールド・ワークに「助手」として協力していただいたこともある。彼女のサポートがなければ、本書を書き上げることはできなかった。記して深謝する。

加藤裕康

事項索引

ア行

カ行

サ行

タ行

ナ行

ハ行

マ行

ヤ行

ラ行

ワ行

人名索引

サ行

タ行

ナ行

ハ行

マ行

ヤ行

ラ行

ワ行

著者紹介

加藤裕康（かとう・ひろやす）
1972年生まれ
東京経済大学大学院コミュニケーション学研究科コミュニケーション学専攻博士課程修了　博士（コミュニケーション学）
現在、大学講師（関東学院大学、聖学院大学、文教大学、東洋英和女学院大学ほか）
専門領域　コミュニケーション学、文化社会学
本書で第22回橋本峰雄賞（一般社団法人現代風俗研究会）受賞
主な著作　『デジタルゲーム研究入門　レポート作成から論文執筆まで』（共著、ミネルヴァ書房、2020年）、『多元化するゲーム文化と社会』（共著、ニューゲームズオーダー、2019年）、『現代メディア・イベント論――パブリック・ビューイングからゲーム実況まで』（共著、勁草書房、2017年）、『〈オトコの育児〉の社会学――家族をめぐる喜びととまどい』（共著、ミネルヴァ書房、2016年）

ゲームセンター文化論――メディア社会のコミュニケーション

2011年4月1日　第1版第1刷発行
2020年6月20日　第1版第3刷発行

著　者＝加藤裕康
発行所＝株式会社　新 泉 社
東京都文京区本郷2-5-12
振替・00170-4-160936番　TEL 03(3815)1662　FAX 03(3815)1422
印刷・製本／創栄図書印刷

ISBN 978-4-7877-1018-5　C1036